野中郁次郎 × 紺野 登 [編著]
NONAKA Ikujiro
KONNO Noboru

Dialogues with Phronetic Leaders
Practical Wisdom from the Topos Conference

賢者たちのダイアローグ

「トポス会議」の実践知

千倉書房

本書に掲載されている登壇者の所属や役職等はトポス会議開催当時のものです。

また、本書の内容は各会議において発表した時点で入手した情報に基づいたものであり、現在の状況とは異なるものも含まれています。

はじめに

「形式知万能主義」の崩壊

野中郁次郎
（一橋大学名誉教授）

第二次世界大戦での敗戦によって、わが国は二度と立ち上がれないほどの傷を負った。その悔しさをバネに戦後、「東洋の奇跡」といわれる経済成長を実現した日本だが、バブル崩壊から「失われた20年」を経て、現在にまで至っても、かつての力強さをとり戻せているとは言い難いだろう。

その一方で、日本は、少子高齢化やデフレなど、これから世界各国が直面するだろう問題をいち早く経験してきた「課題先進国」としての位置づけにもある。だからこそ行き詰まりを見せつつある世界経済、それを制御できない政治の閉塞を打破する力をもつ国として、その成果を積極的に発信・共有し、各国の知性と連携していくという責任を負っている、ともいえるだろう。

そもそも歴史を振り返れば、近代化以降、日本はさまざまな試練と格闘する中で、メタモルフォシス（情態の変容）を遂げてきた。開国という前代未聞の難題に対しても、維新の志士たちはイデオロギー的な認識や、視野の狭い考え方を持ち込まずに現実を直視し、その一方で、日本はどうあるべきか、という理想を追求した。そうしたわれわれの歩みを振り返るならば、現在を停滞期と見るべきではない。それを「次なる変容の充電期」とすべきなのだ。

そこで考えるべきは、なぜ、現在の日本はかつてのような勢いを失ってしまったのか、ということである。バブル崩壊後、それをしのぐ窮余の一策として、日本は米国の経営学を盲目的に信奉し、日本的経営を軽んじた。そこでは無批判に米国流の分析主義的な思考が採り入れられたが、それは言葉を変えれば、われわれが連綿として受け継いできた「暗黙知」ではなく「形式知」から始めるPDCA思考にすぎない。たとえば、MBA(経営大学院)では徹底的に分析的な手法が叩き込まれるが、そもそも「何のために分析するのか」という本質がそこで議論されることはない。しかもそこで分析の対象となるのはあくまで「過去の事例」である。それは「いま・ここ」のダイナミズムを感じながら、その先の未来を創造する、という行為とはかけ離れた行為である。

しかし、いまや時代は変わった。分析主義の総本山とも思われている米国は、そうした形式主義的な分析の問題点に気づいている。過去の結果を分析するだけでは、複雑な時代の中で未来がどのようなものになるのか、未来をどうつくりあげるのか、という意思が反映されないことを理解したのだ。米国のシリコンバレーは、現在の米国がいかなる考えに基づいてビジネスを進めているのか、ということが象徴的に表出する場所だが、シリコンバレーの本質は、じつはIT(情報技術)を駆使した形式知レベルのナレッジではない。その背後には猛烈な暗黙知を共有する「場」づくりが意図的に組み込まれており、都市で活動する人たちの暗黙知やビリーフ(信念)——要するに「自分が何をしたいのか」、「どういう未来を創造したいのか」という思いを触発する優れた仕掛けが存在しているのである。

そもそも最先端の科学、たとえば、ニューロサイエンスの世界では多くの知見が発信されているが、そこでわかってきたことも、いまの議論を補強するものだ。脳は身体に命令を出す司令塔ではなく、あくまでも身体の一部である。身体を通して受け取った情報を意味づけるのは我々の「心」である。身体を媒介して環境とオープンに相互作用する「身体化された心」や「拡張された心」というアプローチが主流になりつつある。そのような活動を通じて「経験と理論」、「暗黙知と形式知」が絶えず循環的に相互作用を図りながら、環境の変化に応じてコンテクストを変換し、自在にバランスをとって新しい未来が創造されるのである。

あるいは、２０００年にノーベル経済学賞を受賞したジェームズ・ヘックマン博士は教育学の研究者としても知られているが、子どもたちを対象とした最近の研究から、知能至上主義に対する否定的な見解を導き出している。人間の知力とは、ＩＱで数値化されるコグニティブ（認知）・スキルではなく、ノンコグニティブ・スキル――すなわち、意欲、自制心、やり抜く力、感謝の気持ち、楽観主義、利他主義、ソーシャル・インテリジェンスといった、人間との関係性の中で発揮される能力のことなのだ。こうした能力もまた「形式知系」ではなく、「暗黙知系」で育つものである。

新しい未来を創っていくためには、経験（暗黙知）の本質を、徹底的に言語化、理論化、コンセプト化しなければ普遍的な事実にはなりえない。さらにいえば、普遍的な理論モデルも、実践につなげなければスキルにはならない。主体的に自らが全人的にコミットし、最後までやり抜いて、初めてほんとうの意味での「知識」、「智慧」になるのである。

最近の脳科学やデジタリゼーションの動向を踏まえれば、マイケル・ポランニーの命題をベースにして暗黙知の部分――いわゆる身体性の復権という事実があることに間違いはないだろう。そうした意味で、ルネ・デカルト以来の、脳がすべて身体を支配し、頭が肉体を分離しながら絶えずコントロールしていくという「形式知の万能主義」は、すでに崩壊しつつある。しかし、当の米国がその問題に気づいているにもかかわらず、いまだに日本は、その陥穽に嵌っているのだ。

このことをもう少し、ビジネス的な文脈で考えてみよう。たとえば〝ディシジョン（意思決定）〟について。ディシジョンという概念に関しては、ノーベル経済学賞を受賞したカーネギーメロン大学のハーバート・サイモン教授が提唱した、「意思決定とは情報処理の結果である」という基本的な考え方が支配的だった。

ディシジョンの前提には「事実」とともに「価値」があるにもかかわらず、価値は主観であり、客観的かつ分析的なセオリーが構築できないという視点から、これまではディシジョンの前提にはなりえなかった。ところが、第1章でも議論されている人工知能の開発では、その価値がすでに研究の中に取り入れられている。つまり、いまやディシジョンの本質は情報処理だけの結果ではなく、価値前提を入れ込んだ関係性のジャッジメントであるということだ。事象の背後で時々刻々と変化する関係性をどれだけ広く、深く、洞察するか。その中でジャッジメントの真価が問われてくるのである。

だからこそ、そこで「場」が重要になるのだ。われわれが最近ようやく到達したマネジメントのコンセプトが、アリストテレスがいうところの〝フロネシス〟である。英語でいえば〝prudence（賢慮）〟、あるいは〝practical wisdom（実践的知恵）〟となる。そこには「共通善」ともいえる価値前提が入れ込まれているため、マネジメントの究極の考え方は、共通善という価値基準をもって、個別具体の文脈の中で最善の判断ができる身体性を伴う「実践知」ということがいえるだろう。

価値とはすなわち、人間の主観に深く根ざすものであり、これを客観化することは難しい。だが、宗教、政治、信条、価値観等の多元的社会において、何が共通善なのかを導き出すためには、やはり世界的視野で「ベターな生き方は何か」ということを議論する以外に方法はないのである。

そして、もう一つ重要なのが、「一人の知よりも集合知」ということだ。われわれが提唱しているのは〝collective phronesis（集賢知）〟であり、これはヒエラルキーの否定でもある。ヒエラルキーは、ハーバート・サイモン教授が情報処理モデルから生み出した組織論である。これに対して、組織のあらゆる階層において、ダイナミックに変化するコンテクストの中で「いま・ここ」のジャッジメントができるフラクタルな組織体であるべきだ、というのがわれわれの主張だ。

そのためにこそ、われわれは全世界的な視点で「善」とは何か、を考える場所が必要だと考えた。同時にそれは「集合知」を体現できる場でもある必要があった。こうした考え方を基点として、21世紀の世界が抱える数々の課題を解決するための「知のコモンズ＝知的共有財産」を創出することを目的に、非営利組織「ワールド・ワイズ・ウェブ・イニシアティブ（w3・i）」という国際会議体が発足したのである。日本の知的エリートたちと、世界の知性たちとが呼吸を共にしながら議論し、未来に向かうベターなあり方を世界に向けて発信していく。その議論の「場」をわれわれは「トポス」と呼ぶことにした。トポスとはギリシャ語で「場」を意味する言葉だが、それはたんに物理的なものを指す言葉ではない。人が生きる場、人生などを語り合える場のことであり、そうした「場」においてこそ、アリストテレスをはじめとする古代ギリシャの哲学者たちは、答えのない課題について議論・弁証していたのである。

いにしえの賢人たちに倣い、われわれもさまざまな「知」が出会い、議論し、知的で社会的なグローバル・ネットワークを構築することをめざし、２０１２年９月から２０１８年５月までの約７年間に全12回の「トポス会議」を開催した。そこでは19カ国・１３０人を超える賢人が登壇し（ビデオメッセージを含む）、延べ２７００人以上が参加して〝トポス〟が創られた。膨大かつ貴重な見識の数々は、まさに「集賢知」と呼ぶにふさわしい内容である。その中で、ここぞ、という部分を抜粋し、読者の方々とその「場」を共有したい、というのが本書の意図である。

「日本は極めて弁証法的な国である」

こう述べたのは、第１章に登場する哲学者のカトリーヌ・マラブー氏である。マインドとボディ、アートとサイエンス、直観と分析、さらに大きな括りでは資本主義と社会主義――これらの要素が弁証法的に、しかも一方向ではなく双方が循環的に発展することでベターな解が生み出されていくのが日本の特徴だ、とマラブー氏は指摘した。日本という国には、二者択一や二項対立ではなく、二項動態的思考で共通善を探ろうとする特質があるということになろう。

トポスにおける賢人たちの知見の中には、相反する論述や、急進的な主張もある。一面的な視点ではなく、グローバルな視野で集賢知を読み解いたとき、何を感じ取ることができるのか？　矛盾の中でどのような未来を描くことができるのか？　それは形式主義からいまだ脱しきれない日本への強烈な示唆であり、われわれ日本が世界に対してどんな役割を果たしていくべきか、というヒントにもなるだろう。

さらには、そうした未来をつくっていく当事者としての一個人が、これからの時代を読み解く上で、その「集賢知」から数々のインスピレーションを受けるだろうことを、トポス会議の代表発起人として、ここで約束しておきたい。

TOPOS
Conference

賢者たちのダイアローグ——「トポス会議」の実践知

目次

目次

Contents

TOPOS Conference

第1章

人間の知性とコンピュータ科学の未来
――2040年、コンピュータは人間を超えてしまうのか―― 001

TOPOS Conference

第2章

TOPOS Conference

第5章

TOPOS Conference 第7章

賢慮資本主義宣言

──日本発の「資本主義」を構想する

TOPOS Conference 第8章

「産業・社会・環境」革命の衝撃

──100年後の世界と日本のランドスケープを構想する

TOPOS Conference

第9章

TOPOS Conference

第10章

人新世の"ヒューマン・ビルディング"

「次世代を拓く人間」をいかに創造するか

TOPOS Conference

第11章

21世紀にふさわしい日本的経営を構想する

TOPOS Conference

第12章

社会への満足度と幸福度を高める「オルタナティブ創造社会への挑戦」 261

おわりに

Introduction

TOPOS Conference

第1章

人間の知性とコンピュータ科学の未来
――2040年、コンピュータは人間を超えてしまうのか

マシンは人間を超えるのか

記念すべき第1回トポス会議は、2012年9月21日に「シンギュラリティ」（技術的特異点）をテーマにして開催された。

さて、シンギュラリティとは何か――。

2012年は、コンピュータの誕生に重要な役割を果たし、「人工知能の父」と呼ばれるアラン・チューリング生誕百周年に当たる。彼は、1951年、人間を知的能力で凌駕する機械がつくられる、言い換えれば「コンピュータが人間を超える」ことを予見したが、この考え方こそシンギュラリティである。

現在、一部の人たちは、シンギュラリティによって20世紀の延長では考えられない「とてつもない非連続な変化」が起こると口をそろえる。たとえば、未来学者のレイ・カーツワイルは、人工知能（AI）の発展、人間の知能増幅の限界から、2045年にはコンピュータが形成する文化が現在の人類を超えたレベルに達するという予測を発表した。ビジネスの世界にあっては、新しい技術や新規事業、新商品の開発などのイノベーション活動、さらには戦略の立案や検討、重要な意思決定などもコンピュータに委ねられ、経営者を含

めた知識労働者の大半が不要になり、その結果、企業のあり方、資本主義経済そのものが変化していくといったことも想像しうる。

しかし、そのような未来が本当に訪れるのだろうか。そこで、第1回トポス会議では、コンピュータと勝負した棋士、パーソナル・コンピュータ草創期の科学思想家、コンピュータ科学やロボティクスの研究者、未来学者、哲学者、心理学者を招き、シンギュラリティについて、さらには人間の「暗黙知」や「身体性の知」の意味、マン＝マシンの共進化について議論を行った。

特別講演「われ敗れたり、されど…」

永世棋聖にして日本将棋連盟会長（当時）の米長邦雄氏（故人）は、2012年に行われたコンピュータ・ソフトウエアとの対戦を振り返り、その敗因を述べるとともに、コンピュータの脆弱性と可能性、対局における自身の心理的変化、そして人間の知のあり方などに触れながら、「（人間と）どのように共存共栄を目指すのかが課題である」と問題提起した。

また、「人間にとって重要なことは、周囲に振り回されることなく、自分の脳で思考することであり、だからこそ、わからないことであっても、またどれだけ時間がかかろうとも考え抜かなければならない。この自己研鑽において、人間とコンピュータを比較することはできない。人間とコンピュータでは、知識形成のプロセスが異なる。したがって、人間とコンピュータのどちらが優れているか、つまりコンピュータが人間の知を超えるとか超えないとかという問いかけ自体、ナンセンスである」と述べた。

そして最後に、「日本語には、見、視、看、観という、四つの『みる』がある。私は、コンピュータとの対戦では『視』に重点を置いたが、愛情を持って相手を『看』ること、鋭い『観』察力によって物事を分析するなどバランスが重要であり、それができれば『敵を知り、己を知れば、百戦危うべからず』に至る」と締めくくった。

トポス❶ 「シンギュラリティの挑戦」

シンギュラリティ大学のニール・ジェイコブスティン氏は、「およそ15万年間にわたり、人類は、あらゆる生物の知のヒエラルキーの頂点に君臨してきたが、近年の人工知能の進歩により、その立場が揺らいでいる。人工知能が人類の知能を凌駕するシンギュラリティが世界的に注目されているが、この変化は非連続的で、また不可逆である」と、プレゼンテーションの口火を切った。そして、「シンギュラリティという新しい現実と向き合うには、人間とコンピュータの双方が備えるべき知性と資質について考えなければならない。したがって、人工知能について議論する際には、その特徴や能力ではなく、環境問題など地球規模の課題を解決するうえで、またよりよい世界をつくるために、人工知能はどのような貢献が可能なのか、という論点が必要である」と続けた。

また、航空交通網、自動車産業、宇宙産業、データマイニング、医学生物学、ゲームといった分野では、人工知能が「基盤」として組み込まれており、今後は、行動履歴や犯罪の証拠管理、教育といった分野での活用が期待されていることを、事例を交えながら説明した。くわえて、自身の行動が生態系に及ぼす影響を把握できる「生態学的知能」のほか、「倫理知能」、「統計的知能」、「デザイン知能」、「社会知能」、「感情知能」、「決断知能」、「創造知能」という、八つの知能分野について言及し、「人工知能という最先端技術を駆使してイノベーションの創出を促進する必要があるが、その際、人々が躊躇せず、それに取り組めるかどうかという問題がある」と締めくくった。

トポス❷

「知性について問い直す」

心理学者でもあるエリザベス・チャーチル氏は、社会不安が広がっていた16世紀イギリスの思想家トマス・モアが『ユートピア』の中で描いた「人々が分け隔てなく認め合う理想郷」と、1998年に発表されたSF映画『ダークシティ』で設定された「機械がすべてを管理する暗黒的世界」という2種類のイメージを紹介した上で、「知性とは何か」について問題提起を行った。つづいて、人間の知性と機械の知性（人工知能）は対立するならば、「我々は人間ではない」と大胆に前置き、「人間の知性は身体の中に存在し、進化していく。言い換えれば、身体は知性にほかならない」と述べ、両足義足のアスリート、オスカー・ピストリウス氏の例を引きながら、「彼の義足は『機械の知性』であるが、もはや身体の一部であり、すなわち『人間の知性』でもある」と展開した。そのほか、〈ボーイング787〉のコックピット、お掃除ロボット〈ルンバ〉を紹介し、マン＝マシン・インターフェースの設計では、人間の知性と機械の知性が相互に作用し、環境を再構築していることを示した。

そして、「身体の中にある知性が、身体という境界を越えて、どのように外部へ流通していくのか。データをどのように表現するのか。インターネット上も含めて、さまざまなデータをどのように保存し、未来に引き継いでいくのか等々──。これらの問題からも、人間の知性と機械の知性を分けて考えることはナンセンスである。この二つの知性をハイブリッドさせる技術は進歩と広がりを見せている。今後も『人間vs.機械』の構図が議論されるだろうが、人間の知性は、みずから生み出した技術とともに、変化を受け入れながら、物理的、感情的、倫理的、そして道徳的に成長していくだろう」と締めくくった。

トポス❸ 「シンギュラリティの論点：人間の知性vs.コンピュータ」

トポス3は、第一部「シンギュラリティの起源：人間はなぜ人工知能をつくろうとしたのか」、第二部「意味：人間の脳とコンピュータの違い」、そして第三部「未来：人間とコンピュータの共進化」の三部構成で展開された。

第一部の冒頭では、未来学者として名高いポール・サフォー氏から、「シンギュラリティには懐疑的だが、この概念を軸に、人間とコンピュータの関係は変化し始めており、それに伴い、人間の知性のあり様も変わっていくだろう」というビデオ・メッセージが寄せられた。これを受けて、慶應義塾大学教授の前野隆司氏は、「コンピュータは単に論理的・効率的な情報処理を代替するにすぎず、また芸術や他者との触れ合いを大切にするという人間的行為は変わらない。したがって、平和や幸福のために、いかにシンギュラリティを活用するかが課題である」と述べた。また、オックスフォード大学教授のウィリアム・ダットン氏は、コミュニケーションの観点から「シンギュラリティといっても、情報や知識それ自体が人間の行動を変えることはなく、他者と協力して、知識を革新的に活用することが重要であり、それが人間の知識や価値観に影響を及ぼす」と主張した。

第二部では、「パーソナル・コンピュータの父」と呼ばれるアラン・ケイ氏が、ビデオ・メッセージを通じて、まず知能、知識、コンテクスト（文脈）についてそれぞれ定義したうえで、「知識は、既存のコンテクストを変えるという点において意味を持つ」と述べた。つづいて、元プロ棋士でもある北陸先端科学技術大学教授の飯田弘之氏が、将棋のゲーム・ソフト開発を例に、ゲームのおもしろさを引き立たせるのはクライマックスに続く余韻であると語り、これまでのゲーム開発は、感動という芸術的な価値観を理解しないままに成長してきた点を指摘した。マサチューセッツ工科大学メディアラボ所長の伊藤穰一氏からもビデオ・メッセージが寄せられ、カオス的で予測不可能な21世紀では、既存の知識や考え方を根本的に改めて、新たな意味づけを試みる必要性を主張した。

第三部では、スピーカー全員が再登壇し、ジャック・デリダの弟子であるフランスの哲学者カトリーヌ・マラブー氏がビデオ・メッセージの中で紹介した「脳の可塑《かそ》性」と人工知能の類似点や関係性を踏まえて、人間とコンピュータの共進化について意見を交換した。シンギュラリティに対する人間の恐怖心、コンピュータへの過度な依存、知識と知性のバランス、人間性の豊かさといった論点が提示される一方、利便性やビジネスへの応用について、文化と科学の両面からあらためて議論され、価値観や審美眼の重要性がますます高まることが確認された。

本章では、米長邦雄氏の基調講演と、ポール・サフォー氏、アラン・ケイ氏、カトリーヌ・マラブー氏および伊藤穰一氏のビデオ・メッセージを収録した。

TOPOS Conference 1

特別講演

われ敗れたり、されど…

米長邦雄
（日本将棋連盟会長（当時）、故人）

コンピュータと対戦するまで

コンピュータを使ってどこまで将棋が強くなるかという研究が始まって、40年近くになります。私たち日本将棋連盟も、人を出し、お金もいくらか出し、共存共栄といいますか、コンピュータが早く強くなるように協力をしてきたわけです。ところが、だんだんコンピュータの態度が大きくなってきまして（笑）、プロ棋士よりも強いんじゃないかということになった。で、どうもプロが対局を避けている、逃げている、卑怯だという噂も出てきまして、これでは具合が悪い。そこで私は、避けるわけでもない、逃げるわけでもない、しかし対局をしないで済む方法はないかと考えました。

一番強くて人気があるのは、たぶん羽生善治だろう。見積もった羽生の対局料は7億7８０万円でした。その対局料を払ってくれるなら一局指してもいいですよと言ったんです。将棋一局で7億円と聞くと、「プロ棋士は割りのよいビジネスだ」と思われるかもしれませんが、そんなことはありません。羽生に聞いたところ、コンピュータと指す以上は、コンピュータの思考や人間との感覚の違い、どういう戦術をとればいいのか、データを集めて徹底的に研究する必要がある。そのためには人間との対局を1年間やめなければならないと言うんですね。

人間と1年対局しなければ、タイトルはすべて手放すことになります。数千万円のタイトル料を失うだけでなく、予選からの対局料の積み重ねも全部なくなります。それ以上に、コンピュータと指したあとでプロ棋士の世界に戻ってきた時、元の人間の感覚に戻れるかどうかもわからない。7億というコンピュータとの対局料は、決して高いわけではないんです。ただ、7億とふっかけると、「高いから6億にしろ」と言われるかもしれない。そこで７８０万円という端数を加えた。ここは米長流の考えです(笑)。そして、もう一つジョークというかいたずらで、格安料金を入れておきました。元名人の米長邦雄なら対局料は１０００万円、と。そうしましたら、「では、米長やってくれ」という人が出てきた。出てきた以上、私も指すしかない。

　私は引退してから8年経ちます。弱くなっていることは致命的になりますから、全盛期時代に戻れるかどうかわかりませんが、元の強さを取り戻そうとしました。将棋が強くなる方法はいくつかありますが、基本は詰め将棋を一所懸命解くことです。私は中学時代から20歳を過ぎるまで、毎日3時間、詰め将棋を解いていました。中には６１１手詰めなんていうものもあって、1日では解けない難しい問題もあります。高校生の時、プロでも解くのに2日かかる１９５手詰めの問題を、私は2時間で解いたことがあって、「お前は天才だ」と褒められ、自分でも「天才なんだ」と思いました。

　ところが、その１９５手詰めの問題を、いま一番強いコンピュータソフトにやらせてみたら、起動してから０・１秒で解いてしまいました。これじゃ話にならない。みなさん、ばかばかしくなりませんか？(笑)。しかし、そこに大きな錯覚があります。将棋は、自

Yonenaga, Kunio
公益社団法人日本将棋連盟会長。永世棋聖（棋聖位を通算5期以上保持した棋士に与えられる永世称号）。北陸先端科学技術大学院大学特任教授を務める。2012年1月14日、富士通研究所所属（2012年1月現在）の伊藤英紀氏が開発したコンピュータ将棋ソフト〈ボンクラーズ〉と対戦し（第1回電王戦）、敗れる。この一件について記したものが『われ敗れたり』（中央公論新社）。2012年12月18日永眠

分の脳みそで考えるから強くなる。2時間で解けても、2日かかっても、そんなことはどっちでもいいんです。0・1秒のコンピュータと比較して振り回されない。自分でどれだけ解けるかを地道にやる。一所懸命、真摯に研究することが大事なんです。

コンピュータの強さとは?

実践の勘を取り戻すために、若手とも対局を重ねました。それから、対戦するコンピュータソフトと類似した能力があるソフトを自宅に置いて、そいつとも将棋を指してみた。持ち時間にいろいろな設定があって、一手30秒の早指しでやってみたら、10戦全敗でした。全然勝てません。1分に設定したら、2勝8敗くらいになった。あまり大きな声では言えませんが、現役のトッププロ棋士を家に呼んできてやらせてみたら、30局やって3勝27敗だった。その時点で、コンピュータがどれだけ強いのか、私にはわかっていました。

なにしろコンピュータソフトは、1秒間に1800万手も読むんです。詰め将棋は数学の問題と同じで、正解が一つしかありませんから、解が一つであればどんなに頭がいい人でもコンピュータの計算能力には勝てない。ところが、じつはコンピュータは幼稚な面も持ち合わせているんですね。意見をもつことができない。お見合い写真を3枚見せて、「誰がいいか決めてみろ」って命令しても、答えを出せないんです。それから形勢判断が正確なために、攻める駒と守る駒をしっかり分けていることもわかった。

私が出した結論は、コンピュータとの対局では、人間と指す時とはまったく違うやり方をしないとダメだということでした。人間なら一目で悪手だとわかるけれど、コンピュータにはまったく判断できないという差し手がある。プロなら実戦で絶対に指さないような手、つまりプログラムに入っていないような手を打つ。それが1月

14日に私がやったことでした。

対局の日まで酒を絶ちましたが、じつは大晦日と元旦の2日間だけ、酒を飲みました。飲みながら、かみさんに聞いたんです。「勝てるだろうか」と。そんなこと、普通は勝負師は聞きません。もしも聞かれたら、かみさんは「頑張ってね」とか、「勝てるわよ」とか答えるものだと思います。ところが、私はかみさんから「勝てません」とはっきり言われたんです。「全盛期時代のあなたと、いまのあなたは全然違います。だから勝てないんです」と。

私は毎日詰め将棋を3時間勉強して、コンピュータの研究をして、酒も飲まないで対局に備えているのに、それで「勝てない」と言われたら身も蓋もない。しかし、「あなたには愛人がいないはずです。愛人がいないような男がコンピュータに勝てると思っているんですか」と、かみさんからお説教をくった。そして実際の対局も、かみさんの言ったとおりになりました。

対局が終わって思ったのは、コンピュータには感情がない、感情に左右されて手が乱れるなんてことはないということです。人間の場合はそうはいかない。カメラマンは女性でしたから、普段の私なら美人が撮ってくれて嬉しいなという気持ちだったでしょう。しかし、ナイーブになりすぎた。神経質になりすぎて、著しく差し手が乱れてしまった。つまり、将棋一筋に打ち込みすぎていたために、私は負けたんです。

かみさんが言いたかったのは、あなたは毎日酒をがまんしているけれど、研究が終わったら夕食の時にビール1本くらい飲んだらどうですか、ということです。つまり、心に余裕がないということ。もっとゆったりした気持ちで指さなければならないのに、私はコンピュータと対局するために、コンピュータみたいな人間になろうとしていた。これが「愛人のいないような男が勝てると思いますか」というかみさんの説教の意味だったんですね。

コンピュータとの共存共栄に必要なこと

「みる」には四つの字があります。見学の「見」、視点の「視」、観察、観音様の「観」、看病の「看」です。この四つの意味を人間はもう1回よく噛みしめて勉強することが非常に大事だろうと思います。

私は全盛期の強さを取り戻すために、詰め将棋を解くこと、実戦の感覚を取り戻すこと、そして新しい将棋の研究に取り組んだ。それは自分の目と耳をふさいだのです。つまり、一つの局面を頭に入れたら、よそからの情報を入れずに自分の頭で考える。それがトッププロになる一番大事な道です。ところが、ある程度まで強くなってから伸び悩む若い人たちを見ていると、パソコンでいろいろ情報を検索している。よその目、よその耳から入った情報は、トッププロになるためという点ではまったく無意味であり、むしろ害です。

驚いたことに、北原白秋の和歌にも同じことが詠まれています。『黒檜《くろひ》』という最後の歌集です。晩年の白秋は故郷に帰ってから失明してしまいますが、その前年に詠んだ歌です。

かぐろ葉にしづみて匂ふ夏霞　若かる我は見つつ観ざりき

「見つつ観ざりき」が一番の急所です。失明する前年なので、おそらく子どもの頃にはっきりと見えた光景ではなく、目にはもっとぼやけて映っていたと思いますが、「いまの自分は感謝の気持ちで観ているのだからこの美しさに気がついたのだ」という思いが、この一首には込められています。ただ目で「見る」だけでなく、心から観察する、すなわち感情をもって「観る」ことは人間だからこそできることではないでしょうか。

私はこの歌に出会って、人工知能の可視化の研究を徹底的にやりました。どこまで行っても人間には及ばないものがコンピュータにはあります。しかし、お互いに共存共栄することを思えば、人間の知をコンピュータが超えるか、どちらが優れているかというのはナンセンスな問題です。一部分を取り上げて、「この分野では人間が降参します。この分野ではコンピュータは人間にかなわない」などと分けていくべきではないという気がします。

いろいろ話をさせていただきましたが、じつは私はコンピュータについて全然わかっていません。将棋の指し手しかわかりませんが、やはり勝負というものは「敵を知り、己を知れば、百戦危うべからず」です。自分ではそれなりに戦いましたが、悔やまれるのは、私に愛人がいなかったということですね(笑)。

TOPOS Conference 1

シンギュラリティの本質：人間の探求の旅

ポール・サフォー
（フォーサイト社マネジング・ディレクター、未来学者）

シンギュラリティの捉え方

シンギュラリティという言葉は、米国のＳＦ作家であり数学者であるルーディ・ラッカーによって、初めて技術的な文脈で使われました。１９９０年代初頭に書かれたエッセーの中で、20年ほどのうちにマシンが人間よりも賢くなるだろう、と主張したのです。

シンギュラリティは「すべてが変わる特異点」という意味ですが、スティーブン・ホーキングは、シンギュラリティという言葉をブラックホールの先にある世界という意味で使っていました。シンギュラリティの後はすべてが完全に今とは異なるため、私たちはそれがどのような世界になるかを今理解することはできません。

ところで、シンギュラリティには二つの考え方があると思います。一つは、それは急速に近づいていることなのか、ということです。シンギュラリティは２０４５年頃に到来し、マシンが人間よりも賢くなると主張する人たちもいます。しかし、私は懐疑的です。マシンが人間を超えるにはもう少し時間がかかると思います。私はシンギュラリティ大学の教授であり、毎年講義をしていますが、最初の授業で学生に「シンギュラリティを信じる人はどのくらいいますか？」という質問をします。５％ほどの学生しか手を挙げません。つまり、シンギュラリティを信じるのは少数派です。

二つ目の考え方は、シンギュラリティというコンセプトを使って、マシンと人間との関係が変わりつつあることを明らかにしようというものです。いま起きていることを理解するためには、１９３６年に戻って考えねばなりません。その年に、英国の数学者・論理学者のアラン・チューリングが「計算可能数について」という論文を発表しました。ちなみに、今年（２０１２年）は、チューリングの生誕百周年にあたります。この論文の中で、チューリングはマシンに関する革命的なアイデアを発表しました。自分自身でプログラムや命令を変えることのできるチューリング・マシンです。その時以来、マシンは大きく進歩してきました。

では、マシンは私たち人間と同じほど賢くなっているのでしょうか？

このような歴史的な視点をもってマシンと人間の関係を考える時、シンギュラリティは重要なコンセプトになります。

マシンとの協力を通じて人間を知る

チューリングが論文を出した１９３６年を振り返ると、その時代は人間の労働コストは低く、マシンはとても高価でした。しかし現代はその正反対で、人間の労働は非常にコストが高くなり、ムーアの法則のおかげでマシンはかつてないほど安くなっています。そしていま、私たちは知的作業の多くをマシンやツールに任せきりにしてしまっています。

Saffo, Paul
デサーンのマネージング・ディレクター。未来学者。スタンフォード大学工学部コンサルティング准教授、同大学メディアXリサーチ・ネットワーク客員研究員。そのほか、ベイ・エリア・カウンシル・エコノミクス・インスティテュート理事、ロング・ナウ財団理事。スウェーデン王立理工学アカデミーのフェロー、シンギュラリティ大学フューチャー・トラック委員などを兼ねる。

では、なぜ私たちはマシンを生み出し、どんどんマシンを賢くしているのでしょうか。なぜ人間は、自分たちを超えてしまうかもしれないマシンを作ろうとしているのでしょうか。この疑問に関連して、私は、人間の最も根本的な欲望は、お互いに協力し合い、お互いに話し合い、新しいことを発見することだと考えています。人間は、マシンと協力し合い、マシンと話し合い、マシンの力を借りて新しいことを発見するために、どんどん賢いマシンを作ろうとしているのではないでしょうか。

著名な歴史家で美術評論家のジョン・ラスキンは、かつて言いました。「人間の魂がこの世で行った中で最も偉大なことは、何かを見て、見たものを簡潔に語ることである。明確に見ることは、詩であり、予言であり、宗教であり、それらが一体化したものだ」。私たちは、マシンの力を借りて、新しいものを見て、それを理解しようとするためにマシンを賢くしようとしているのではないでしょうか。人間とマシンの関係を考えるにあたって、こういう問題を問いかけてみることが大切だと思います。

このビデオ・メッセージを収録しているのは２０１２年7月末ですが、今日から1週間以内に火星探索機キュリオシティが火星に着陸し、火星の探索を始めます（注：着陸日は8月5日だった）。また、ＳＥＴＩ（地球外知的生命体探査）プロジェクトでは、電波から地球外生命を探そうとしています。これらの作業には膨大なデータが必要になります。今年の7月、ＣＥＲＮ（欧州原子核研究機構）の科学者たちが、ヒッグス粒子が存在する証拠を発見したという報道がありました。ヒッグス粒子は、宇宙が誕生して間もない頃、他の素粒子に質量を与えたとされる粒子であり、理論上では存在が示されていたのですが、ＣＥＲＮでは大型ハドロン衝突型加速器（ＬＨＣ）を使って実際に存在する証拠を発見したのです。ＬＨＣは、人間がつくった中でもっとも巨大で複雑な装置でしょう。その中で1秒間に粒子の衝突が10億回起こり、これをデータにすれば年間30億ペタバイトくらいになります。このうち実際に観測できるのは15ペタバイトぐらいにしかすぎませんが、それでも膨大な量です。

このようなビッグデータを分析することで私たちは新しい発見をすることができるのですが、ＬＨＣの例からもわかるとおり、私たちが分析できるのは、ビッグデータといっても世界で起きていることの本当にごく一部でしかすぎません。知識あるいは情報の大海というものがあったとしても、実際には私たちは海に踵を入れたくらいでしかなくて、ビーチで遊んでいるような状況なのです。しかし、私たち人間は、もっともっと深い海の中にある真実を知りたいものなのです。

フランスの哲学者テイヤール・ド・シャルダンは、人間の知識の総体を「ヌースフィア（ノウスフィア）」（叡智圏）という球体のメタファーで表現しました。知識が増えれば球の体積も増えますので、私たちは球の大きさに注目しがちです。しかし、本当は私たちは球の大きさではなく球の表面に注目すべきではないでしょうか。というのは、球の表面は知識が無知の領域と接する場所であり、球が大きくなればなるほど表面積も増えるのです。つまり、私たちは多くの知識を獲得すればするほど、未知のものに接することも大きくなっていくのです。

最後に、英国の詩人Ｔ・Ｓ・エリオットの「リトル・ギディング」という詩の冒頭をご紹介します。

われわれは探求をやめることはないだろう　We shall not cease from exploration
そしてわれわれの一切の探求の終わりは　And the end of all of our exploring
われわれが出発したところに到り　Will be to arrive where we started
そして初めてその場所を知ることであろう。　And know the place for the first time

人間の探求の旅のポイントはここにあります。発見する欲望。ストーリーを語る欲望。協力し合う欲望。そのような欲望のためにマシンの力を借りるのです。そして、私たちは出発点にもどって、人間とは何かということを知ることになるのです。

人間の知性の未来：コンテクストの変革

アラン・ケイ
（ビューポインツ・リサーチ・インスティテュート 創立者兼理事長）

「ニュース」と「ニュー」の違い

カナダのメディア哲学者マーシャル・マクルーハンは、「見ることは信ずることである（百聞は一見に如かず）」ではなく、「信じるまでは（そのものが）見えない」と言いました。実際、そのとおりなのです。われわれが物事を認識するには、まずそれらが〝存在している〟ことを実感しなければなりません。

ここ数百年で、いままで目に見えなかった多くのものが見られるようになりました。私たちが直面するものや、日々起こっている出来事を考えるにあたっては、みなさんもよく知っている「Ｎｅｗｓ（ニュース）」というものがあります。そして、「Ｎｅｗ（ニュー）」という言葉はＮｅｗｓと混同して理解されがちですが、両者はまったく違うものです。

「ニュース」は、われわれの既存の知識に追加されていきます。たとえば、テレビでニュースを見ていて、「新たな交通事故が発生」と知らされても、実際には「新しい」、「初めて現れた」ことではなく、自分がすでに知っているカテゴリーの中の一つの出来事にすぎません。その知識カテゴリーは、自分にとって既知のものです。だからニュースは短時間で伝えることができ、理解することもできるのです。

反対に「ニュー」は、いままで見たことのないものなので、存在を実感できないことがあります。見えていても、間違った解釈をするかもしれません。なぜなら人間は、物事を自分の知っているカテゴリーを通して見ようとするからです。初めて目にした行動の多くが馬鹿げた行為だと思えるのは、私たちが新しい物事を直接見ようとしないという問題とかかわっています。

人間の脳は、「ニュー」ではなく「ニュース」に対応するためにできているのです。これは、人類が20万年前に火を囲んでいた時から現在に至るまで変わっていません。このトポス会議でも、私を含めて登壇するスピーカーたちは「ニュース」を話題にするでしょう。なぜなら、「ニュー」を扱うためには、聴衆がそれを学ぶための時間がもっと必要だからです。

コンテクストの変革にこそ価値がある

さて、あなたがレオナルド・ダ・ヴィンチの2倍の頭脳を持って生まれたとしましょう。それが紀元前1万年前のことだとしたら、はたしてどれだけ能力を発揮できるでしょうか?

もちろん、ダ・ヴィンチは素晴らしい頭脳の持ち主でした。未来を予知するような機械の設計図をたくさん描いていています。しかし、ご存知のとおり彼は一つの乗り物も完成させることができませんでした。乗り物のエンジンを開発できなかったのです。それは知識が足りなかったからです。他の誰よりも頭がよかったけれども、時代を超えることはできなかった。彼がやりたいことを実現するには、違う時代に生まれるべきだったのです。

ダ・ヴィンチよりもずっと賢くなかったヘンリー・フォードは、数百万台もの自動車を作ることができました。生まれたタイミングがよかったからです。そのときフォードのまわりには、たくさんの知識がありました。多くの場合、知識は知性に勝ります。いくら頭がよくても、知識は必要なのです。

知識は知性を拡大させます。人間の頭が10万年前より優れて見えるのは、知識が増したからです。では、その知識はどこから来たのでしょうか？

アイザック・ニュートンを例に挙げれば、彼は現在私たちが使っている知識の中心に立つ人物です。ニュートンは世界中のモノの見方、つまり〝コンテクスト(文脈)〟に変革をもたらしました。コンテクストには知能指数80に相当する価値があると私は考えます。

持って生まれた知能を高めることは困難です。しかし、知識を増やすことは誰にでもできます。けれども、知識のコンテクストがしっかりしていないと、その知識は大した役には立ちません。

私はこう考えます。コンテクストが金、知識は銀、そして、知能は鉛でできた錘《おもり》のようなものである、と。コンテクストを無視してテクノロジーを振り回すことは、10万年前の人類が軍備拡張戦争をやっているのと同じことです。でも、たとえば「信仰の社会」から「論争的・実験的な社会」にコンテクストを変えるとどうでしょうか。そのような視点の変化は全宇宙を解き放つことでしょう。

またマクルーハンを取り上げますが、彼によると、神経系の構造のせいで多くの人は「現在」を「過去」と照らし合わせて経験することしかできないそうです。私たちがニュースを聞くと、それらの情報は自分の知っているカテゴリーの範囲で処理しているということです。「現在」を「ニュース・情報」で経験する。つまり、それは私たちの未来への視野が衰えていることを示します。マクルーハンは、「水を発見したのは誰だか知ら

Kay, Alan
ビューポインツ・リサーチ・インスティテュートの創立者兼理事長。カリフォルニア大学ロサンゼルス校非常勤講師、ヒューレット・パッカード、ウォルト・ディズニー、アップル、ゼロックスのフェロー、アタリ主席科学者などを兼ねる。マサチューセッツ工科大学教授のニコラス・ネグロポンテ氏が設立した非営利組織「1人の子どもに1台のノートパソコンを」のアドバイザーを務める。コンピュータ科学における功績から、全米工学アカデミーからドレイパー賞、全米計算機学会からチューリング賞、稲盛財団より京都賞を授賞。

ないが、魚ではないことは確かだ」ということも言っています。魚が人間だとすると、コンテクストは水です。人間が新しいコンテクストを自ら発見することは難しいのです。

しかし時々、ふとした時に自分の現実から外れたアイデアを思いつくことがあります。皆さんの中でもそういった経験をしたことがあるかもしれません。けれども、職場に通って、普通の生活をしている時にそういうアイデアを思いついたとしても、それは大きなショックだったと思います。正当な人間になることを社会が望んでいるので、我々の脳も波風立てない人間になるようにしています。そのせいで現実に合わない考えに遮られてしまうのです。けれどもごくたまに、たとえばシャワーを浴びている時、ジョギングをしている時、あるいは寝起きの状態、そうした無防備な時に大きな思考の爆発が起こるかもしれません。

さて、思いがけないアイデアを思いついた時、問題はそれが良いアイデアかどうかです。昔はそういったアイデアが芽生えた人は宗教を創始したものです。そのような人は、人間ではなく、どこか違うところから来たのではないかと思われたわけです。しかし、どんなに沢山のアイデアが次から次へと生まれてくる人でも、たいていの場合、そのアイデアは大したものではありません。本当に良い考えというのは稀なんです。

「ニュー」の問題は、それが普通の人たちにはなかなか受け入れられないことです。今の時代、想像力豊かな人や新しいアイデアを見つける人は、良くて「ナード（オタク）」、悪いと「狂人」扱いされます。しかし、人間の知性の未来に関係することですが、新しいアイデアを取り入れるには広い想像力が必要です。特に年を取れば取るほど、既知の常識に縛られ、自分の知識の範囲の居心地のよいところからまったくの未知の世界に行くことが難しくなります。

「理解は世界を見かけとおりに受け入れないことから出発するのである」というのはフランスの作家スーザン・ソンタグの言葉ですが、彼女が言いたかったのは、私たちの考え方を支配している既知のコンテクストをなんとかしないと新しいものを理解できないということです。古いコンテクストから完全に開放されるのは無理ですが、せめて新しいものを受け入れる態勢を作ること、私たちが現実だと思っているものが私たち自身が作り上げてきた古いコンテクストに沿ったものであると知っておくことは役に立つと思います。『不思議の国のアリス』の中で、赤の女王がアリスに「朝食前に三つ不可能なことを考えてごらんなさい」と言います。普通ではないアイデアについて考えてみるのも悪くないと思います。

「ニュー」としてのBOOKの発明

印刷機の発明は、「ニュース」でもあり、「ニュー」でもありました。「ニュース」というのは、僧侶達がやっていたことを真似できるということです。500年前に印刷されたグーテンベルクの聖書は、なるべく手書きに見えるように装飾や彩色までつけられています。一方で「ニュー」だったのは、それまで狭いコミュニティの中に閉じ込められていた知識が広がり、科学と統治法の改革につながったことです。ヨーロッパと米国において、時代は信じることから論ずることへと変わりました。信仰は特定の固定観念によって縛られていますから、進歩をもたらすのは困難です。しかし、論ずることは、今まで見たことのない、新たな視野を広げてくれます。

私は、自分が考えた理想の個人用コンピュータにダイナブック（Dynabook）という名前をつけましたが、ダイナブックの「ブック」には、BOOK（Basic Organization of Knowledge：知識の基本的な統合）という意味があります。印刷機によってできた本、すなわちBOOKは、私たちの世界を変革しました。つまり、「ニュー」だったわけです。しかし、多くの人はBOOKがどれだけの力を秘めているのか、わかっていません。なぜなら、それを使いこなすには何年も学習が必要だからです。実際、本当に科学と統治法の改革が実現したのは、印刷機の発明からガリレオまで150年、ニュートンまで200年、さらに民主共和制に至るまで300年かかってしまったのです。多くの人々が、印刷機やBOOKというテクノロジーの進化に伴うコンテクストの大変革に何世紀も抵抗し続けたわけです。そういう抵抗を「人間の知性」というのは少し矛盾しているといえます。本当に頭の良い生き物なら、自分たちが「ニュー」を受け入れるのに時間がかかることに気づいているはずです。そしてそのことに気づいたら、何か手を打つはずです。

2500年前に偉大な師範であったソクラテスは、多くの人々に影響を及ぼしました。プラトンの本は、ソクラテスの教えが死後も語り継がれるよう執筆されたものです。グーテンベルクが発明した印刷機はそれを広め、過去の基準を超えた学習経験が可能になりました。

ソクラテス本人は、自分の教えを文章にして残すことに反対していました。誰かの論拠を追うだけではダメで、実際の議論に参加すべきであると述べていたのです。これは正しい教えです。ただし、気をつけなければならないことがあります。自分よりも賢い人の主張に習うのはよいことだけれども、一方でいまのウェブなどを見ると、無数の人が賢い意見に従おうとせず、ただ自分の主張を押し通そうとする傾向があります。これでは知の進化どころか、退化でしかありません。

人間は多くのテクノロジーをツールとして使えるようになりました。しかし、コンテクストを考慮せずにそれを使うのは危険です。いまのコンピュータ技術は、ソクラテスの教えをプログラムに入力して、さらに効率よくやっているに過ぎません。そうすることによって、あたかも重要なことをやっているような気分になっているのです。それは人類の未来ではないし、われわれの知性の未来でもないと私は思います。

われわれがやるべきことは、外部のテクノロジーだけで自分を拡張しようとすることではありません。自らコンテクストを広げて、「ニュー」を見えるようにし、それらを吸収することなのです。

人工知能と脳の可塑性

カトリーヌ・マラブー
(キングストン大学人文社会学部教授)

「可塑性(プラスティシティ)」の二つの意味

「人間の知性」を考える際、私は脳の可塑性《かそ》が、知性と感情の関連性を示す上で、いかに大切であるかを説明したいと思います。脳の可塑性という概念は、シンギュラリティ時代にける人間の知性のあり方やマシンと人間の関係を考えるうえでヒントになるはずです。

可塑性(プラスティシティ)には、フランス語でも英語でも二つの異なった意味があります。「形をつくる」という意味の一方で、「形を破壊する」過程をも指します。つまり可塑性は、形の出現と消滅の両極端に位置しているのです。そして、いまではこの考え方が神経生物学の中心的概念になっています。

さて、「形をつくる」という意味の可塑性は、脳内のシナプスが行う作業によって自らの効果を変える能力を指します。たとえばピアノを頻繁に弾くと、その活動に携わるニューロン接続が強化されます。反対に、ピアノを弾く作業に使われない神経は劣化していきます。神経科学において名声を誇る米国のジョセフ・ルドゥー氏は、「シナプスが人格をつくる」と言いました。つまり、可塑性の一つの意味は「脳の彫刻」であり、これは人間のアイデンティの形成のことであるとも言えます。

しかしもう一方で、可塑性には「形の破壊」という意味があります。これは、ニューロン接続を変形させる可塑性、すなわち人格を破壊してしまう可塑性のことで、ここでの「破壊」は病気や脳損傷による人格崩壊を意味しています。このような可塑性は、病気などによって突然現れ、記憶が破壊されて患者に新しい人格が芽生え、まったくの別人になってしまいます。アルツハイマー型認知症もそのような病気の一つです。

人間の知性は、ニューロン接続が行われ、体験を脳に記憶する創造のプロセスにおいて形成されます。しかし、同時にその知性は危険にも晒されています。なぜなら、もう一つの可塑性が何かをきっかけとして知性を破壊する恐れがあるからです。そのきっかけは感情です。

神経学の第一人者であるアントニオ・ダマシオは自著で、「感情のない現在は存在しない。知性の中枢である脳は、認知や理性だけでなく、感情にも携わっている」と主張しています。そして、「意識と感情を引き離すことはできず、一方が損なわれると、もう一方もダメージを受ける」と述べています。

言語機能、記憶、理性、集中力といった高度な認知能力は、構造的に感情プロセスとつながっていて、ダマシオはそのプロセスを、「とりわけ危険や争いを伴う恐れのある個人的・社会的問題に関する時」とつけ加え、「近年、神経科学も認知科学も感情の影響という概念を認めつつある。従来の〝理性対感情〟という比較対照も覆されてきている」と指摘しているのです。

多くの脳疾患の臨床例から注目したいのは、知性は精神異常と密接に関係していることです。なぜなら、知性と脳の病気は共通の土台の上にあるからです。感情が破壊されると、知性もダメージを受けます。脳は複雑なので、自分(脳)に対して弁証法的な関係を保とうとします。人間の知性が感情を遮って成長すると思ってはいけません。安定した感情・情動環境を展開しなければ知性も発達しません。

感情が冷めると知性も機能しなくなる

近年の研究のおかげで、可塑性は脳の魅力的な仕組みであるとともに、一種の危険物でもあることが明らかになりました。フランスの精神科医であり脳科学者でもあるボリス・シリュルニクは、ルーマニアの孤児院の中で隔離された子どもたちを研究し、その子供たちの感情を司る脳の部分が劣化していて、知性の発達が遅れていることを明らかにしました。子どもたちは物事に無関心になり、感情が麻痺してしまい、知性も破壊されてしまったのです。

脳に損傷を受けなくても、私たちは危険を前にすると無感動になります。たとえば、街を歩いていてホームレスを見かけてもお金をあげないというのは、他人の不幸や苦しみに対して無関心になることで自分を守っているからなのですが、これは同時に知性の発達を害することにもつながるのです。「創造する可塑性」と「破壊する可塑性」の土台が同じだからこそ、私たちも無関心になる傾向があるのです。そして、無感動を装って自分を守る、冷淡であるから世界から孤立する、といったようなことは知性の発達にとっても一種の危険物になっています。

人間の知性の発達は、脳の発達以外の何物でもありません。これははっきりしていて、みなさんも同意すると思います。しかし、哲学でいうように、この知性には「超越性」がないから、感情を脅かすものすべてが、知性をも脅かすのです。人間の知性の未来は、脳の可塑性の二つの側面をどう構成し、そのバランスをいかに尊重するかに懸っていると私

Malabou, Catherine
キングストン大学現代ヨーロッパ哲学センター教授。世界的な哲学者ジャック・デリダに師事し、パリ第10大学哲学部教授を務める。今回は、著書『わたしたちの脳をどうするか：ニューロサイエンスとグローバル資本主義』（春秋社、2005年）における視座から意見を発表している。

は思います。

ＡＩの二つの時代と相互可塑性

さて、人工知能と脳の可塑性について考えてみましょう。私たちは、ＡＩの新しい時代に突入しています。ジョン・サールという哲学者は、ＡＩには、強いＡＩと弱いＡＩという二つの時代があると言っています。強いＡＩの時代は、脳の働きを監視する装置を作るために、ＡＩが認知構造を模倣していた時代です。私たちは、このような装置が機能しなかったことがわかってきました。今は、もう一つの時代、つまり脳の可塑性を考慮するＡＩのあり方を考える時代です。脳の可塑性には感情と知性の関係も含まれています。脳のモデルが変わったのです。

これまでは、脳はコンピュータ、つまりマシンのようにとらえられてきました。すると、ＡＩは、脳というマシンを再生産することと言えます。マシンがマシンを再生産しているのと同じことです。しかし、最近のモデルには、脳の可塑性がマシンを指導し、同時に、マシンが脳の可塑性を指導する、という相互性が見られます。要するに、可塑性がお互いに呼応しあっているのです。もはやマシンの複製ではないのです。

したがって、ＡＩの新しいメカニズムにおいては、マシンやセンサーなどのＡＩの核心は「マシンと脳の相互可塑性モデル」に基づいたものになると言えるでしょう。

AI時代における人間の創造性

伊藤穰一
（マサチューセッツ工科大学 メディアラボ 所長）

なぜ創造性を失うのか

多くの人は、幼稚園の時は自由に絵を描いたり歌ったり、とてもクリエイティブなのに、大人になるとなぜクリエイティブではなくなるのでしょうか。イノベーションにはクリエイティビティが必要だといわれているにもかかわらず、なぜ教育の課程でクリエイティビティが失われていくのでしょうか。こうした疑問を感じている人は少なくないのではないかと思います。

じつは、多くの人はクリエイティビティを失ったわけではありません。自分に対してクリエイティブな表現をしてもよいパーミッション（許可）をなくして、自らクリエイティビティを囲ってしまっているというのが、私の仮説です。

たぶん、みなさんはシャワーを浴びる時や、一人でクルマを運転している時は、歌ったりしているでしょう。でも、人前では無闇に歌いませんよね。子どもに本を読み聞かせる時は、自分も幼い口調になっているのに、会議室に入ったとたんにお利口さんになる。

いまの教育と社会は、人間を〝きちんとした大人〟にしようとします。それは、産業革命の時に必要とされた労働力を生み出すシステムです。しかし、われわれがいま生きている社会に必要とされるのは、そうした人間ではありません。人間は進化し、ＩＴとインターネットによって進化が次のステージに入った。われわれはすでに「インターネット・エイジ」にいるのです。

ＢＩとＡＩという言葉で説明しましょう。ＢＩはビフォア・インターネット、ＡＩは人工知能ではなく、アフター・インターネットです。ＢＩの世の中は、シンプルにものが動きました。それは比較的、理解のしやすい世界だった。ところがＡＩの世の中は、とても複雑で、とても速くて、何がどう変わるのかが理解しきれない世界。本やニュースで情報を仕入れても、その予想は当たらないし、企画したとおりに物事が運ぶこともありません。世界全体が「カオス」になっている。そうした「カオスの世界」でいったい、どう生きていけばよいのかが、われわれに問われているのです。

アジリティ（敏捷性）の重要性

それでは、どういうふうに自分の脳を変え、行動の仕方を変えれば、ＡＩに順応した生活ができるのか。僕たちが考えている「ＡＩの原則」について、その一部をお話しましょう。「ＡＩの原則」は全部で九つあります。

①ストレングス（力強さ）よりレジリエンス（回復力）、②プッシュよりもプル、③セイフティ（安心性）よりもリスク、④オブジェクト（個々の物体）よりもシステム（体系）、⑤マップ（地図）よりもコンパス（羅針盤）、⑥セオリー（理論）よりもプラクティス（実践）、⑦コンプライアンス（遵守）よりもディスオビディエンス（不服従）、⑧オーソリティ（権威）よりもエマージェンス（創発）、⑨エデュケーション（教育）よりもラーニング（学習）という九つです。

ＢＩのベンチャーキャピタルは、〈企画書→お金→プロダクト〉というのが基本的なイノベーションプロセスでした。ＡＩの時代は逆です。フィロソフィーは「ラフなコンセンサス、動くコード」――つまり、「まずつくってしまう」ということ。実際にグーグルやヤフーやフェイスブックは、数人の学生がプロダクトをつくってからお金が集まり、その後、ビジネスプランを考えた。つまり、イノベーションは資金も企画書もないところから生まれているわけです。

イノベーションを起こせない大企業のマネジャーは、リスクを減らすことで頭の中がいっぱいです。売上やマーケットシェアを少しずつ伸ばしながら、予算オーバーしないように、時間がかかりすぎないようにと、当初のビジネスプランを守ることばかり一所懸命考えている。

ＡＩのビジネスで重要なのは〝アジリティ(敏捷性)〟です。たとえばフェイスブックのシェリル・サンドバーグ(ＣＯＯ)は、「われわれには〝ストラテジー(戦略)〟なんかいらない」とよくいいます。戦略を練っているあいだに、世の中はどんどん変わっていくからです。

ユーチューブの２００５年のホーム画面を見ると、サービスモデルはビデオ埋め込み機能付きの出会い系サイトだったことがわかります。しかし、このモデルがうまくいかないと判断した彼らは、躊躇なくピボット(路線変更)しました。アジリティがなければ、ユーチューブは生き残っていなかったでしょう。

僕もさまざまなベンチャーに投資をしていますから、アントレプレナーたちから相談の電話がかかってきます。「助けてくれないか」と、ビジネスプランの見直しを頼まれたり、

Ito, Joi
マサチューセッツ工科大学メディアラボ所長。デジタル・ガレージの共同設立者兼取締役。そのほか、「モジラ・プロジェクト」を支援するモジラ・ファウンデーション理事、ニューヨークタイムズ社外取締役、マッカーサー財団理事、ナイト財団評議会委員を兼ねる。MIT Media Arts and Sciences教授、ハーバード・ロースクール客員教授、PureTech Health取締役会議長、慶應義塾大学SFC研究所主席研究員、金融庁参与。

お金集めの協力を依頼されたりすることもありますが、僕のアドバイスは決まっています。「ダメだったら止めて、さっさと次のことをやったほうがいい」。止めれば、それまで投資したお金は回収できません。でも、ダメなビジネスにさらに時間とお金を費やすのはもっと無駄なことです。ベンチャーキャピタルの肝は、うまくいっているアイデアをどんどん助け、うまくいかないアイデアをどんどん切る代わりに、何度でもトライをさせてあげることです。

クリエイティブな「学び」の場をつくる

「教育よりも学習」は、「学習（学び）」と「教育」の違いを示しています。教育とは誰かから与えられるものですが、学びは自発的にやるもの。この二つは根本的に違います。いまの教育機関はあらかじめ用意された情報を与えることが中心になっています。しかし、カオスの世の中ではわれわれは学校を卒業してからも学び続けていかなければなりません。これからの教育機関は、情報の詰め込みよりも、「学び方」を教える必要があると思います。

この世の中で一番クリエイティブな学びの場はどこでしょうか。私が思うに、それは幼稚園です。ＭＩＴメディアラボは、研究者やエンジニアたちが自由に学び合える大人の幼稚園です。ここで働く人の条件は、反権威的であること。一つのディシプリンに凝り固まる人は、この研究所にはいらない。ですから、募集をすると世の中のはぐれ者が大勢集まってきます。

仕切りのない広い空間では、いろいろなチームが好き勝手に研究開発をやっています。活動報告のパーミッションはありませんから、彼らが何をやっているのか、所長の僕もすべては把握していません。一例を挙げれば、ロボット義足のチームと、医学のチームと、コンピュータ・サイエンスのチームが一緒になって、ロボットをつくろうとしています。こういったプロジェクトが350ほどあって、できあがったものが、さらにそこから他のプロジェクトとコラボレーションしたりします。

こういう開発スタイルでは、最終的にモノにならないプロジェクトもたくさん出てきます。でも、AIの世界でのイノベーションには絶対に必要な環境なのです。大学の学部で専門性を深く追求する先生や学生たちの活躍も重要ですが、それでは論文や学会くらいしか異分野とつながる機会がないかもしれない。クリエイティブな発想が「現場」でつながって、「とりあえずつくっちゃえ」とアイデアをかたちにできることに、大きな意味と価値があると僕は考えています。

TOPOS Conference

第2章

ソーシャル・イノベーションと21世紀の資本主義

――コミュニティ・デザインが企業と社会の未来を拓く

共通善の追求から始まる

ビジネス・リーダーは「賢慮の人」(フロニモス)でなければならない――。

すなわち、ピーター・ドラッカーの言葉を借りれば、賢慮あるリーダーには「社会的な目的を実現し、社会、コミュニティ、個人のニーズを満たす」行動が求められている。これは時代の要請でもある。「企業の目的は利益の極大化である」とする20世紀の資本主義は、とりわけリーマン・ショック以降、賢慮に目覚めた人たちから「ノー」を突きつけられている。くわえて、サステナビリティのさらなる重要視、ソーシャル・アントレプルナーの登場、贈与経済や連帯経済、シビック・エコノミーといった非市場経済の再評価、コンシャス・キャピタリズムやエシック・キャピタリズムといった新しい経済システムの提唱など、現在の旧い資本主義ではなく(むろん共産主義でもない)「第3の道」を目指す動きが世界的に広がりつつある。翻せば、企業は、経済機関としてではなく「社会機関」として活動することが求められているともいえるだろう。

そこには、企業本来の大目的だけでなく、豊穣なるビジネス・チャンスが存在している。すなわち、社会、コミュニティ、個人に幸福をもたらすイノベーションやビジネスを創造することで、経済的に報われる時代が訪れつつあるのだ。

さまざまな社会課題を学際的に議論するトポス会議では、活眼の経済学者、気概のソーシャル・アントレプルナー、コミュニティ・イノベーションの実践者、利他の経営者など、まさしく先覚者たちを招き、ポスト資本主義の行方、企業と社会そしてコミュニティの新しい関係、ソーシャル・イノベーションに求められるビジネスモデルなどについて議論を行った。

トポス❶ 「資本主義の未来、そして企業の目的を問う」

まず、「資本主義を市民社会に埋め込み直す」という演題で、東京大学名誉教授の岩井克人氏が経済学の立場から問題提起を行った。いわく「現在の市場資本主義、あるいは産業資本主義にはさまざまな綻びが生じており、改革が必要である。アリストテレスの共通善など道徳的行為を勧奨することはもちろん大切だが、グローバルに普遍化した資本主義を再生する力には乏しい。資本主義は『契約関係』を大前提としているが、たとえば医者と患者の間に存在する『信任関係』に置き換えるというアイデアが考えられる。この場合、信託法などによって倫理的行動を強制することが可能である」。

次いで、ベネッセホールディングス代表取締役副社長の福原賢一氏が、「ベネッセ」(善く生きる)という社名の由来、利益追求を超えた活動を支える「経済は文化のしもべであるべき」という同社の考え方を紹介するとともに、現代アートを活用した直島など、瀬戸内海の地域再生活動について報告した。

ビル・アンド・メリンダ・ゲイツ財団のウォルフガング・ムナール氏は、各種プログラムの成果を最大化するために、企業経営の手法を取り入れた、医療関連のソーシャル・イノベーション事例を紹介すると同時に、「触媒者になる」という理念の下、マラリアやポリオの撲滅、風土病のワクチン開発など、地球規模の医療課題を解決するには、さまざまな関係機関との広範な連携、イノベーションを誘発する活動の推進が重要であるという、自身の経験則を披露した。

最後に、サンタフェ研究所の数学者ジョン・キャスティによって考案された「ムード・メーター」という、会場の「雰囲気」を測定するアンケートを実施したところ、「資本主義は今後変容していく」という見解に圧倒的な賛成が、また「企業が社会的活動で利益を生む時代が訪れる」にも賛成が支持された。そして、2006年にノーベル平和賞を受賞したグラミン銀行創設者のムハマド・ユヌス氏がビデオ・メッセージを通じて、21世紀におけるソーシャル・ビジネスの意義について語り、本セッションは締めくくられた。

トポス❷ 「ソーシャル・イノベーションで『コミュニティ』をリ・デザインする」

トポス会議発起人でありモデレーターを務める紺野登氏より、「ソーシャル・イノベーションは、社会全体を再創造あるいは変革していくという『ソサイエタル』な側面と、人々が集合的に協働するという『ソーシャル』な側面を合わせ持っており、そのいずれにおいてもコミュニティという最小単位がカギを握る」という認識が示された。

「ヒューマン・ヘルスケア・カンパニー」というスローガンの下、開発途上国の社会変革プロジェクトを推進するエーザイ代表執行役社長兼CEOの内藤晴夫氏から、インド南部の子会社でリンパ管フィラリア症薬を製造し、WHO（世界保健機関）を通じて22億錠を無償提供した事例のほか、途上国の社会課題を解決しながら事業を成立させるフレームワークとして「アフォーダブル・プライシング」、「プライベート・パブリック・パートナーシップ」などが紹介された。

タイ王室メー・ファー・ルアン財団事務局長のモム・ラーチャウォン・ディッサナッダー・デッサクン氏（通称クンチャイ殿下）から、コミュニティ・ベースの社会変革モデルとして世界的に評価されている「ドイトン・プロジェクト」についてプレゼンテーションが行われた。具体的には、「貧困、麻薬栽培、教育やインフラの未整備などの問題を抱えるドイトン地域を、コーヒーとマカデミアナッツの農園づくり、エネルギーを使わない中間技術の活用、専門家やデザイナーによる伝統工芸の高度化と製品の海外販売、教育や観光の奨励、環境保全など、コミュニティに寄り添った取り組みによって、ソーシャル・イノベーションはもとより、国境地帯の安定・安全という副産物が得られた」という興味深い内容であった。

これを受けて、ウィメン・ヘルプ・ウィメンの西田治子氏から、コミュニティ・ベースのソーシャル・イノベーションとして、社会起業家のアンドリュー・モーソン卿によるロンドン東郊外の「ブロムリー・バイ・ボウ」の再生、社会起業家ビル・ストリックトンによるピッツバーグ郊外の「マンチェスター・ビッドウェル」の再生、先進的な起業家たちの移住が起点となり、いまや全米屈指の起業率を誇る「コロラド州ボルダー市」、失業対策としてスタートした協同組合が民主主義的経営によってスペイン有数の高収益事業体に成長した「モンドラゴン協同組合企業」の事例が紹介された。合わせて、九州大学准教授のアシル・アーメッド氏から、同大学とグラミン・コミュニケーションズの共同プロジェクトに関する報告が行われた。

そして、ブロムリー・バイ・ボウのアンドリュー・モーソン卿、世界最大のNGOであるBRAC（バングラデシュ農村向上委員会）創設者兼会長のファザル・ハサン・アベド氏、モンドラゴン協同組合企業ディレクターのエデュアルド・ベルトラン・デ・ナンクラレ氏、イタリア時間銀行協会副会長のグラツィア・プラテッラ氏らのビデオ・メッセージから、コミュニティの住民たちの意欲を引き出し、草の根的な活動や事業を興し、これらをテコにしてソーシャル・キャピタル（社会関係資本）を育む中で、新たな付加価値やイノベーションが生まれ、結果的にコミュニティが改革されていくことが確認された。

トポス3 「ソーシャル・イノベーションの『イネブラー』としてのテクノロジー」

アリストテレスは、科学的な知「エピステーメー」、技術的な知「テクネー」、実践的な知「フロネシス」の三つに分けるとともに、「技術そのものに目的は存在しない」と述べた。すなわち、どのような科学技術を選択し、いかに活用するかは、人間や社会の意思によるものであり、そこではフロネシスが問われる。

この観点から、ソーシャル・イノベーションと技術の関係について、IDEOのフェローでもあるスタンフォード大学コンサルティング教授のバリー・ケイツ氏、オランダ水利運輸管理庁フューチャー・センター事業開発部長のイーヘ・テン・カーテ氏、東北大学教授の石田秀輝氏が、それぞれの立場から専門的見解と持論を披露した。

ケイツ氏からは、「シリコンバレーのイノベーションの源泉は、そこがエコシステム（生態系）を形成しているところにある。また、手段（技術）と目的（イノベーション）を合致させるために『ヒューマン・センタード・デザイン』（人間中心デザイン）という思考法が大きな役割を果たしている。IDEOは、この人間中心のデザイン思考を可能にするツールをイノベーターたちに無償供与することで、ソーシャル・イノベーションの創発に貢献している」というプレゼンテーションが行われた。

カーテ氏からは、「フューチャー・センターは、未来にかかわる戦略や政策の立案と実践を目的に、当事者やステークホルダーらが対話を通じて問題解決に当たる場である。コミュニティが抱える問題を解決するに当たり、最新の神経科学、心理学、認知学などの知識や技術を活用している」という説明とともに、具体例が紹介された。

また石田氏は、「豊かさの価値を再考する」という演題で、「人間の本質である『心豊かに生きる』ことを担保しながら人間活動の肥大化を停止・縮小するには、ライフスタイルを変革する必要がある」と主張した。そして、「そのためには『ネイチャー・テクノロジー』のような新しい技術システムが必要である」という持論を披露した。

最後に、フィンランド・ウーシマー県ヘルシンキ市長のユーシ・パユネン氏からの「楽しく機能的であるためには、魂を持つ都市にしなければならない」というビデオ・メッセージに加えて、世界経済フォーラム（ダボス会議）を終えて成田空港から駆けつけた、政策研究大学院大学アカデミック・フェローの黒川清氏が、「個人の草の根活動から生まれたソリューションによって新しい価値を創造することが、ソーシャル・イノベーションにはきわめて大切である」と述べた。

本章では、岩井克人氏、ムハマド・ユヌス氏、アンドリュー・モーソン氏、モム・ラーチャウォン・ディッサナッダー・デッサクン氏を掲載する。

TOPOS Conference 2

資本主義を市民社会に埋め込み直す
〜契約社会から信任社会へ〜

岩井克人
（東京大学名誉教授）

資本主義をどうすればよいのか

アダム・スミスの『国富論』によれば、資本主義の社会では、市場が円滑に機能していれば、私的な利益の追求によって公共の利益がもたらされる、という。これをひるがえせば、善い社会には、道徳や倫理はそもそも必要ない。しかし、一般的な常識では、個人が公益的・倫理的に行動しなければ、善い社会は実現しないのではないか。善い社会には、善い人々、善い動機、善い行動が必要である。とはいえ現実には、ポンドのカラ売りで英国を破綻寸前まで追い込んでおきながら、カール・ホパーが唱えた『開かれた社会《オープンソサエティ》』の実現を推し進める慈善家としての顔を持つジョージ・ソロスのように、私利私欲を追求する一方で、公共の利益に貢献するという使い分けが行われており、そこには『個人の自由』、『私有財産制』という思想の陰に、『何事もすべて金で解決できる』という考え方が見え隠れする。

契約社会から信任社会へ

現在の資本主義、より具体的には経済活動のほとんどが『契約』によって成り立っている。契約は、自分に便益がもたらされると考えた場合に結べばよく、そう思えない場合には、結ばなければよい。いわゆる契約自由の原則であり、自己責任の原則である。現在の市場資本主義では、このルールがすべての前提となっている。市場資本主義の拠り所であるアダム・スミスの考え方に従えば、しかるべき契約に基づいて自己利益を追求すれば、見えざる手によって公共の利益が実現するはずなのだが、どうやらそうではないらしい。では、どうすれば我々は幸福になれるのか?

スミスは、『道徳情操論』で述べた共感や公平性の原理では大規模な社会を律することはできないと悟り、『見えざる手』の概念へとたどり着いた。裏返せば、共感や公平性には限界があり、資本主義が可能にしたこの大きな社会、何十億という人間が生きている社会でも通用するような原理が必要である。その原理として、私は『信任』という考え方を示したい。

契約自由の原則、自己責任の原則こそ市場資本主義が機能不全を起こしている原因であり、これとは異なる視点で資本主義を再考する必要がある、と私は考える。契約が結ばれるのは、双方が対等、または対等に近い関係にある場合だけだ。しかし現実には、契約関係に還元できない『非対称的な人間関係』がいくらでも存在している。たとえば、救急救命の医師と意識不明で運ばれてきた患者がそうである。この場合、患者が意識不明のため、

Iwai, Katsuhito
東京大学名誉教授。国際基督教大学特別招聘教授。日本学士院会員。東京大学経済学部卒業。マサチュセッツ工科大学にてPh.D.を取得。イェール大学助教授、コウルズ経済研究所上級研究員、プリンストン大学客員準教授、ペンシルバニア大学客員教授などを経て、1989年より東京大学経済学部教授。専門は経済理論。2016年、文化功労者。現在、「信任」という概念から、資本主義のあり方、市民社会との関係について考察・提言している。

治療の前に契約を結ぶことはできない。しかし、ほとんどすべての医師が、自分の利益のためではなく、患者の命を救うために全力を尽くす。同じような非対称的な関係は、まだまだほかにもある。精神分析医と精神病患者、認知症患者と成人後見人、弁護士と依頼人、年金基金のファンド・マネジャーと年金投資者、もっといえば、宗教家と信者、教師と学生、理事と非営利法人、そして、現代の資本主義の中心にある会社経営者と法人としての会社の関係も同様である。

人はだれでも、たとえば病気にかかった時、事故に遭った時、高齢になった時、自分の知識や能力では解決できない問題に直面した時など、弱者になる必然性を抱えている。このような場合、信任を預託した者、すなわち弱者となった人は、信任を受託する者、つまり専門家に対して、契約関係ではなく『忠実義務』（おのれの職務を忠実にまっとうする倫理的な義務）の下、その持てる知識と能力を惜しみなく発揮してほしいと思うのではないか。要するに、専門家には、専門家でしかわからないことや解決できないことがあり、クライアントは専門家を信じて任せるしかない。すなわち、信任の関係にほかならない。

ドイツの哲学者イマヌエル・カントが、『他人とおのれの人間性を、単に手段としてだけでなく、それ自体目的として使うべし』と述べているが、個人、職業、組織に『人間性の尊重』、すなわち倫理性が要請されている。むろん、契約が不要になるわけではない。だが、ポスト市場資本主義にあっては、信任の関係こそ、人と人、人と組織、組織と組織の関係におけるデフォルトとなるべきであり、また契約は信任の部分集合として見直すべきであると私は考えている。

TOPOS Conference 2

若いエネルギーが創るソーシャル・イノベーション

ムハマド・ユヌス
（ノーベル平和賞受賞者、グラミン銀行創設者）

世界を変える若いエネルギー

私がこれまで従事してきたことは、どのようにイノベーションを生み出すか、どのように若いエネルギーをビジネス・システムのなかに持ち込み、これまで実現できなかったことを引き起こすか、ということです。特に、15〜30歳くらいの若者達の持つ潜在力に注目しています。彼らは、人間が持つ特別な力の宝庫です。この力が逆流することはありません。日本の若者達は豊かな創造力を持っています。ビジネスや産業の中で、彼らの創造力は部分的にしか使われていませんが、実際にはもっと多くの可能性を持っています。そして真の課題は、「いかに若者達の創造力を開放するか」です。なぜなら、そのことによって日本だけではなく、世界中の問題を解決することができるからです。このような若者達により、日本は「世界のソリューション・プロバイダ」になることができるのです。

そして私は新たな種類のビジネス、すなわち問題を解決するためのビジネスを生み出したいのです。私はすでにこの「ソーシャル・ビジネス」と呼んでいるものを実行してきました。これはNGOやNPO等、利益を生まない活動とは異なります。これは生産性を根拠にした利益を生む活動です。ただし、その利益は所有者のためのものではなく、その意味では、人道的な問題を解決するための無配当企業です。もし皆さんがこの組織体系を若者達に与えたなら、彼らはエネルギーを開放し、日本および世界中の問題を解決するべく創造力を発揮していくでしょう。

社会的課題解決に取り組む

日本の若者達は非識字の問題を解決するために創造力を発揮するでしょう。非識字率改善のために、新たな技術を取り入れることで、今後の世界においての非識字を生み出さないようにするかもしれません。またヘルスケアの問題でもそうです。多くの新しい道具や技術がビジネスの中で若者達によってデザインされ、それらが一緒になって世界中のヘルスケアの問題を解決するでしょう。これは世界中にある大きな問題です。また貧困の問題、失業の問題もあります。

これらの問題に起業家精神を持ち込むこと、これがソーシャル・ビジネスの正しい解釈です。若者達は、昔の世代の人達と同じようには仕事に対して奮起しません。若い世代はデスクワークに目を向けておらず、創造的な機会を模索しているのです。そしてソーシャル・ビジネスはまさにこの機会なのです。

若者達が人生の意味を考えるべく、彼らを奮い立たせなければなりません。これは人生の中でとても重要なことだと思います。一般的にCSRというと、NGO団体が慈善事業をするための資金提供のことを言います。これは良いことですが、CSRのお金の一部しか、ソーシャル・ビジネス企業が問題解決すべく経済活動を創造することに投資されていません。

世の中には、多くの問題解決するためのさまざまな機会があります。たとえば、ODAやその他の方法、あるいは日本の大企業とのジョイントベンチャーを作ることで、アイデアを生かしていくことができます。そして貧困や失業、病気といった社会問題を解決すべく、世界中に導入可能なソーシャル・ビジネスを創造することができます。これはとてもエキサイティングなことです。だからこそ私は、日本が世界のソリューション・プロバイダになれると言ったわけです。この鍵を握っているのは若者達です。どうか彼らにチャンスを与えてください。

Yunus, Muhammad
ユヌスセンター代表、グラミン銀行創設者。ダッカ大学卒業後、ヴァンダービルド大学にて経済学博士号を取得。帰国後、チッタゴン大学経済学部学部長として教鞭を執る一方、農村部の貧困層救済活動を開始し、1983年にマイクロクレジットを提供するグラミン銀行を創設。この功績により、2006年グラミン銀行とともにノーベル平和賞を受賞。また、同銀行は多分野で事業を展開し、「グラミン・ファミリー」と呼ばれるグループへと成長を遂げている。

TOPOS Conference 2

社会的企業と社会的機会という視点

アンドリュー・モーソン
（社会起業家）

ビジネス原則を応用する

ロンドンの東端の地――。ここで私は長年にわたって仕事をしてきました。まさにロンドン・オリンピック会場の向かい側の地域です。

しかし、30年前、私が拠点としていたロウアー・リー・バリー（Lower Lea Valley）には失業者が溢れており、廃墟と化した街でした。当時、私は聖職者として、住宅街の真ん中にある荒んだプロテスタント教会に赴任いたしました。200人が収容できる教会で私を迎えてくれたのは、70歳を過ぎた12人の老人たちです。

彼らは、いつものおきまりの席に座っており、その姿はまるで死体が運ばれてきたかのように見えました。私たちにあるものは、老朽化した建物と、銀行に預けてある400ポンドだけでした。荒廃した大規模な住宅街の真ん中で、何らかの理由によって町から逃れられなかった人しか残されておらず、すべてがひどく乱れきっていました。失業、貧困、そして不健康などの目録が積み上がっていました。すべてが政府によって運営されていて、ビジネスを憎悪する文化がありました。すなわち、「公的機関は良、商売は悪」という文化です。

私は、考えるにしたがって、宗教や世界に対する信心だけでは、うまくいかないのだということに気がつき、もし雇用を創出し、人々に働く機会を提供するとするのなら、ビジネスの原則を社会問題に当てはめる必要があると思うようになりました。そこで、ダンススクールを建設したいという若い女性と一緒に、まずは小さく始めました。彼女には、3人の子供がいて、私たちには放置状態の教会ホールがあったのです。一緒にダンススクールを建設したのですが、このダンススクールは後に、6年目にして150人の子供を育て上げるに至り、ロイヤル・バレエで活躍する子供も出ました。

当時私には3歳になる子供がいました。ところが、託児所は無く、日曜学校の建物の隣に人けの無い教会があるだけです。そこで、私たちは地元で世帯を持っている人たちと一緒に、託児所を運営するようになりました。教会の壁をはがし、自分たちの手で色を塗りました。床には白い砂が撒かれ、真ん中にはテントのような形をした天蓋をつけました。こうして、ビジネス・プランを持った劇場そして画廊と化した教会を作り上げたのです。これは、英国で最初の社会事業の一つになりました。

このような施設活用によって、地元の人々は関係をつくり共存できます。私たちは、地元の人たちを巻き込み関係性を作りながらビジネス知識を駆使してゆく起業アジェンダを取り入れるようになりました。それは、制度社会の権力や政策、そして政府の理屈からなるものとは別物です。今日では、このブロムリー・バイ・ボウ・センター（Bromley by Bow Centre）には170人のスタッフがいます。地元の人たちと一緒に35件の事業を構築し、彼らは現在ではオリンピック公園付近のロウアー・リー・バリー（Lower Lea Valley）も運営しています。

Baron Mawson, Andrew
ブロムリー・バイ・ボウ・センター創設者。合同改革教会の牧師に任命され、薬物中毒症患者・ホームレスなどの救済事業にかかわり、ロンドン東部にあるブロムリー・バイ・ボウの改革、コミュニティ・アクション・ネットワーク（CAN）やイギリス初の住宅供給会社HARCAなどの創設者として有名。近年では、「1つの教会に100の用途」（One Church 100 Use）を共同設立し、地元の起業家や組織を結びつける活動を展開している。

17年前、私は政府から、住居のいくつかを任せたいと頼まれたことがあります。当時、それらは政府によって運営されており、どれも稼働していませんでした。だから私たちは、ゆっくりと、3億ポンドの住宅企業をつくりました。そして私は政府に対してこう言いました。「もし私たちが起業家としてやるならば、社会的投資を受けるかたちで進めたいと思っています。単に建物を建てるのではなく、社会経済活動を誘発する投資を使うのです。そうでなければ、新しい建物を失業者収容施設として使うはめになるでしょう。失業も解決できません。10年後にはひどい混乱状態になるでしょう。ですから、そうではなく、その投資を経済社会活動を誘発するために使いましょう。」

CSRからCSOへ

私たちはビジネス・パートナーに対して「これからは、企業の社会的〝責任〟(CSR)を目的にする時代じゃない。実際には、企業の社会的〝機会〟(CSO)なんだ。」と言い始めています。大規模なビジネスが社会起業家の関係性を構築し、この町のパーツをどうやって一緒に創っていこうか? ビジネスの関心はどこにあるのか? 社会起業家の関心はどこにあるのか? これこそまさに私がロンドン東部に建議している新しい環境です。これこそまさに、世界中に提案したい環境なのです。

私たちは、ロンドン東部で、私たちと一緒になって、どのようにしたらこの新しいビジネスそして起業家環境を作ることができるのかを学んでいきたいというビジネス・パートナーたちに会っていくことに関心があります。最近では、メディアを使って、未来がどうなっていくのかという真実を探る、非常に洗練された世代の人たちがいます。彼らは、誠実さを求めているのです。彼らは、私たちが言っていることをちゃんとやって欲しいと思っているのです。もちろん、これからはビジネスの時代です。もし私たちが、オリンピックの遺産としてのロンドン東部にウォーター・シティを建設しようとするのなら、実際に現場で動いていかなければなりません。すなわち、そこに住んでいる人たちを無視するのではなく、一緒になって、仕事上での深い関係性を築いていく必要がありますし、私たち自身が企業に優しい存在である必要があります。

私たちがビジネスとしてやっていたものは、時には政府が手がけるような大規模なもので、官僚以上に官僚的だったりもします。そして、非常に大きすぎてそれらを取り巻く細かなことに気を配ることが出来ないこともあります。まるで森の中の木々のようで、しかし、その木々の下には花々やシダなどが成長しているのですが、それらには気づかないのです。もしこの大きな木々が、それらの下生えと一緒に繋がっていったら何が起こるでしょうか？　まったく新しい現実、可能性が萌え出づるでしょう。

ビジネスというのはそういうもので、自分たちのビジネスがどこにあるのかという細目を多く知り、そしてビジネス機会を見つけていくものです。実際に、事業は関係性を通じて地元の人々から信頼されるようになります。私たちの仕事仲間にとっての環境は、地元の人々とかかわりあうことによってより健全なものになってきていますし、私たちはみんな、一緒にやっている同じ人間なんだ、と気づくのです。あらゆることが健全になってきています。私たちは、一緒に多くの物事を学んでいます。ロンドン東部のウォーター・シティ地区で、私たちがやりたいことは、今は依存の下に構築される経済ではなく、未来のために、成長と機会を創出する起業家や地元の人々や企業と一緒に構築する企業経済なのです。

私は、こう提案しましょう。これからは社会的〝責任〟という時代ではない、次に進むべき時が来たのだ、と。企業の社会的〝機会〟の時代なのです。

リスクを積極的にとる

私の好きな格言に「冒険せよ、さもなくば死んでいるも同然だ。」というのがあります。実生活において、リスクを取らなければ、何も起こりません。もし賢い起業家であれば、リスクを計算し、それを承知で負うでしょう。でも、私たちは少しだけ危険な生き方をする必要があります。英国の状況を鑑みれば、国家はほとんど破たんしており、まさに新しい関係性の構築に努め、一緒にリスクを取る方法を学ぶ必要があります。それが英国を立て直す唯一の方法です。もちろん、ヴィクトリア王朝時代に生きた我々の先祖は、実際にそうやって帝国を築き上げたのです。そうやって多くの人々が小さなことを積み上げ、それらが事業として成長し、経済を構築してきたのです。

しかし、彼らはリスクを取る必要がありました。ブルネル（エンジニアI・K・ブルネル）は、リスクを取ってSSグレート・ブリテンを開発しました。ブロムリー・バイ・ボウからもすぐの場所にあるあの素晴らしい船です。マイケル・ファラデー（英国の科学者）は、800年前に、トリニティ・ブイ・ワーフにある我々の建物で電磁誘導や電気分解の法則を発見した際、リスクを取る必要がありました。ここからすぐ近くにある、まさに発明が行われた場所です。彼は科学者で、発明家であり、実際に起業家でもありました。したがって、英国における発明と科学の全歴史において、リスクを冒さずに為し得たものは何一つありません。だから、少し冒険して、一緒にリスクを取りましょう。それが私の考えです。

ドイトンの奇跡——三つのGとS

モム・ラーチャウォン・ディッサナッダー・デッサクン
（タイ王室メー・ファー・ルアン財団 事務総長）

成長と格差

何世紀もわたって私たちは深刻な貧困に直面しており、現在では約10億人が慢性的な飢餓状態にあります。一方で10億人を超える人々が太りすぎと思われます。最も衝撃的なのは、この世界の70億人のうち、40億人が1日2ドル以下の収入しか得ていないという事実です。グローバル所得分配によれば、トップ20%が世界の富の約70%を所有していると言われています。

限られた資源と今の消費行動で、2050年がどうなるか想像してみて下さい。私たちの貴重な資源は、持てる者の手に渡るだけです。持たざる者は、綺麗な水や、新鮮な空気、そして基本的な食事といったシンプルなもので競争が避けられず闘いは激しくなるでしょう。「オキュパイ・ウォールストリート」や「アラブの春」は、その兆候です。そして世界ではまた別の紛争が起こりつつあります。問題は、なぜここまでに至ったのか、なぜ我々がこうさせたのかです。

三つのG

私はこれらの理由を「3Gsモデル」と名づけて整理しました。第一のGは、「貪欲（Greed）」です。貪欲は人間性の一部です。私たちは、欲しいものにはきりがなく、そして欲しいという感情を教えこまれるような、急進的な資本主義の時代に生きています。個人は、より高い給料、より良い車、より大きな家を求め、さらに持っていない物がないかを常に探しています。

第二のGは、「成長（Growth）」です。今、成長が人々のあらゆる目標になっています。成功は、直接的に金銭や政治権力、あるいは社会的地位によって測定されます。企業は、更なる利益を生み出そうと試み、消費者の欲求を煽ります。政府は、GDPに反映された財やサービスにのみ関心を持っています。そのような誤った社会的価値観は、消費主義と物質主義を極端に押し上げました。しかし、このような成長は、本当に人々の良質な生活を示しているのでしょうか？

最後のGは、「グローバル・インバランス（Global Imbalances；世界的な経常収支の不均衡）」です。これは、何年間にもわたる私たちの貪欲と過剰消費の直接的な結果です。増大する需要に対応するために、天然資源は枯渇しています。一握りの人々は、膨大な数の人々を犠牲にして、生活を謳歌しています。社会悪は、この闘いの結果でもあります。生き残るため、家族を養うため、そしてより良い生活を送るために、人々はありとあらゆることをすることを余儀なくされています。それは、森林破壊や麻薬、売春、人身売買、あるいはテロでさえもあります。

ドイトン開発プロジェクトの始まり

1987年に遡って、タイ北部のドイトン地区という11万5000ヘクタールの山岳地帯では、経済的、社会的、そして環境的な問題に悩まされていました。不毛の地のため食糧不足は深刻で、基本的インフラも未整備でした。

このような状況下で、アヘンは、住民たちの主な収入源と薬になっていました。違法な伐採や焼畑農業、人身売買、そして薬物の問題が頻発していました。生活は絶望的で、娘たちは最も高価な財産となりました。彼女たちは、度々性産業に身を売られ、そしてHIVに感染したのです。

女王母殿下は、その問題をご覧になり、「誰も貧しくなりたいわけではない」と信じていらっしゃいました。しかし、彼らには良くなるためのチャンスがないのです。そこで、貧困とチャンスの欠乏が根本的な原因になっているという社会問題を解決するために、メー・ファー・ルアン財団の「ドイトン開発プロジェクト」が設立されました。私は、創始者である女王母殿下とともに半世紀以上にわたって仕事をしました。

我々のアプローチは、健康・生計・教育という三つの基本的な分野での自助努力を総体的に支援するというものです。病気の人は働けないので、まず健康を保つところから始めます。次に、食料保障をし、生きるための生計手段を提供します。結果的に、人々が安定した収入を得て、子供たちが家族を支えるために働く必要がなくなります。優先事項は教育です。なぜならそれが、彼らを長期的発展に導くからです。

Mom Rajawongse Diskul, Disnadda
タイ王室が支援するメー・ファー・ルアン財団の創設者兼事務総長。同財団は、タイ、ミャンマー、ラオスの国境が交わる「魔の三角地帯」とも呼ばれる、世界最大のケシの生産地ドイトン地区の貧困払拭と麻薬撲滅を目的とする「ドイトン開発プロジェクト」に取り組んでいる。そのほか、ボランティア医者財団、タイ義肢財団、乳がん財団、富士通JAIMS（日米経営科学研究所）などの理事を兼ねる。

三つのS

私たちは、プミポン国王から学び、3Gから起こった問題を解決する「3Ssモデル」に彼のプリンシパルを適応させました。最初のSは「Survival（生き残り）」です。私たちは、住民が食料の出所と時期を確認できるようにしました。次に届けられる食事は自分たちが知っている場所から来るのか、知らないのか。そして、年間を通して十分に食べることができるということを保証しました。これは通常、クイック・ヒットあるいはクイック・ウィンと呼ばれるもので、プロジェクトやプログラムの早い段階で解決策を出す仕掛けです。コミュニティに直接見える非常に具体的な成果で、彼らはそれを感じ、触れ、見たり聞いたりできます。そうすることによって信頼が構築され、プログラムの残りの部分を跳躍させる働きをするのです。

第二のSは、「Sufficiency（充足）」です。プロジェクトでは、生活水準が明確に高まることで、彼らは借金の一部、あるいはすべてを返済できました。コミュニティが自立し、充分に機能し始めるのです。

第三のSは、「Sustainability（持続可能）」です。彼らは、自分たちの生活を営むために完全に自立し、環境リスクや政治的、経済的不安定のような外部ショックが、自分たちに危害を及ぼさないことを保障する充分な貯えを持つことができるようになります。それが本当の持続可能性です。

コミュニティに学び共に行動する

彼らの本当の問題とニーズを知り、忠実に解決するためには、まず地域社会から学び、そして彼らとともに行動しなければいけません。私たちは、彼らとともに丘を登り、一緒に暮らし、そして食事をします。彼らを取り巻いているすべてのことを感じるためです。プロセスに沿って、常に彼らが自分たちの問題を解決する権限を与えます。コミュニティとの密接な繋がりが鍵になります。私はいつも「コミュニケーション、コミュニケーション、そして更なるコミュニケーション」と言っています。そして、参加することが重要です。我々は、地元コミュニティを集めて、初日から賢明な当事者意識を注ぎ込むための、あらゆるステップを一緒になって取り組みます。

ドイトンでは、問題への迅速な対策として、プロジェクトにおいてすべてのアヘン農民を林業労働者として雇いました。彼らは、毎日現金で給料を受け取りました。彼らが毎日お金に触れることで、私たちは信頼を得たのです。

人々の生活を支える長期的な収入を生み出すために、アラビアコーヒーとマカデミアナッツの経済的林業体制を導入しました。経済的林業においては長期投資が必要だったので、タイと日本の組織からの協力を求めました。ここで重要な点は、「この投資からの利益は、ドイトンの社会開発に戻さなければいけない」ということです。タイという国から沢山の利益を得て、株主と従業員にすでに配当を支払ったので、そのお金を取り戻すつもりはありません。しかし、母なる地球と、母国にも利益を還元すべきなのです。

このパートナーシップは、23年前、CSRやCSV、社会起業家というような言葉がまだ聞かれなかった頃に結ばれました。我々はJICAからの融資2億8400万円で、経済的な植林を開始することができましたし、人々のための何千もの雇用を生み出し、アヘン栽培の代わりとなる生計を実現しました。1997年のアジア経済危機で総負債は倍増したにもかかわらず、JICAからのすべての融資は、昨年で完済されました。

美しい庭園と森林のあるドイトンは、北部の有名な観光地の一つになりました。年間100万人もの観光客が訪れます。ホテルやレストラン、お土産物屋も充実しました。私たちは、地元の知恵と伝統的なスキルを備えており、グローバルからローカル、そしてローカルからグローバルに行き来する国際市場にアクセスすることができます。

最後に、こう強調したいと思います。すなわち、「成功は、人間の可能性とすべてのステークホルダーによる完全なるコミットメントの確固たる信念からもたらされる」ということです。人々はそこから何を手にするのか？　と問うことを忘れないでください。人が生まれた時、何を手にしていたのか、そして死ぬときに何を持っていけるのかを考えて、何かを手に入れる際には、少しだけ少なく自分の手に取り、代わりに少し多めに人に与えてみてください。

TOPOS Conference

第3章

日本の安全保障とグローバル・ビジネス

——ビジネス・リーダーの「外交」実践知を考える

安全保障における「外交」実践知

日本にとって、「いまそこにある危機」とは、安全保障であり、外交問題にほかならない。いずれも焦眉の急を要する課題であり、ここ数年の間に、その緊急度はいっきに高まっている。

しかしながら、領有権問題の混迷による近隣諸国との関係悪化をはじめ、古くは1986年の三井物産マニラ支店長誘拐事件、そして2013年1月に日揮を襲ったアルジェリア人質事件などが如実に物語っているように、政府や関係当局のできることにも限界がある。

グローバル化とこれに伴う多極化はもはや不可逆であり、今後は、開発途上国はもとより、政情不安の国や地域、非友好国への進出も増えていくことであろう。日本産業界のリーダー諸氏には、政治家や官僚任せにすることなく、安全保障と外交の問題に、果断を持って取り組むことが求められている。製品やビジネスのグローバル化だけでは、真のグローバル企業にはなれないのだ。

そのためには、戦後日本において軽視されてきた歴史的認識、世界的大局観、さらにはプラグマティズム（実際主義）といった、グローバル・リーダーに不可欠な知的能力を涵養する必要がある。

第3回トポス会議では、まさしく喫緊の課題として浮上している「日本の安全保障とグローバル・ビジネス」を取り上げ、外交と安全保障の第一線で活躍している実務家と研究者を急遽招聘し、その歴史的大局観に基づき、「現在と未来をグローバルに読む視点」に関する意見交換を行った。

同時に、世界各国に事業展開している日本企業のセキュリティ担当者とセキュリティ・コンサルティングを提供する専門家を交えて、ビジネスのグローバル化と安全保障、さらには民間外交のあり方についての議論が行われた。

トポス❶「外交・安全保障の論点：世界的視座に立ち、いかに俯瞰的、複眼的にとらえるか」

地政学的に見て、国家の役割をどのように考えるべきか、また安全保障と冷戦後の構造変化をどのように理解すべきかという論点から、シンガポール国立大学リー・クアンユー公共政策大学院教授の黄靖《ファン・ジン》氏、そして英国王立防衛安全保障研究所所長のマイケル・クラーク氏がプレゼンテーションを行った。

黄氏は、アジア太平洋地域の安全保障に焦点を当て、いかなる戦略的フレームワークを設定した上で、同地域へのパワーシフトをとらえるべきかを説くとともに、「アジア地域は世界の他の地域と同じく、多極化しつつある。これは、メジャー・パワー（列強各国）が、あらゆる地域のあらゆるレベルで競争を繰り広げる状態を意味する」と指摘した。さらに、「日本の真の国益とは何か」について会場に問いかけ、「いまこそ日本の転換期であり、アジアにおける日本の位置づけやアイデンティティについて熟考すべき時期である。アジア圏の平和と安定において、日本への期待は大きく、その国力や能力という観点からも、日本が責任ある役割を果たす必要があることに疑う余地はない」と自身の見解を示した。

これを受けてクラーク氏は、「なぜ紛争が起こるのか」という根源的な問いを投げかけ、古代ギリシアやローマ帝国、中国王朝、さまざまな都市国家、18世紀から発展してきた国際政治の枠組みなどを例に引きながら、「戦争は、あらゆる国家間の枠組みの断層線上で起こってきた」ことを指摘し、「われわれは、国家間の枠組みを超えて、グローバルな枠組みにシフトしていく必要がある。そのような枠組みでは、宗教、経済、集合的な人間関係が国家以上の意味を有する。それゆえ、戦争や紛争は、必ずしも国家間の枠組みの断層線上に発生するとは限らない。またこうした状況が、戦争や紛争に関する解釈を難しくしている」と述べた。

両氏の意見交換では、国際的な影響力を強化する中国が軍備を増強すると、これを見た近隣国も軍事力を増強するという構造、その一方では経済統合が進んでおり、国際的な制度のあり方が問われていること、さらには、外交専門家や防衛専門家ではない一般人の安全保障への意識を高めるにはトップ・ダウンのアプローチが必須である、といった見解や主張が示された。

トポス❷ 「日本の『いま』直面する課題と挑戦：どう乗り越えるか」

このセッションでは、「安全保障の本質とは何か」、さらには「戦争の本質とは何か」、それらをどのように理解すべきかについて議論が交わされた。

第11代防衛大臣を務めた拓殖大学特任教授の森本敏氏は、「安全保障は総合政策である。したがって、確定された定義は存在しないものの、通常、国際政治、外交、防衛のみならず、経済、産業、資源、エネルギー、環境、広くは文化をも含めた、きわめてトータルかつ相互的な政策上の見方である」と述べた。また「日本では、日米安保体制に基づく外交の文脈の中で安全保障を論じられてきたが、それは、戦後日本の安全保障の多くの部分が日米同盟に依存し、また担保されてきたからである」と分析し、「現在は、総合的な見地から日本の安全保障について議論されるようになった」、さらにトポス1での議論に触れながら、「諸外国から見て、日本の安全保障像がわかりにくかったのはもはや過去の話である」と言い添えた。そして、「周辺諸国に対して脅威や不信感を与えないよう、かつ日米の協力をさらに推し進め、アジア太平洋諸国とこの地域における安定、秩序、枠組みをつくる必要がある。そのためには、日米共同のリーダーシップがカギを握っている」と締めくくった。

つづいて、ヘブライ大学名誉教授マーチン・ファン・クレフェルト氏は、安全保障と戦争は不可分であると前提を置いた上で、リアリスティックで緊迫した戦争の実態について語るとともに、戦争は単に軍事的な行為にとどまらず、社会的あるいは文化的な側面も持ち合わせていることを指摘した。いわく「戦争の本質とは、必要とあれば身を投じ、苦しみ、餓えや渇き、疲労、痛み、病気、孤独、ストレス、そして死の恐怖に負けることなく魂を捧げるという人間の集合的な意思であり、これが戦争の核心である」。このように、すすんで身を捧げる意思や能力こそ、クレフェルト氏が主張する「戦争文化」であるが、軍国主義の危険性とは、自分にとって大事なものを無用なものと一緒に捨て去ることを意味するという。

また、米国戦略国際問題研究所上級副所長兼ジャパン・チェアのマイケル・グリーン氏から、「国際システムや準地域において秩序が乱れる事態となれば、ビジネスに影響が及ぶことは避けられず、政府はもとより、企業も安全保障の重要性を自覚するとともに、日米同盟の重要性を再認識する必要がある」と訴えるビデオ・メッセージが寄せられ、登壇者の間で、ルール策定の必要性、合意されたルールを各国がどのように順守するかについて、意見交換が行われた。

トポス❸

「日本企業とグローバル・リーダーの挑戦：多面的な視座に立つ」

グローバル・ビジネスにおける安全保障上の課題について、オオコシセキュリティコンサルタンツ代表取締役社長の大越修氏がまず、窃盗、強盗、殺人、国際テロの国別発生件数を示しながら現状を解説した。そして、「とりわけ身代金目的の誘拐事件については、警察や他の法治機関に報告されない事件も含めると、全世界で年3万件以上発生しており、政府と企業の双方にグローバル・セキュリティ対策が求められる」と主張した。

つづいて、三井物産人事総務部安全対策室長の筆口秀一郎氏から、「企業は民間組織とはいえ、『想定外』という言葉で責任を免れられるわけではない。グローバル・セキュリティやリスク・マネジメントについて、欧米企業と日本企業を比較すると、やはり彼我の差は大きく、実際日本企業の対応は概して遅い。危機対策はやり直しや後戻りができないため、その都度冷静判断が要求されるが、この分野での経験やトレーニングを積んだ人間が不足している」と訴えた。

同じく企業のリスク・マネジメントの現場から、パナソニックエクセルインターナショナル執行役員の辻廣道氏が、「日揮が巻き込まれたアルジェリア人質事件以降、事業をグローバル展開している日本企業には、こうした危機の予兆を察知し、被害を最小化する活動が不可欠になっている。その一環として、社員たちの危機感度を高める必要もあるだろう」と警鐘を鳴らした。

また、三菱重工業航空宇宙事業本部コンサルタントの西山淳一氏から、「技術のデュアル・ユース」、とりわけテロ組織などが民生品を兵器などに転用する問題が提起された。また、「技術には『色』がなく、軍事技術や航空宇宙技術が民生転用されること（スピンオフ）もあれば、逆に民生技術が軍事転用されること（スピンオン）もある。スピンオフの例を挙げれば、インターネットをはじめ、GPSシステム、エアバック、ロボット、医療関連、光学関連など枚挙に暇がなく、安全保障のみならずイノベーションという文脈から、こうした軍事技術のスピンオフについて考えてみてほしい」という提案がなされた。

本章では、マーチン・ファン・クレフェルト氏、大越修氏、マイケル・グリーン氏を取り上げる。

TOPOS Conference 3

戦争文化論

マーチン・ファン・クレフェルト
（ヘブライ大学名誉教授）

「戦争文化」とは何か

安全保障について議論する時、戦略、権力、政治、技術、そして最も重要であろう経済などといった要素について触れる人が多いと思います。これらの要素はすべて日々変化しており、私たちの目の前でシフトしています。そして、私たち全員が「それらの要素は、多少なりとも安全保障に繋がるのか？」という問いに関心を持っています。これらすべての要素は非常に重要であり、私はその重要性を否定する最後の人間となるでしょう。

ここではまったく言及されていない一つの次元があります。すなわち、「必要があれば戦うという意思がなければ、安全保障を確保することはできない」という明白な事実です。そして、「必要であれば死ぬという意思がなければ、戦うことはできない」というのもまた事実です。なぜなら、人間が人を殺すという活動として、議論が戦争に重きを置きすぎているからです。それはもちろん重要なことですが、私は、あなたが戦争で戦う時に、さらに重要となるのは、「自分は必要に応じて死ぬ意思があること」であると主張します。必要があっても死にたくなかったり、人生を危険にさらしたくなかったりする場合、戦争の本質に対処することは、政治ではなく、経済的でもなく、戦略的でもなく、前述のすべての要素ではなく、地球上に存在している最も恐ろしい活動に対処する能力と意欲、そして決意なのです。それは、必要とあれば、飢えや渇き、疲労、痛み、病気、孤独、ストレス、そして死の恐怖に負けることなく魂を捧げる「意思」なのです。その意味において、冒頭に挙げた要素のすべては、何の価値もありません。これは、「戦争の本質」なのです。もしあなたにその意思が無い場合、それ以外に何を持っていたとしても、あなたに安全保障はもたらされないでしょう。

この「意思」という能力に絶対に不可欠な部分は、私が「戦争文化」と呼ぶものです。現在、多くの人々は「戦争文化」などというものは存在せず、戦争と文化は正反対のものだと言います。それは確かに真実です。ある意味では、戦争は崩壊であり、文化の崩壊です。しかしながら、別の意味で、戦争とは必要があれば死ぬ意思を意味するので、それは文化に囲まれており、おそらく他の人間活動にはない方法で文化の中に出現してくるのです。

たとえば、制服や特別な服装の形態を指しています。閲兵式や儀式も文化となるでしょう。祝砲もそうです。魂も指しています。戦争の法律も指しています。パレードもそうです。戦争に関する記念碑や記念式典も含まれます。すべてをリストに書き出すときりがないほど、他にも多くのものごとが当てはまります。ですが、これらの事はすべてばかげています。

我々は皆、旗というものは、日本の旗であれ、イスラエルの旗であれ、長い竿の先に付いた風にはためく色のついた布切れであることを知っています。私たちは皆、連隊の前で行進している山羊は、マスコットだと知っています。それはただの臭く重いカーニバルの

van Creveld, Martin
ヘブライ大学名誉教授。オランダ・ロッテルダム生まれの軍事史および軍事戦略の世界的研究者。ヘブライ大学卒業後、ロンドン・スクール・オブ・エコノミクスにて博士号を取得。1971年から2008年まで、ヘブライ大学で教鞭を執る。また、ワシントンDC、シンガポール、モスクワ、リオデジャネイロなどの軍事戦略の研究機関で講義を行う。23冊に及ぶ著書は20言語に翻訳されており、『戦争文化論』『戦争の変遷』（どちらも原書房）は日本でも高い評価を得ている。

ペットです。もちろん軍隊にも周知の事実です。彼らは、愚か者ではありません。しかし同時に、これらに象徴的なのは、人々や軍隊、戦いそして死ぬ目的となるすべてのものを具体化し、包含するものだということです。

鷲の隊旗のローマ軍団の時代から現在まで、その象徴や儀式、服装、規範などを持たず、それらを大切にせず、それらを掲げない優れた一大勢力が存在したことはありません。戦争を回避するには、これらを忌避するよりも簡単なことはありません。必要なのは、それらを笑うことだけです。そして私が言ったように、それらはばかげているので、簡単に笑うことができるでしょう。ギリシアの劇作家のアリストパネスは、2400年前の「リューシストラテー(女の平和)」という彼の演劇で、それを行いました。それは、とても簡単で、安価な方法です。

戦争文化がなければ、戦争は出来ないのです。そして戦争を遂行する能力がなければ、あなたがどれだけの同盟関係を結んでいても、どれだけ経済が発達していても、どれだけ技術が素晴らしくても、決して安全保障は確保されません。その場所にもたらされるものは、人々が戦いそして死ぬということだからです。

自分の存在の本質

現在、軍事技術開発の分野では、ロボットほど重要なトピックはありません。私自身、確かにこれは非常に重要な軍事技術開発であると同意します。そして日本人は、暮らしのあらゆる領域で役立つロボットを作る能力と準備が出来ていることで有名です。

しかし、あなた自身を欺いてはいけません。ロボットが、戦場で部隊の活躍を奪うことは決してありません。ロボットは、宇宙空間、空中、海上、海中で重要な役割りを果たし、陸上におけるその使用は大変実用的なものになるでしょう。

私は、軍用ロボットそのものについてではなく、現時点で軍事技術の中で最も革新的な開発であると多くの人が考えているというその実態について話しています。陸上で軍隊に取って代わるロボットは、私たちには現在予見できません。ロボットは海上戦で軍隊とともに活躍するでしょう。ロボットは、軍隊に同行するのです。ロボットは、それに慣れ、それを行い、それからロボットがロボットを使いそれを行うことになるでしょう。しかし、それらは軍隊を代替するものではありません。

私がこれまで問題にしてきたような、闘争心、殺す意思、そしてより重要なことは、上品な話でないことは承知ですが、「相手を殺して、自分も殺されるという覚悟」です。そして、最終的に文化的戦争だけが、危険を冒し、危険に直面し、必要ならば彼らの命を犠牲にする軍隊を作ることができます。

日本におけるこのような議論の中には、その最も重要な要素である覚悟への言及がほとんど見られず、この点は興味深いと言えるでしょう。しかし、あなたがこのすべてについて真剣で、あなたの安全保障が未来で危険にさらされると本当に信じるのなら、これらの要素は注意を向けるだけのものではなく、国家としてあなたの存在の本質でなければならないものなのです。なぜなら、覚悟を持っていても、あなたはどこにも行けないからです。覚悟することが問題なのです。それは、あなたが使わないものだからです。あなたは、ただ作り出すことはしません。それらは、あなたの一部でなければならず、それらはあなた自身でなければなりません。

変化しない本質

多くの人は、時代の変化に注目しています。私は、変化の重要さを認識していますが、変化しないものは、おそらくもっと重要だと思うのです。戦争の本質は変化しません。戦争は、常に人々が殺し合う活動です。誰もが死にたくないので、必要ならば命を捨てるという意思は、少なくとも戦争では、人を殺す意思と同じくらい重要です。

新しい戦争形態について関心を持っている方々もいるようですが、私は20数年前に、『戦争の変遷』という本を書きました。日本語にも翻訳されています。その中で、戦争の未来は「低強度戦争」だと述べましたが、いまでは多くの人がそれを「ゲリラテロリズムの反乱」と呼んでいます。これらの事柄の反対は人々が「対ゲリラ活動」と呼ぶものです。これらは私にとって新たな物語ではありません。

しかし私は、これらのいわゆる新戦争よりも、必要があれば死ぬ意思の重要性をより上手く証明するものはないと主張します。皆さん、これが戦争のすべてです。これが戦争文化のすべてです。

技術を愛していなければ、良い技術者にはなれません。テニスを大好きでなければ、あなたは良いテニスプレーヤーにはなれません。私のように、研究を愛していなければ、あなたは良い学者にはなれません。同様に、戦争に赴き、自分がやっている行為を好きでないのならば、行為の象徴を愛していなければ、あなたは良い兵士になることはできませんし、良い軍隊を組織できません。

否が応でも、それらの象徴は、多くの人が戦争文化と呼ぶものであり、今日軍事主義と呼ばれるものなのです。私は、生涯民間人でした。そして、私は軍事主義の危険性を充分に理解しています。しかし、「赤子を湯水とともに捨てるなかれ（大事なものを無用なものと一緒に捨てるな）」という諺を思い出して下さい。一度壊れると、復元することができないからです。これは、人々の心の中に存在しているものの一つです。機会を失って、新しいものを作るのは簡単です。領土を失っても、それを再征服することはできるかもしれません。しかし、人々の心の傷を修復することや、破壊されたものを再構築することは、非常に困難であり、多くの場合不可能です。ですから、注意してください。

企業が曝されているグローバルのセキュリティ・リスク

大越 修
（オオコシ セキュリティ コンサルタンツ 代表取締役社長）

グローバル・リスクの全体像

英国のInstitute for Economics and Peace（経済平和研究所）という研究所が、毎年「グローバル・ピース・インデックス」を公表しています。これは、163カ国を23の項目で評価してランキングをつけ、世界の平和度（＝安全度）指数を算出したもので、うち10項目は治安あるいは犯罪に関するものです。

2012年版の上位10カ国と下位10カ国を示したのが表1「世界の平和度指数」です。この中で日本は昨年よりランクを落としたものの、それでも治安度は高いほうから5番目にランクされています。日本の治安度は2010年は3番目だったので、やや下降傾向にあると言えます。近年は、尖閣諸島を巡る問題などもあり、そのような結果になっているのだと推察することができます。アイスランドやニュージーランドは、安全度ではトップクラスです。日本より安全な国は4カ国だけですから、日本から国外に出ている方は、ほとんど日本より危ない国に出ているのだというふうにご理解いただけるかと思います。

そのことを如実に表しているのが表2「主要国の犯罪発生率の比較」です。これは、先進国5カ国における犯罪、特に顕著な特徴のある殺人やレイプ、強盗事件などについて、件数だけではなく犯罪発生率で比較したものです。日本の犯罪発生率（人口10万人当たり発生件数）を1とした場合の各国の犯罪発生率の係数を出しております。人口の多寡や定義などによって少しずつ数字が異なってくるため、一概に比較するのは非常に難しく、先進国のみを抽出して比べるのがやっとなのですが、それでもどんなふうになるかということをご覧いただきたいと思います。

表2―1「殺人事件」につきましては、日本の発生率を1とした場合、米国が5・7倍、フランスは3・5倍です。そして、この特徴をさらに顕著に表しているのが、強盗事件（表2―2）です。日本の犯罪発生率を1とした場合、フランスに至っては64・5倍ということになります。

公安調査庁が世界で起きているテロの件数とそこで亡くなった方の数字を示す「世界のテロ等発生状況」を毎月出しています。テロの件数は、若干の増減はあるにしろ、ずっと右肩上がりで増えております。日本人がテロに巻き込まれた、あるいは襲撃されたというような主な国際テロの事件に関しては、2001年から約20件発生しています。2012年1月に発生したアルジェリアの事件も含まれています。

世界で起きている身代金誘拐事件について、みなさんはだいたい何件ぐらいあるだろう思われますか？　警察あるいは他の法治機関に報告されない事件も含めると1年間に3万件以上の身代金誘拐事件が世界で起きていると言われています。

表1

世界の平和度指数

順位	国名	順位	国名
1	アイスランド	…	…
2	デンマーク	149	パキスタン
2	ニュージーランド	150	イスラエル
4	カナダ	151	中央アフリカ
5	日本	152	北朝鮮
6	アイルランド	153	ロシア
6	オーストリア	154	コンゴ共和国
8	スロベニア	155	イラク
9	フィンランド	156	スーダン
10	スイス	157	アフガニスタン
…	…	158	ソマリア

出典：Institute for Economics and PeaceのGlobal Peace Index 2012より

地域別に見ると、ラテンアメリカが一番多くて48％、アジア・アフリカ・中近東が17％ということになっておりますが、最近はアジアの数字がどんどん増えてきています。

3万人以上の方が誘拐されていますが、その内の64％は何らかの形でお金が払われて解放されています。また、中にはお金も払わないで解放されるという人が20数％います。ただし気をつけなければいけないのは、10％の方は誘拐されている最中に亡くなってしまっているということが統計で出ているということです。

アルジェリアの事件では、アルジェリアの内務大臣が「テロとは交渉しない」というノンコンセッションを強調していました。このノンコンセッション・ルールというのは、日本のやくざ対策法と同じようなものでありまして、「不法な行為を起こす者に対しては交渉しない」ということです。特にG7などでは1990年代から合意されています。

有事への対応：企業は何をするべきか

危機管理とは、リスクを回避するというのが目標ではありますが、やはりそうはあってもことが起きてしまうことはあります。一つ、経験知からお話をさせていただきますと、日本のA社はじつはアルジェリアであったあの事件とまったく同様の事件を経験しております。

2011年10月、A社がフィリピンのミンダナオ島でやっておりますプロジェクトにおいて、真昼間に200人ぐらいのゲリラ集団に襲撃をされたことがあります。襲撃された結果、建設中の施設、重機、車両、船舶が爆破され、焼き討ちに遭うという甚大な被害を

Ohkoshi, Osamu
オオコシセキュリティコンサルタンツ代表取締役社長。また、イギリスのセキュリティ／危機管理専門会社NYAインターナショナルのコンサルタントを兼ねる。警視庁に20年間在籍。外務省出向中には在ニューヨーク日本総領事館勤務。エッソ石油に入社し、セキュリティ部門の設立に携わる。その後、JPモルガン銀行、AIG（アメリカン・インターナショナル・グループ）でもセキュリティ部を設立し、その責任者を務める。

表２　主要国の犯罪発生率の比較

表2-1

▶ 殺人事件

国名	人口（万人）	事件数	犯罪発生率	日本を１とした場合
日本	1億2,779万人	1,051	0.82	1.0
アメリカ	3億1,159万人	14,612	4.69	5.7
イギリス	6,318万人	694	1.10	1.3
ドイツ	8,184万人	2,174	2.66	3.2
フランス	6,526万人	1,889	2.89	3.5

表2-2

▶ 強盗事件

国名	事件数	犯罪発生率	日本を１とした場合
日本	3,673	2.88	1.0
アメリカ	354,396	113.74	39.6
イギリス	78,155	123.79	43.1
ドイツ	48,021	58.68	20.4
フランス	121,038	185.35	64.5

被ったわけです。ただ、アルジェリアの事件と唯一違った点は、A社の事件の場合は幸いにも死傷者が一人もなかったというのが大きな違いです。この襲撃事件の結果、私どものプロジェクトに関して、当然工事は止まる、それから公的資金の融資を受けていたわけですけれども、これも止まってしまうということが発生しております。

起きたことに関してどう対処するのか。A社は、危機管理の一つである「危機的状況をいかに早く回復させて改善させるか」ということにまず重点を置いて取り組みました。その第一歩として、一人も死傷者が出なかったということを教訓にし、「なぜ死傷者が出なかったか」を分析しました。

これは、まず「抵抗しない」、それから「隠れる」、その上で状況を見てその場から「逃げる」ということに徹したからできたことだと結論しました。しかし、それだけではありません。「隠れる」、「逃げる」ことも重要な対応であったと分析しました。そのため、今後のために、逃げることができるように、あるいは隠れることができるように物理的な改善をしていかなければならないと結論しました。さらに、この襲撃の背景、理由の分析をし、情報収集の重要性を確認しました。

当初我々がこのプロジェクトを始めた時にどのような隙があったのかも検証しました。その結果、セキュリティ対策が国際レベルのものではなく現地のレベルであったということが一つの大きな反省でした。

改善するにあたっては、地域に密着した知見あるコンサルタントと国際レベルのコンサルタントを採用して検証作業をやろうとしたわけですが、そうなってくると関係者間でさまざまな摩擦が起きてきます。

対策というものは、一つずつ積み上げていく足し算では手遅れになってしまうこともあります。したがって、思い切った対策をまず立てることが重要です。それから、コンサルタントに頼んでいろいろなアドバイスをもらうにしても、丸投げはしない。人任せにしない取り組みが求められます。

以上申し上げたことは、民間企業として実践できることですが、こういったケースで重要なことは政府との連携です。我々民間企業ができることには、非常に限りがあります。そのさらに上、安全対策については日本政府と現地政府間で話をしていただいて、いろいろな対策を取っていただくということが必要です。また、我々の場合は、我々民間でやれること、それから政府にお願いすること、これをきっちりと棲み分けて対策を取っていくことで改善が図られたという状況になっています。

では、今後このようなテロや誘拐の趨勢はどうなるのでしょうか。私どもは、国際関係は今後も対立と紛争の火種が絶えず、過激派等によるテロ・誘拐の脅威は継続するものと考えております。

世界的に失業率が高止まり、貧富の格差が拡大し、それに起因する問題が多く、大半の国で治安が大きな問題となっているだろうと思います。今後はより一層の注意が必要になると思っております。

TOPOS Conference 3

日本の安全保障

マイケル・グリーン
（CSIS アジア・ジャパン・チェアシニア・バイスプレジデント）

企業はどのようなことを考慮して行動すべきか：地域全体・世界の安定といった広い視点

治安や政治的見地から企業行動を考えた場合、いくつかのレベルに分けて考えられるのではないかと思っています。まず、地域全体そして世界の安定といった、より広い視点です。次に、新興成長市場に投資する企業の保護をどのようにして確実なものにするか、社員や知的財産権をどのようにして守ってゆくか、という問題があります。最終的には、何か間違いがあった際に、どのような非常事態計画（危機管理計画）や緊急準備、そして判断が必要になるかということではないかと思います。

一つ目の問題について申しますと、企業が、つまり政府ではなく、純粋に企業が、「国際秩序や地域秩序を確かなものにするために、どのように尽力できるのかどうか」ということです。なぜなら、国際システムや準地域において秩序が乱れるような事態（カオス）が発生すると、ビジネスへの影響は避けられないばかりではなく、知的財産や社員までもが危険にさらされます。この第一レベルにおいてですが、日本企業は、これまでもずっと、経団連や経済同友会といった組織を通じて、日米同盟を確固として支援し続けてくれています。

そして、国際的な安定や秩序は、さまざまなことに左右されますが、その中の一つに、学者達が「覇権安定論」と呼んでいるものがあります。誰も米国と喧嘩を始めたくはありません。北朝鮮でさえも結局のところは、米国との関係をこじらせたくはないのです。国家や国際機関、そして多国籍企業に属する民間人への攻撃を防ぎ安全を保障するために、覇権国家が必要とされるということです。

第二次世界大戦の終結時に、米国は世界のGDPの50%を占めていましたが、ベトナム戦争後には約25%、今ではだいたい世界のGDPの5分の1を占める程度に落ちてきています。つまり、我々（米国）は依然として圧倒的に世界最強の国家ですが、しかし力の均衡が変わってきています。

新自由主義的秩序を適切に維持させるものの一つが、米国が有する数々の同盟（連携）関係です。私は、日米同盟ほど重要なものは存在しないと思います。NATOや、対オーストラリア（米豪同盟）、対韓国（米韓同盟）などの同盟がありますが、これらの同盟は、世界の安定を強化・支え、悪となる主体や、過去に起こった歴史的事実に意義を唱えるような異質論者が出現するのを阻止したり、我々に立ち向かってくることを抑止したりするものです。時には北朝鮮やイラクなどといった問題がありますが、しかし、全体として見ると、やはり秩序を維持していると言えるでしょう。

もう一つ秩序を守るのに貢献しているものがあります。それはすなわち、世界経済貿易体制です。つまり、なぜTPPが重要なのか、ということです。その基本的な概念は、国連の努力による戦後の世界貿易体制の成立に見ることが出来ます。

しかし、これまでもずっと日本は、これらすべての分野において、世界をリードしてき

Green, Michael J.
米国戦略国際問題研究所上級副所長（アジア）兼ジャパン・チェア。また、ジョージタウン大学外交政策学部准教授、外交問題評議会や国際戦略研究所、アスペン戦略グループのメンバー、ローウィ国際政策研究所の非常勤フェロー。日米友好基金副議長、新アメリカ安全保障センター 豪米リーダーシップ・ダイアログ諮問委員会委員、『ワシントン・クォータリー』編集委員などを務める。近年の研究は、アジア諸国の地域構造、日本政治、米国外交政策史、朝鮮半島、チベット、ビルマ、米印関係に焦点が当てられている。

ている立場にいます。米軍のアジア駐留を受け入れてくれており、また、IMFや世銀そして他の機関などにおいても、世界第2位の出資国として、世界秩序を守るために貢献しています。これは、日本のような民主主義国家だから可能なのです。なぜなら、経済同友会や経団連といった団体を通じて、一流企業の役員や経営幹部が、一貫してそれが必要だといい続けているからです。非常に重要なことですし、私自身も米国人として、日本企業のリーダー達が果たしている役割に感謝しています。

どのように自国民を守るのか

第二レベルですが、これはすなわち、どうやって自国民を守るのか、知的財産を保護するのか、という点です。G7やWTOそしてOECDを通じた議論から導き出された国際的なルールによって保障されている部分もあり、これらが広がってきています。CSISで世論調査を行った結果、アジア太平洋諸国はグッド・ガバナンスや法の支配の尊重を重要な課題と認識していることがわかりました。アジア太平洋において一般的に、ガバナンスやルールづくりを向上したいと望んでいるということです。

しかし、投資における脅威もあります。知的財産権侵害という問題が中国で起こっていますし、サイバー・エスピオナージ(電子的諜報活動)も非常に大きな問題です。先ほど申し上げたように、企業の基準が必要なのです。TPPのような交渉は、最も高い基準を設定しますし、その流れから、東アジア地域包括的経済連携や、二国間ないしは三国間自由貿易協定においても、高い基準を設定できるように強く求める基盤を作り出すことができます。

私は、日本にとっての鍵は、知的財産権保護、国有企業への対応、透明性、良いガバナンスだと思っています。

中国において非常に大きな問題ですし、インドでも問題であり、また、あらゆる新興成長市場において問題となっています。日米がともに取り組むべき分野です。

日本のツールキット（工具箱）の中には、他のツールがまだまだあります。それには、円借款や対外援助も含まれています。現在、日本からの円借款の最大の受け取り手は、インドです。デリー・ムンバイ間産業大動脈などのインフラ整備に充てられます。これは、日印間に友好関係と信頼を構築しますし、完璧ではないにしろ、日本企業が投資しやすい環境づくりにも繋がるでしょう。貿易は、日本からの（対外）援助や円借款、無償援助によって増進し、これらは（相手国の）法の支配やガバナンス強化、インフラ整備に役立っている時に、最も効果的に機能します。

そして最後に第三レベルですが、「もし何か問題が発生した時にどうするのか」、「もし国家が機能不全状態に陥ったり、テロや民族紛争が起こったりした際にどうするのか」ということです。最近の例では、リビアやナイジェリアが挙げられます。日本は、ビルマ（ミャンマー）に進出していますし今後はさらに多くの国々へ進出することでしょう。

ビルマでは今、11もの民族紛争が起きています。そのうちのいくつかは、カチン州やシャン州を含め、活発な武力勢力です。これが日本の近隣で、市場で起きていることなのです。それが、日本が絶好の機会を見出し、特別な関係を持つビルマの実態です。インドのような大国には、独自の問題もあります。そして言うまでもなく、世界には破綻（機能不全）国家もあります。ナイジェリアやリビアがそうです。ですから、インテリジェンスは重要です。日本はインテリジェンスに長けており、特に富士通や、野村、三菱といった大企業の中には、独自の調査部門もあります。

危機管理計画と企業進出

もう一つは、非常事態計画（危機管理計画）ではないかと思います。日本企業のリーダー達は、マーケット・シェアを拡大するように教え込まれています。セキュリティの専門家たちは、最悪ケースのシナリオを想定して行動するように教え込まれています。日本企業が新興成長市場に進出するに従い、（今後は）後者のような専門家たちを育成していくようになるでしょう。

企業の経営戦略にもかかわることですが、「いつ知らせるのか」、「いつ避難するのか」という問題があります。時には政府と協力しなければならない場合もあります。日本の大使館は、多くの場合、何が起きているかを把握するインテリジェンスに長けています。米国やオーストラリア大使館がより正確な情報を掴んでいることもあるでしょう。ですから、政府とのネットワークづくりが大事になってきますが、一つの政府だけではなく、同盟国やパートナー国など複数の政府とのネットワークが、現場での進行を理解する上で重要なのです。

万が一、対立状態（衝突）が起こった時、つまり、いわゆるＮＥＯ（非戦闘員撤退作戦）が必要な事態に、原則として、日本企業にはそれを実行できる能力がありません。すなわち、「武装した暴力集団が行く手を阻んでいる時に、ドアを蹴り飛ばすことが出来るかどうか」です。そのような事態において、日本の自衛隊でさえも、極めて限定的なことしか出来ません。

日本の１１０番は、米国の９１１番と同じような緊急（救急）電話番号ですが（このように国民が警察に電話をかけるような感じで）、世界各国の政府、とりわけ同盟国政府が緊急時に必要とするのは、米軍、特に米海兵隊です。他にも、特殊部隊や陸・空・海軍も控えています。

沖縄に駐留している海兵隊である第三海兵遠征軍は、しばしば、いや、しょっちゅう批判されてはいますが、

東南アジア、南アジアを含んだアジア全域、そして湾岸諸国にまで及ぶ大きな弧をカバーしているのです

ビルマ、バングラデシュ、湾岸諸国や東アフリカなど、破綻の可能性のある国家や危険な国々へは、海兵隊は2日間で軍隊を派遣することができますし、60日間にわたって兵力を維持することが出来ます。彼らは、(武装した暴力集団が行く手を阻んでいる時に、日本の自衛隊でさえ出来ないような)もしそうする必要があれば、ドアを蹴り飛ばして人々を脱出させることが出来るのです。

私は時々、沖縄を巡る議論を見て、人々がこの実態をもっとよく理解し、私が先ほどからお話ししているインテリジェンスや、ルール作りや、企業による非常事態計画(危機管理計画)などが、万が一失敗してしまった時、「一体誰に連絡をとるのか？」ということをお考えいただきたいと思います。最悪のシナリオに遭遇するケースは、しばしば起こりますし、そのような時には米海兵隊が頼りになります。

ですから、沖縄における米海兵隊が果たす役割を考えるとすれば、日本の自衛隊は、同等のケイパビリティ(能力)を持つべきですし、海兵隊と米陸軍が陸上自衛隊と協力するだけではなく、他の組織とも連携してこうした能力を伸ばして、将来的にはこのようなことが出来るように備えるべきなのです。しかしながら、このことは、決して見落としてはいけない意味を持つ、基地を受け入れてくれている日本への配当の一つであると言えます。

TOPOS Conference

第4章

イノベーティング・イノベーション

――「日本のイノベーション」のパラダイム・シフト

イノベーションの本質を問う

日本企業、ひいては日本経済がグローバル競争力を取り戻すには、何より「イノベーション」が不可欠である。残念ながら、わが国の政策では相も変わらず政府が先端技術に補助金を投入する技術ナショナリズムが色濃く、大企業や有力産業を支援することで国全体に利益が波及するトリクル・ダウン効果を期待している。しかし、イノベーションの創発、さらには経済の持続的発展には、知識や情報を社会全体にスピル・オーバーしていく施策や活動こそ重要である。

世界に目を移すと、オバマ政権はメイド・イン・アメリカの復活に取り組み、個人や企業の知識や能力を幅広く活用し、オープン・イノベーションや異業種コラボレーションによって、脱国家主導、脱サプライ・サイド経済へと大きく舵を切った。こうした国家イノベーション・システムのパラダイム・シフトは、米国に限らず、かつて技術偏重の産業政策でつまずいた他の先進諸国でも見られ、企業はもとより、個人やコミュニティなど、デマンド・サイドの力を引き出している。

2013年10月に開催した第4回トポス会議では、国の経済政策や企業のイノベーション戦略に詳しい実務者や研究者のほかに、10代で起業したビジネス・イノベーター、3Dプリンターとオープン・ネットワークを活用して新しい製造業を模索するテックショップ、国家イノベーション・システムの改革を推し進めるフィンランドやオランダ、また「ジャパン・イノベーション・ネットワーク」など新たに発足したインキュベーターなどの意見を交えながら、新しいイノベーション・システム、課題先進国日本にふさわしいイノベーション戦略について議論が行われた。

トポス❶ 「国家戦略としてのイノベーション」

他の先進国同様、日本もナショナル・イノベーション・システムのあり方が問われている。まず、元リコー常務執行役員である芝浦工業大学教授の國井秀子氏から、「スイスのＩＭＤ（国際経営開発研究所）が発表する『国際競争力ランキング』で日本は第24位（２０１３年実績）であり、かつての輝きを取り戻すには、知識労働者の生産性向上が急務であり、また女性はもとより、外国人やＬＧＢＴ（同性愛者、両性愛者、性転換者）など人材の多様性が等しく重要である」という問題提起がなされた。

つづいて、ソニー第7代目の社長を務めたソニー生命保険名誉会長の安藤国威氏は以下のように指摘した。「米国は１９７０年代後半から、生産性の向上、競争力の回復に20年かけて取り組み、実際メイド・イン・アメリカは復活しつつある。はたして日本に同じことができるのか。そのためには発想の転換が欠かせない。ものづくりや科学技術の振興ではなく、新産業づくり、イノベーション・エコシステムづくりこそ、日本が取り組むべき課題である」。

これを受けて、経済産業省資源エネルギー庁資源・燃料部長の住田孝之氏からも、「技術開発の予算をつけたからといってイノベーションが生まれてくるわけではなく、人々の知を結集・融合する場が必要である。ただし、組織の縦割りを『横割り』に改めるといった類のものは解決策とはいえない。日本人の長所、たとえば和魂洋才、和洋折衷などの柔軟性を生かしつつ、100点満点主義や失敗を恥とする文化を抑え込む必要がある。2020年の東京オリンピックは、日本を改革する千載一隅のチャンスであり、ここに向けて2020年以降の日本の姿を描くべきである」という私見を示した。

若い世代を代表してヤッパ代表取締役会長の伊藤正裕氏から、「若者のイノベーション能力を伸ばすには、子どもの頃から始まる『よい会社に入る』ことをゴールとした〝マラソン競争〟を見直し、30代半ば、40代半ばに再設定し、社会人以降も失敗や挫折を経験できる環境を整えてはどうか。また、地方の優秀な人材はえてして在京企業に入社してしまうが、こうした人材の東京一極集中にも弊害があるのではないか」という意見が出された。

トポス1の最後には、シンガポール国立大学リー・クアンユー公共政策大学院院長のキショール・マブバニ氏から、「イノベーションには、政府と企業の新しい関係が求められる」というビデオ・メッセージが寄せられた。全体として、従来の国家主導・技術偏重のナショナル・イノベーションではなく、むしろボトムアップ型が求められていることが確認された。

トポス❷「社会を巻き込むイニシアチブ」

従来型のナショナル・イノベーションの限界を思い知り、新しいアプローチに転換を図った国では、具体的にどのような取り組みがなされているのか。米国からは、メイカー・ムーブメントを牽引するキーパーソンの一人、テックショップCEOのマーク・ハッチ氏、オランダからは、科学技術のアセスメント機関であるラーテナウ研究所所長のヤン・スターマン氏、中国からは、中国科学院科学技術管理科学研究所所長の穆栄平（ムー・ロンピン）氏の3名が登壇し、現状について報告した。

ハッチ氏によれば、「従来のDIY工具に加えて、3Dプリンターをはじめとするデジタル・ファブリケーション技術、個人ではなかなか購入できないレーザーカッターなどの工作機械を提供することで、これまで消費ばかり強いられてきた生活者は生産者の役割を果たすようになった。彼らは『メイカー』と呼ばれ、米国各地で急増しており、こうした草の根のイノベーターたちが米国のイノベーション活動を後押ししている」という。また、「このメイカー・ムーブメントは世界中に広がっており、国や企業は彼らと協働していく必要がある」と訴えた。

スターマン氏は、彼が所長を務めるラーテナウ研究所が、科学技術のアセスメントのみならず、イノベーションにまつわる政策やシステムの評価やアドバイスを提供したり、イネーブラーとして官民学、NPO／NGOなどの連携を支援したりする一方、技術進歩が未来にもたらす実際的、社会的、倫理的なインパクトを研究したり、技術とイノベーションの共進化を推し進めたりしていることを説明し、これをもってオランダのイノベーション活動の現状報告とした。

穆氏は、中国共産党が1978年に打ち出した「改革開放」から、2012年の「生態文明」（自然法則に従って持続可能成長を掲げる省エネで環境に優しい社会の建設）までの中で、いかに中国がイノベーションの発展に取り組み、イノベーション型国家への移行に尽力しているのかについてプレゼンテーションした。そのために、技術のみならず、経済や社会を改革するイノベーション能力の育成、知財を含めた各種制度の整備などの重点分野についても言及がなされた。

またビデオ・メッセージとして、ニューヨーク大学レナード・N・スターン・スクール教授のポール・ローマー氏が、同大学が進める「都市化プロジェクト」について、またフィンランド・イノベーション基金総裁のミッコ・コソネン氏が、イノベーションによる社会と経済の再生について説明した。マサチューセッツ工科大学が発表した世界のイノベーション・クラスター8都市の中には日本の都市は入っていないが、都市がイノベーションを起こす「場」になるためには、技術力だけでは十分でなく、都市を舞台とした社会的なエコシステムの生成が必要なのではないだろうか。

トポス❸ 「明日の日本のイノベーション」

最後のトポス3では、トポス1で登壇した國井秀子氏と安藤国威氏、トポス2のマーク・ハッチ氏を再び壇上に招くとともに、産業革新機構執行役員兼マネージング・ディレクターの西口尚宏氏を迎えて、日本のナショナル・イノベーションのあるべき姿について議論が交わされた。まず西口氏から、経済産業省「フロンティア人材研究会」で総括されたイノベーションの阻害要因や必要条件に関する報告に加え、かつてのソニーのようなイノベーティブな日本企業を100社再創造するという「ジャパン・イノベーション・ネットワーク」についてのプレゼンテーションが行われ、民間主導のナショナル・イノベーションが提案された。

これを踏まえて、他の3名の登壇者からイノベーションにまつわる失敗談、あるいは成功談について語られた。安藤氏からは、ソニーのパソコン〈VAIO〉は“Video Audio Integrate Operation”の略であり、後のアップルの〈iPod〉のコンセプトより先を走っていたものの、意図した結果にはならなかったというエピソードが紹介された。國井氏からは、1980年代におけるオフコン向けデーターベース管理システムを開発するプロジェクトについてのストーリーが紹介され、顧客との共創プロセスの重要性が指摘された。ハッチ氏からは、『フォーチュン500』企業で働いていた時、ハーバード・ビジネス・スクールの教授たちの理論などを勉強して新製品開発プロセスを構築したが、イノベーションが生まれてくることはなく、むしろ現代にあっては、スピード感を失うことなくトライ・アンド・エラーを繰り返しながら、市場と対話していくほうが効果的であるという経験則が示された。

最後に、第1回トポス会議に続いてアラン・ケイ氏からイノベーションを創発するためのアドバイスがビデオ・メッセージとして寄せられ、各登壇者からも、試行錯誤の必要性、インベンション(発明)とインサイト(知見)の融合、そのような場(エコシステム)のネットワーク化、ビジョンや使命感を持った人材などの重要性が指摘された。

本章では、トポス1から、國井秀子氏と安藤国威氏のプレゼンテーションおよび、アラン・ケイ氏のビデオ・メッセージを収録した。

TOPOS
Conference
4

国家戦略としてのイノベーション

國井秀子
（芝浦工業大学 学長補佐・大学院工学マネジメント研究科教授）

価値観の変化と新しい社会システムの必要性

私からは、国家戦略としてのイノベーションについてお話をしたいと思います。まず技術の発展と社会について振り返ってみると、第一次産業革命以降、非常に工業化が進んできましたが、その特徴は効率と品質を求める時代でした。そのような時代の中で、男性は工場やオフィスで働き、女性は家庭を守るという男女の役割分担ができ、仕事と家庭の空間的分離が進みました。

今日、インターネットが普及し、グローバル化が進み、これまでの効率と品質を求めた時代から大きく変わってきています。グローバル化の中で世界経済も大きく変化し、人口変動の問題、地球環境変動の問題などいろいろありますが、大きな特徴は、「不連続な変化」が起きているということだと思います。ここにイノベーションのチャンスがありますが、それはイノベーションを起こしていかないと世界の中で日本は取り残されるということでもあります。現状では、組織文化やＩＣＴ人材の不足などにより、日本はイノベーションが起きにくくなっています。ＩＭＤ（国際経営開発研究所）による国際競争力の比較の中では日本は現状で24位ですが、今後ますます競争力を失いそうです。そういう中で価値観の変化ということを考えてみましょう。

いまはサービス化が進んでいますが、これまで豊かな生活とは、豊富にモノを持っていることでした。しかし、いまは「モノ」はあまり所有せず、外部のサービスによって豊かな生活ができる「コト」を重視する人々が増えてきています。企業においてもサービス化の方向に進んでいます。クラウド・コンピューティングなどの技術的な進展がこのような変化をサポートしています。そういう中で重要なのが、「共有化のアーキテクチャ」をどうするかです。クラウド・コンピューティングによって少ない初期投資で容易に情報を活用することができますが、そのためには、専門家がセキュリティなどもきっちりと面倒をみてくれるサービスが必要です。そして、豊かな社会を実現するためには、コンピューティングのインフラだけではなく、その上にいろいろな社会システムを再構築する必要があります。その際、まずどのような社会を創っていくのかというビジョンが重要ですが、そのビジョンを実現するにはシステムの設計やルール作りがキーになると思います。急激な変化の中で、多くの人々のコンセンサスを得てルールを作ることが難しくなり、そのために社会科学や人文科学の役割が増大していると思います。これからの社会は、科学技術と社会科学・人文科学がうまく連携して全体を見てルールを作り、より生きがいのある幸福な社会を構築することが重要だと思います。

地球環境をみると、ご存じのように温暖化がどんどん進んでいます。温暖化対策のためには、全世界の国が合意して、いろいろな対策をとっていかねばなりません。そのためには、地球規模での自然のリソースの共有化やさまざまな国際的なルール作りが必要ですが、目標を決めるだけではなく、それを各国の法律や行政に細かくきっちり落としていかない

Kunii S., Hideko

芝浦工業大学学長補佐、同大学大学院工学マネジメント研究科教授。一般社団法人情報サービス産業協会副会長、内閣府男女共同参画推進連携会議議員などを務める。お茶の水女子大学理学部物理学科卒業後、同大学大学院理学研究科物理専攻修士号を取得。カリフォルニア州立大学電子工学科修士号、テキサス大学オースティン校コンピュータ科学科でPh.D.を取得。リコー入社後、ソフトウエア分野の研究開発責任者、常務執行役員、リコーITソリューションズ取締役会長執行役員を歴任。

と実現できません。ここでも、社会科学・人文科学と技術開発との連携が極めて重要で、このことは全人類の喫緊の課題であると思います。

日本が抱える課題

次に日本が変革のためにやるべき課題ですが、日本はまだまだ危機意識が弱く、変革のアクションのスピードが遅いのではないかと思います。典型的事例がジェンダー・バイアスで、「国民の半分が能力を十分発揮できないようなことは社会的なスキャンダルだ」とある先生がおっしゃっていましたが、そのような状況が産・官・学の多くの組織でずっと放置されてきました。この社会的に根の深い問題について、もっと議論を深めていかなくてはならないと思います。また、少子高齢化については、年金や医療費の財政上の問題などを中心に議論はされていますが、じつは大きなチャンスでもあります。大きな人口変動があることはイノベーションの大きなチャンスだというようなことをドラッカーも言っていますが、生産労働人口の減少にどう対応していくかは攻めのイノベーションの大きな国家戦略としても考えるべきでしょう。また、グローバル化への対応の遅れについては、教育でも大きな問題ですが、企業においてもいろいろな課題があります。社会のあちこちに縦割りやタコツボがあって、その枠の中では一生懸命に改善、改革をしていても、全体システムとして捉えたアクションができていないことが日本の最大の問題ではないかと思います。この問題を解決するために必要なのは、システム全体を把握し、責任を持って全体の課題に取り組む人材の育成です。もちろん、そのような人材を育成するのは容易ではありませんが、もっと加速して取り組むべきです。

技術革新はイノベーションを引っ張る機会にはなりますが、それだけではイノベーションは起き得ません。研究開発からマーケティング、販売、保守サービスまでのプロセスの中でコンカレント（同時並行的）に取り組むべきことがたくさんあると思います。いままでのようにリニア（直線的）なモデルではなく、同時並行でいろいろなことにトライしフィードバックしてらせん状に問題解決していかないとうまく回っていきません。ソフトウェア分野で言えば、「ウォーターフォール開発」から「アジャイル開発」へという方向です。そして、起業が少ないことも日本の成長にとって非常に大きな問題です。

国家戦略としてのイノベーションについてまとめますと、いま求められているのは社会全体を見てシステムをリフォームしていくこと、全体のアーキテクチャの設計と新しいルール作りであり、そのための社会科学や人文科学と技術の連携強化が課題です。そして、イノベーションに向けてオープンなエコシステムを構築して社会全体として有機的に発展させることです。そのためにはまず取り組むべきことは、人材の育成と多様性の確保です。多様性の実現に向けては、外国人やLGBTの方など多くの課題がありますが、特に日本では人口の半分を占める女性差別の問題に真剣に取り組んでいかねばなりません。

オープンなエコシステムの重要性については米国ではもう10年近く前に議論されており、「パルミサーノ・レポート」の中でもイノベーション・エコシステム構築の必要性が強調されています。その実現には、産・官・学の連携強化が必須です。これからの人材育成には、企業が社内の研修だけで対応していてもとてもできません。異業種の企業や大学など、海外も含めて社外のいろいろな組織とオープンに仕事をしたり議論をしたりすることが必要です。このトポス会議もそういう場だと思いますが、オープンな場で議論することで人材は育つし、モチベーションも上がっていくと思います。

最後に、日本の組織文化の課題を述べたいと思います。各方面から「イノベーション人材がいないから進まない」とよく聞きますが、イノベーション人材を採用しても、そういう人達を本当に活かすことができるでしょうか。たとえばＩＴ分野ではＩＰＡ（情報処理推進機構）という組織が「スーパークリエータ」を育成していますが、そのような人材が日本の大企業に入っても、しばらくして辞めてしまうか、辞めなくとも日本の組織文化の中でなかなか能力が発揮できないと聞いています。問題は、非常に型にはまった過度な管理主義で、これではイノベーションは起きません。社員の自主性、自律性、裁量権が非常に大事です。評価についても大企業や官庁では減点主義的傾向が強いのですが、そういう文化を変えないとイノベーションは起きないと思います。

TOPOS Conference 4

米国の復活と日本の課題

安藤国威
(ソニー生命 名誉会長)

米国におけるイノベーションの復権

私は企業の立場から私の考えていることを話させていただきます。今日のテーマは「国家戦略とイノベーション」ですが、私自身は米国に2度赴任していまして、その時にまさに国家戦略としてのイノベーションが機能したということを現実に米国にいて体験しました。まずはそういうところから話をしていきたいと思います。

皆さんご存知の方もいらっしゃると思いますが、『Made in America』という1989年に出版された本があります。まとめたのはMITの先生方ですが、それ以前にも、1979年にエズラ・ヴォーゲルの『ジャパン・アズ・ナンバーワン』が出版されました。その本が出た頃から80年代は日本が〝モノづくり〟で非常に強かった時代で、米国としてはあらゆる政治的なあるいは貿易的な手段を通じて日本の力を阻止しようとしましたがうまくいきませんでした。本質的には、政治や貿易的な手段を通じてというよりも、日本の競争力に対して米国がいかに競争力を強化してもう一度再生を果たすかというところにあったわけです。それに先立つ1985年に『ヤング・レポート』として発表された提言からの米国の動きを現地で実際に見て、私はある種のショックを受けました。といいますのは、このままいけば明らかに米国の再生は実現するし、日本はこれからこの国とどうやって競争していけばいいのか、ということを感じたわけです。

『Made in America』の冒頭の文章に、〝To live well, you must produce well.（「一国の繁栄は、その国の優れた生産力にかかっている。」）〟とあります。米国ほどの大国になると、単にソフトウエアやコンテンツなどだけではなく、やはり基本的な産業の力、製造業の力をもう一度しっかり強くしないと再生できないということを明確に論じています。そのストラテジーとして、日米の産業競争力を分析研究した結果、日本の持っていないものをいかに強くするかということで、ＩＴやコンピュータ・ソフト、半導体、そして通信というところへ集中的に資源を投入しました。政府はナショナル・インフォメーション・ハイウェイなどのインフラに投資し、企業も、たとえばＧＥのジャック・ウェルチがよい例ですが、猛烈なＭ＆Ａを行います。彼の有名な言葉に「1位か2位にならなければ止めてしまえ」というものがありますが、日本企業と戦っても結局負けてしまうことは最初からやるべきではないと、自分たちの強みに集中したわけです。そして、シリコンバレーでは大学を中心として新しいベンチャー・ビジネスがどんどん出てきた。このように産・学・官がうまく協調して、これだけの見事なストラテジーが機能したわけですが、翻って今の日本の状況をみると、もうかれこれ20年以上も低迷を続けてきました。果たして本当に日本が米国のような再生を実現できるか。それが今課せられた問題だと認識しています。

日本企業低迷の要因

なぜ日本企業はかくも低迷してしまったのかと考えてみると、その原因は大きくいくつかに分かれるわけですが、まずは戦略やビジネスモデルに関係することです。長期的戦略がない、現状否定ができないから新しいビジネスモデルも出てこない、オペレーションが常に優先されて、上位概念であるビジネスモデルや大目的に焦点が当たっていない、などいろいろなことが指摘されています。もう一つはリーダーシップの問題です。決断力のあるリーダーがいない、過度に現場中心すぎる、多様性がない、といったことです。また、文化の問題もあります。日本企業はどうしてこうも内向き・後ろ向きになってしまったのか。國井先生もおっしゃいましたが、大企業になればなるほど部門内でタコツボ化的なことが蔓延している。

ソニーのことをお話ししますと、創業者の井深さんや盛田さんはとにかく人のやらないことをやるんだと言っていましたし、井深さんの設立趣意書には「自由闊達にして愉快なる理想工場の建設」ということが書かれています。実際に、ソニーは50年代から少なくとも5年おきくらいには、テープレコーダーから始まってトランジスタ・ラジオ、トリニトロン・カラーテレビ…とイノベーティブな商品をどんどん出してきました。しかし、２０００年に入ってからは、売上は伸びたとしても、たとえばブルーレイ・ディスクはじつはＤＶＤまたはＣＤの延長線上のものですし、プレイステーション3も以前と同じものをただ複雑に高度化したものになっている。

ソニーがやってきたのは新しい産業を作ってきたことだと考えています。最初のテープレコーダーを出すことによって、世の中で初めてテープを作らなくてはいけなくなって、それが後に記録メディアやディスク産業の発展につながりました。トランジスタ・ラジオを作ったことによってトランジスタという産業を作り、それが今の半導体産業に結びつきました。パーソナルな小さいものを作るにはバッテリーが絶対重要だとソニーが開発したのがリチウムイオン・バッテリーで、それが自動車産業など他の産業にまで広がっていま

Ando, Kunitake
ソニー生命保険名誉会長。第7代ソニー社長。東京大学経済学部卒業後、ソニー入社。ソニー・プルデンシャル生命保険（現ソニー生命保険）代表取締役常務、同社副社長、米国ソニー・エンジニアリング・アンド・マニュファクチャリング・オブ・アメリカ・プレジデント、ソニー取締役、インフォメーションテクノロジーカンパニー・プレジデント、ソニー代表取締役社長兼COO、ソニーフィナンシャルホールディングス代表取締役会長などを歴任し、2011年より現職。

す。このように新しい産業を作ってきたのがソニーだったのですが、問題は、21世紀に入ってから、最終商品のところのイノベーションが止まってしまうと、その下のデバイス（部品）のレイヤーにある技術開発の力が非常に弱まってしまうことです。

確かに、いろいろな意味で日本の技術はまだ底力があると言われています。しかし問題は、技術はあるのにビジネスで負けるということで、日本はビジネスモデル構築力やビジネス構想力が弱いということです。これをどうやって各企業が取り入れていくかということですが、一つの解は、産・学・官のコラボレーションや海外との連携とかが考えられます。もう一つ重要だと私が考えていますのは、日本は新陳代謝が遅れてしまっていることです。本来退場すべき企業は退場してもよいのではないか。「リストラ」はなんとなく悪い印象のある言葉ですが、リストラによって企業から外に出た人材や技術が新しく興された他の分野で活かされれば何の問題もないと思うのです。

TOPOS Conference 4

イノベーションと未来の創造

アラン・ケイ
（ビューポインツ・リサーチ・インスティテュート 創立者兼理事長）

未来を予測する最善の方法とは？

“The best way to predict the future is to invent it”――。「未来を予測する一番の方法は、発明することである」というこのセリフを言った1971年当時を振り返ってみると、私はちょうどゼロックスでミーティング中でした。ゼロックス・パロアルト研究所（PARC）が設立された時で、ゼロックス側からの正式なプランナーたちが集まり、私たちの様子をうかがっていました。プランナーたちは、当時のトレンドがどうなっているのか、IBMが何をやろうとしているのか、そういうことが気になっていたようで、やや臆病になっているという印象を受けました。

彼らは、PARCが、典型的な研究所にはならないのだということを理解していませんでした。いわゆる主要技術が整っており、コンピューティングやネットワークの未来についてアイデアを持っている人たちが揃っている研究所です。ですから、我々の態度は「他の誰かがやろうとしていることを、気にするのはやめよう」というものでした。長期的研究を行う組織を設立することにおける本質は、「未来をつくること」なのです。そのような状況で、私は、いささか腹立たしげに、そのセリフを言ったのです。

それにしても、このセリフは、恐らく、私の墓碑にまで刻まれるかもしれませんね。こんなふうに世界中に広まってしまったわけですから。

ところで、「未来を予測する一番の方法は、発明すること」でしょうけれども、「未来を予測する一番〝簡単な〟方法は、阻むこと」でしょう。多くの人々がそうしようとしています。変化を好まず、とりわけ、何かが起こり始めている時に、自分の意見に固執して、正当性のみを求め、その正当性の取るに足らないような増分を見ているのです。

未来を予測する方法は、たくさんあります。私が提唱していたのは、「行動を起こし、そして何かを成し遂げよ」ということです。それが本当に良いもので、良いということが認められるのならば、実際に広がっていくかもしれませんから。

イノベーションにおける若い世代の活用方法と役割とは何か？

独立は、重要な所与のコンテクストです。「アラブの春」は、好まないものからの独立を宣言する一つの例だと言えるでしょう。米国の独立やフランスの独立などもそうです。しかし、ほとんどの独立宣言は、実際のところアナーキーになります。なぜなら、好まないものに腹を立て、そして独立することを決めたというだけでは、駄目だからです。

似たような例は、他にもあります。創造的であろうとする人々です。彼らは、これまでに例を見ないようなものを作ろうと考え、多くの人々が陥りがちな問題に至ります。すなわち、ほとんどのアイデアは、二流以下におさまりがちだということです。

良いアイデアは、実際に非常に珍しいのです。なぜそうなのかという統計的な理由もあります。粗悪な解決策や、問題解決にならない方策を思いつくようなやり方は、そこらじゅうにあるのです。だからでしょうか、職業的思想家たちは、できるだけ多くの考えを持つことが良いことだと知っており、気に病まないということが、身についています。

では、どうしたら良いでしょうか。一つの方法は、書き留めて、そしてしばらく忘れ去ることです。そうすることで、特定のアイデアに陥らなくてすみます。時々、それらの書き留めたアイデアが、心に思い浮かんでくるのです。あるいは、単なるアイデアだったものを、ある種の新しい世界に見える「何か」に変化させるような、目新しい理由を発見するかもしれません。

一般的に、ほとんどの人々が学校で「新規性」だとか「創造性」だとかと呼んでいるものは、的外れです。実際の問題は、「いかにして現在から逃れうるか」です。その現在とは、生気あふれ、正常であるかのように見え、現実であるかのように見えるものです。人々は、現今を認識しているのです。そして、その現今とは、我々が生きている今日で、もしも過去に何らかの物事が異なって生じていたのであれば、いま我々が生きている現今も、非常に異なるものになってきます。ですから、起こりうる現今は、たくさんあるのです。

起こりうる現今がたくさんあれば、自分たちが生かすことができる過去も広がってくるのです。なぜでしょうか?

もしも、「現今は現実的で必然的だ」と仮定すると、過去に得られたいろいろな物事は、

Kay, Alan
ビューポインツ・リサーチ・インスティテュートの創立者兼理事長。カリフォルニア大学ロサンゼルス校非常勤講師、ヒューレット・パッカード、ウォルト・ディズニー、アップル、ゼロックスのフェロー、アタリ主席科学者などを兼ねる。マサチューセッツ工科大学教授のニコラス・ネグロポンテ氏が設立した非営利組織「1人の子どもに1台のノートパソコンを」のアドバイザーを務める。コンピュータ科学における功績から、全米工学アカデミーからドレイパー賞、全米計算機学会からチューリング賞、稲盛財団より京都賞を授賞。

無意味なものになってしまいます。なぜなら、あなたは、あなた自身をこの場に至らしめた過去に関心があるからです。可能性のあるたくさんの現今が存在しうるのだということを理解するのか、それとも現在について思い悩むことを止めるのか、ということなのです。

現在について思い悩むことを止めると、現在がアイデアとともに開けてきます。そして、そこには未来へのいくつかの面白い道があるのです。中には、特に現在とは関係が無いアイデアもあります。

現在とは無関係のアイデアを一つ取り出してみると、過去に立ち返って、見逃していた他のあらゆることに目を向けることが出来ます。人間は、何世紀にもわたっていろいろなアイデアを持ち続けていて、一時的な流行や社会的な理由、もしくは技術が優れていないだとか、そういった理由で捨て去られるということは、頻繁に起こることなのです。

ですから、私は、よく若い人たちにこうアドバイスしています。「できるだけ多くのことを学び、そして忘れようとしなさい。ただし、学びの〝香り〟は忘れてはいけない」と。もし本当に自分が持っている知識に執着してしまえば、その知識に対して漸進的な態度をとりがちになってしまいます。すなわち、少しずつしか進歩できなくなってしまう、ということです。幸いにも、我々の脳は、一度学んだことを完全に忘れ去ることができるほど良い構造にはなっていないのです。しかし、基本的な考え方は、その意味において、「自分の手に負える知識にのみ、そんなに執着してはいけないのだ」ということです。

現在に関係が無い、いろいろな物事を見つけ出すために、他のメソッドも活用しましょう。一度でもその方法がわかると、〝香り〟が、過去にあなたが学んだ事柄を思い出させてくれるのです。突然、紀元前10万年に遡らなくても良いのです。あなたは、最新ツールと新しいアイデアで溢れる21世紀を生きているのです。

ＰＡＲＣは、こうやって機能していました。そして、極めて強力でした。周りの人々は、どうやって24〜25人で成し得ることができたのかと、驚きました。でも、実際、根本的にやってきたことは、過去、現在、そして未来を、ツールに落とし込んで来たというだけなのです。マスターではなく。

この方法を使いこなせば、最終的には、予測とおりのことをするようになるでしょう。かつて、その一つとして〝ロマンス〟がありました。パーソナル・コンピュータにとっての〝大ロマンス〟とは、「記述」と「印刷」を発明した過去の偉人たちの軌跡を、実際に辿っているということです。すなわち、一度認識しさえすれば、宇宙のように無限な世界が広がります。それに到達しさえすれば良いのです。そうすることによって、悲惨なほどに漸進的な、コンピュータに対する陳腐な考え方から、たちどころに脱皮することができるでしょう。

しかし、文明をより良い方向へ実際に変えて行こうとするロマンスもあり、これは、若い人々が考えていかなければならないことです。自分が考えつくあらゆるツールを使いたくなります。そのツールには〝コミュニティ〟も含まれているでしょう。

科学が生み出されてから何が起こったのかを見てみると、実際にはわずか400年前の出来事ですが、特定の群衆、すなわちロンドン王立協会によって組織された科学者たちの集団が、いかなる単独の科学者よりも、はるかに賢かったという時代がありました。彼らは、ありとあらゆる理論について議論することを許し、実行し得ないようなアイデアを思いついた科学者の理論を排除できたのです。これは、非常に難しいことです。自分のアイデアを自画自賛している科学者にとっては、自分の理論に欠陥があると知ることは、辛いもので、まさにこれは愛のようなものなのです。自分の欠陥を知るために、他人の助けが必要なのです。

このような科学者の一例は、閾値の上限です。実際には、批判の閾値や、科学の分野に身を置く一員として、自分がいかに良き批評家であるためにどうあるべきかという閾値があります。一度、閾値が確立すると、人間関係に恵まれているということが、計り知れない「違い」を生み出すのです。

イノベーションは意図的に起こせるか？

イノベーションが意図的に創り出せるかと聞かれれば、ある程度はそうだと言えるでしょう。意図的に創り出せない方法は、何人でもいいのですが、たとえば、無作為に30人の大人を集め、それから、他所で良いと認められたプロセスで取り組むことです。私はそういうケースを見てきました。

このようなアプローチをしている企業がたくさんあります。イノベーションの本質もわからないのに、突然イノベーションが必要だと決定したり、どれだけ長く、どれだけたくさんのものが欲しいのか理解したりしてはいないのですが、しかし、とにかくイノベーションを我が物にしたがるのです。

イノベーションを起こすことを狙いとした組織を設立することによって成し遂げようとするのですが、「イノベーション・グループ」などと呼んで、名前をつけただけで満足する。しかし、問題は、次に何をやるかなのです。

関連する話として、「デザイン思考」と呼ばれるものが挙げられるでしょう。実際のデザイナーによって教えられているものではなく、それが問題でもあります。数学がわからない5年生が数学を教えようとすることと大して違わないでしょう。概して悪いアイデアの一つです。特に、本当にその物事を学ぼうとしている学生たちは、履修科目の範囲を超えて勉強しようとします。ですから、本物のデザイナーや本物の数学者こそが、科目を教える適性があると言えるのです。

ゼロックスのPARC(パロアルト研究所)そのものが、その一例でしょう。PARCにコンピュータ部門を設立したのは、ロバート・テイラーです。彼は、ARPAと呼ばれる、米国国防総省配下の高等研究計画局(現・DARPA)の資金提供者の一人であり、1960年代における設立に携った4人のうちの一人です。最初の資金提供者のように、彼もまた研究所の中では、科学的研究専門の心理学者でした。プロセス研究に関心があり、なぜ物事がうまくいっているのか、そのプロセスについて心底興味を示していました。

彼は、そこで本能を働かせる以上のことを成し遂げました。ＰＡＲＣを設立する段になると、彼はＡＲＰＡの巨額の資金によって本当に機能していたと思うものを、ＰＡＲＣで体系化したのです。彼はいろいろなことを教えてくれました。ＡＲＰＡの彼の部屋に入ると、カーペットが非常に素敵なのです。だからみんな床に座る。そして、彼は教えてくれるのです。彼が、まさにやろうとしていることを。

ＰＡＲＣは結局、少なからずＡＲＰＡの全プロジェクト中で最も成功を収めたものの一つにまで進展しました。なぜなら彼には、「どのようにして何を実現できるのか」という理論があり、実行に移し、そして結果的に誰もが、彼でさえもが夢にも思わなかったほどの素晴らしい成功を成し遂げたからです。多くの人々はあまり好まない話かもしれず、実際に、スポーツの分野でのみ通用する話なのかもしれませんが、「すべての人々が万能だというわけではない」ということです。本質的に、ほとんどすべての活動は、非民主的なのです。

これについては、ＩＱや遺伝子とは無関係です。他の人々よりも一所懸命に物事を成し遂げる人々がいるのだ、というだけです。ある程度は、経験や訓練によって得られる技能形成の代わりに、才能そのものでうまくいくこともあるでしょう。さまざまな異分野の物事に触れ、「何かを起こしたい」と思うのなら、たいていは、そこに何かがあるものです。その何かとは、「民主主義」ないし民主的意思決定のようなものと言うよりは、「淘汰の過程」と言って良いでしょう。それこそが、米国が「民主共和国」という所以なのです。

日本もそうでしょう。日本は、直接民主制や君主制ではなく、議会制をとっており、厳密には、正規分布の問題がありますから、民主主義を機能させるのは本当に困難なことです。統治者がいかに利口であっても、目の前にあるすべての問題を解決できるほどではありません。物事の代表形としての共和国ですが、人々が最高で聡明なものを期待するはずが、米国ではいま、正常に機能していません。目下のところ、ひどい状態だと言って良いでしょう。ですから、最高に聡明で善意の心を持った統治者で、これらの問題に取り組む人を据えることこそが、本当に良い方法なのです。

よく知られていることですが、戦争になれば、このようなことが明らかになります。たとえば、米国は、第一ドイツ潜水艦に対処するレーダーが必要だった際に、大問題を抱えていました。英国にはそのレーダーがあったのですが、米国は入手に苦労しました。英国は、必要とされる技術のうち、ごく一部しか譲渡しなかったのです。しかし、ＭＩＴ（マサチューセッツ工科大学）で20機ほど製造している過程で、最終的には１８５機の異なるレーダー・システムを、まったく異なる形で、約２・５年のうちに作り上げたことは、驚異的なことでした。その中から、米国における成功が続出しました。特に、冷戦のような、戦争に対する懸念からです。製造過程でいろいろなものが得られ、多くは再び応用可能です。私は、いま、このようなものが骨抜きになっていると思っています。いまは、いろいろな物事が複雑に絡み合っています。私は、こういうことをしっかりやらないといけないと思っています。成功例なのですから。

成功している時は、多くの他の人たちもその分野に参入してきます。なぜなら、その分野にお金が流れて行き、世の中が、非常に、非常に複雑になって行くものだからです。みんなが成功の一部を手に入れたいと願うのですが、まだその一部にすらなれていないのです。

本当の成功を収めたいと思うのなら、自分で選びもせずに親の後を追いかけていては駄目です。成功したければ、子どもに対して学びの過程を変更してあげなければなりません。なぜなら、多くの子どもは、若い時にこそ、物事に対する新しい見方を養うことができるからです。発明（invention）と革新（innovation）が得意な人たちの集まりは、こうすることによって大きくなるでしょう。

TOPOS Conference

第5章

日本のソーシャル・ランドスケープを構想する

――ポスト・アベノミクスの実践知リーダーシップ

日本のソーシャル・ランドスケープと国家の持続的繁栄

日本は、はたして復活できるのか、それともこのまま衰退していくのか――。

各国の政治リーダーはもとより、グローバル企業のビジネス・リーダーたちは、「国家の盛衰」に強い関心を向けている。その理由は、言うまでもなく「世界秩序の変化」にある。

マサチューセッツ工科大学のダロン・アセモグルとハーバード大学のジェイムズ・ロビンソン両氏による『国家はなぜ衰退するのか』(早川書房)、ニーアル・ファーガソン氏の『劣化国家』(東洋経済新報社)、そしてフランシス・フクヤマ氏の『政治の起源』(講談社)など、国家の盛衰について調査・分析した書籍がグローバル・リーダーの必読書になっていることも、その証左の一つといえるだろう。

世界秩序が変化する過程では、自国はいかなる道を歩むべきなのか、とりわけ政治制度や経済制度のあり方、社会資本の有効な活用法などについて、大局的かつ具体的な議論が求められる。日本にあっては、アベノミクスに一喜一憂するのではなく、その先の課題、すなわち「日本の持続性」について考える必要があるだろう。

その際、われわれがあらためて肝に銘ずべきは、「政治家任せ、官僚任せにすることこそ、最大のリスク」であることだ。日本を復活させ、豊かな国をつくるには、何より産業界の賢人たちの知恵と実践が欠かせない。

第5回トポス会議では、歴史人口学者、日本再建を目的に掲げるNPOの理事長、空間経済学の専門家、民間エコノミスト、世界的なランドスケープ・アーキテクト、そして社会課題の解決とビジネスの成功を同時実現させているビジネス・リーダーを招き、国の持続可能性とその条件について議論を行った。

トポス❶ 「賢慮なき国家は衰退する」

冒頭にムードメーターを行い、会場に「日本の国や社会は衰退の途にあるか」と問いかけたところ、「はい」と「いいえ」が相半ばする結果であった。

この結果を踏まえて、フランス国立人口統計学研究所の歴史人口学者エマニュエル・トッド氏から、「経済、教育、家族観の三つの視点からグローバリゼーションの行く末を考えた時、その未来を創造していくのは、インドや中国のような新興国ではなく、やはり欧米や日本などの先進国である。中国については、その人口動態を見る限り、未来の創造者にはなりえないであろう。かといって旧ソ連のように崩壊することもないが、いずれにしても、中国が米国に代わって世界のリーダーになることはありえない」という、グローバリゼーションに関する見解が示される一方、「より注目すべきは、先進国では『収斂』(convergence：全体が一つの方向に向かっていること)が起こっているといわれるが、人口統計学者から見て、むしろ『拡散』(divergence：複数の方向に別れようとしていること)に向かっていることである。合計特殊出生率が2・2前後の米国、フランス、スカンジナビア諸国では、『社会的再生産』（金融資本、文化資本、人的資本、人間関係資本の再生産）がきちんと行われるであろうが、1・2〜1・4にある日本、ドイツ、韓国は、長期的に見て持続的とは言いがたい。東日本大震災にまつわる問題などもあるとはいえ、日本が抱えている問題は、経済や技術革新に関することではなく、人口動態にまつわるものである。移民については、ドイツや韓国と同じに考えてはならない。また、出生率を上昇させるには、国家的取り組みが不可欠である」といった、日本の課題についての指摘がなされた。

日本再建イニシアティブ理事長、そして「大宅壮一ノンフィクション大賞」受賞作家でもある船橋洋一氏から、同イニシアティブの研究でも人口問題が日本が抱える最大の課題の一つであることが指摘され、「東京電力の福島原子力発電所事故が突きつけている課題として、第一にリスク・テーキングにきわめて消極的であること、第二に部分最適と全体最適を合致させるガバナンスが存在しないこと、第三にリスク・テーキングを奨励し、部分と全体を連動させるガバナンスを働かせるリーダーシップが欠如していることが挙げられる」と述べるとともに、「危機意識を結晶化し、多くの国民を動かすには、どうすればよいのか」という問題を提起した。

トポス❷ 「脱一極集中：自己創発的社会のデザイン」

まず、ノーベル経済学賞受賞者のポール・クルーグマンの共同研究者としても知られる、京都大学名誉教授の藤田昌久氏は、「世界に開かれた多様な輝く地域の連合体へ」という演題で、自身の研究分野である「空間経済学」について説明し、その学術的目的に基づいて、「東京一極集中によって、『共通知識の肥大化』

が招かれ、知識創造やイノベーションが阻害されており、『廃央創域』、すなわち輝く地域を日本中につくり、世界に開かれた知の交流と人材の流動化に取り組もうではないか。コンスタンチン・ヴァポリスという歴史学者が参勤交代について研究し、そこに江戸と各藩との相互交流の意味を見出しているが、現代も東京と地域の相互交流によって日本は再生できるのではないか」と訴えた。

ＪＰモルガン証券マネージングディレクターのイェスパー・コール氏からは、「日本の衰退ではなく、明るい未来の創造について議論すべきである。それは、カジノ法案のような即効性を期待した弥縫策《びほうさく》ではなく、たとえば、いかに創造性を強化するか、日本が世界的に評価されているものは何かについて考えることである。日本は『安全と安心』の大国だが、そのせいで創造性が削がれていないか。日本は『負け組天国』であり、リスク・テーキングして成功した人々への賞賛が著しく欠如している。これでは創造性は育まれない。とはいえ、日本の未来は明るい。非正規雇用者、フリーター、オタクには20代や30代が多いが、彼らは未来を創造する担い手である。そして少子化も、見方を変えれば、若い世代の一人当たりの価値が高まることでもある」という見解が示された。

『里山資本主義』（角川書店）の著者である日本総合研究所主席研究員の藻谷浩介氏は、「東京圏（東京、千葉、神奈川、埼玉）の人口は約３５００万人と、世界最大である。ちなみに、大阪圏は第12位、名古屋圏は第33位。世界的に見て、東京圏の人口は過剰である。２０００年から２０１０年の間で、東京圏の総人口は２２０万人増だったが、15～64歳の生産年齢人口は19万人減、65歳以上の老齢人口が２５０万人増であった。そして、向こう30年で見ると、高齢人口が１・５倍、うち85歳以上が３・４倍、生産年齢人口は２割減になると予測されている。かたや地方では、どちらも増えない。このような生産年齢人口の減少と老齢人口の増加の同時進行は、ヨーロッパ、中国、台湾、韓国、シンガポールでも起こる。以上のような事実を踏まえた上で、脱東京一極化、地域再生、超高齢社会、少子化について議論しなければならない」と主張した。また、エマニュエル・トッド氏がトポス1に引き続き登壇し、「都市人口の縮小均衡論はあまり望ましくない」といった意見を出した。

トポス❸ 「賢慮のリーダーは社会資本に投資する」

中央大学理工学部教授の石川幹子氏、ローソン代表取締役CEOの新浪剛史氏、ヤクルト本社取締役専務執行役員の根岸正広氏、そしてトポス2に参加した藻谷浩介氏が登壇し、コミュニティとの共生モデルについて議論がなされた。

まず、ランドスケープ・デザインの専門家である石川氏が、欧米と日本におけるランドスケープ観の違い、すなわち前者は無限から有限を(ベルサイユ宮殿)、後者は逆に有限から無限をつくり出す(龍安寺)という相違を紹介しながら、ランドスケープの概念を説明した。さらに、ニューヨークのセントラルパークは、貧困、移民といった社会問題へのまなざし、民主主義の象徴といったコンセプトに基づくランドスケープ・デザインであることを紹介した。そして「現在、東日本大震災後の復興にかかわっているが、そこに何より欠けているのがランドスケープであり、そのデザイン・コンセプトである。また2008年の中国・四川大震災では、四川省は全世界に向けて『復興プラン』を募集した。49カ国から応募があったが、彼らは、都市と村落のさまざまな格差を解消するチャンスととらえて、震災後のランドスケープをデザインした。こういうアプローチは、ぜひ学ぶべきである」と訴えた。

つづいて新浪氏からは、ローソンが3・11で学んだ五つの教訓が披露された。いわく「行政ができないことをやり遂げたという自負がある。その実現には、第一に、『私たちは〝みんなと暮らすマチ〟を幸せにします』という企業理念が現場に浸透していたことが挙げられる。第二に、『アウト・オブ・ザ・ボックス・シンキング』、すなわち従来とは異なる発想で行動できたこと。第三に、現場に権限委譲したこと。第四に、『見えるリーダーシップ』、すなわち私と東京本部が救援に徹したこと。そして第五が、コミュニティが第一であるという、プライオリティを明確化したことである」。

根岸氏も同じく、国内に約4万人いるヤクルト・レディたちはコミュニティと共存しており、1972年から始まった、独り暮らしの高齢者の安否を確認したり、話し相手になったりする「愛の訪問活動」——現在、自治体と契約したりするなど、約5万人に対して行われている——をはじめ、地域の防犯活動や健康維持・増進活動などを実施していること、また同じ姿勢を崩すことなく、33カ国の地域でヤクルト・レディの活動が展開されていることを紹介した。

藻谷氏からは、里山資本主義は、循環と再生を旨としており、また地域住民から感謝される活動、地域の未来を創造する活動から成り立っていることが言い添えられた。

本章では、エマニュエル・トッド氏、藤田昌久氏、石川幹子氏を取り上げる。

TOPOS
Conference
5

歴史をランドスケープとして見る

エマニュエル・トッド
(歴史人口学者)

歴史を形成する三つのレベル：意識・潜在意識・無意識

私は、歴史を三つの意識層に分けて考えてきました。第一層は、意識的なレベルです。我々は、多くのリーダーが「経済が最も重要である」と考える世界に生きています。この意識的なレベルは、技術と経済を前提に成立しています。

第二層目は、やや深い潜在意識のレベルで、これには教育が該当します。潜在という言葉を用いた理由は、誰もが教育は非常に重要だと考え、ほとんどの人が自分の子供たちの教育に多くのエネルギーを注ぎ込むからです。しかし、教育が歴史の真の立役者で、歴史の一要素であることに人々はおそらく気づいておらず、経済と同じような意識的なレベルに至っていないというのが実態です。教育水準が上昇することにより、経済発展をはじめとするあらゆる種類の発展が実現でき、スターリニズム等の経済政策のような悲劇的な間違いを起こさない限り、その発展は自然発生的に生じます。

そして第三層目に、下位層として完全なる無意識のレベルが存在しています。親子間、あるいは男女間の関係が、ある意味で整理されている家族観の深いレベルです。これは、無意識の精神的な習慣を意味しています。

では、これらの三つのレベルを踏まえて、私の考える「グローバル化」について簡単にお話しさせていただきたいと思います。

たいていの場合、グローバル化は経済現象だとみなされます。その考えの背後には、我々が意識的なレベルの中で世界はより同質の方へ進むことを認識し、ほとんどの先進国は課題を抱えていると気づき、最近では、グローバル化の駆動力となる新しい国家の出現を見ています。そしてもちろん、インドや中国のような新興国の台頭を意識しており、日本に関しては、より中国を意識しています。

私は、そのような歴史の見方に大きな疑念を抱いています。なぜなら、未来は依然として日米欧の先進国によって創造されようとしていると考えているからです。潜在意識レベルにある教育に多くの国民が関心を持っていれば、高等教育に投資がなされます。それらは、三極特許の著作物によって評価できるイノベーションの創出などの事実を裏づけるでしょう。米国、日本そして欧州を同時に比較した場合、おそらく3分の1は、米国からのものでしょう。だいたい他の3分の1は日本からで、残りが欧州からのものです。もちろんここに中国という巨大な国もありますが、私は中国の特許の本当の意味に疑いを持っています。

中国の成長と未来

私は、中国に関して自分が疑義を抱いているという点を懸念しています。中国に巨大な

Todd, Emmanuel
フランス国立人口統計学研究所。歴史人口学者、家族人類学者。パリ政治学院を卒業後、ケンブリッジ大学トリニティ・カレッジでPh.D（歴史学）を取得。人口統計による定量化と家族構造に基づく斬新な分析で知られる。25歳の時、ソ連崩壊を予測した『最後の転落』（藤原書店）を著し、国際的評価を得る。また2002年、アメリカの衰退を予見した『帝国以後』（藤原書店）は世界的ベストセラー。

貿易力があることや、高成長率を維持していたことに関しては、疑いの余地はありません。しかし、非常に高い成長率を実現することと、未来あるいは未来を創造することの定義を混同するのは、完全な誤りです。

ここまでの私の見解では、中国は未来の一部ではなく、未来の意味を明確にはしていないのです。その上、急速な出生率の低下の結果、中国が豊かになる前に、高齢化が深刻な問題になると、多くの人口統計学者は、中国に対して日本よりも非常に悲観的です。ですから、中国に大きな不均衡がもたらされ、中国の経済政策や輸出主導の成長という選択は、中国の最高指導者達が、彼ら自らが行ったものではないという事実を追加しなくてはなりません。

実際に、それを決定づけてきたのは、利潤率を維持するために中国の安い労働力を利用する米欧日の国際企業です。中国は自らの運命をコントロールできず、世界的需要がある限り、欧州の状況が悪転したとたんに、中国経済への影響を直ちに目の当たりにするでしょう。

このことは、「我々はどうあるべきなのか」という問いを突きつけます。もちろん、私は最終結論を示唆していません。中国が崩壊するとは述べていませんし、そのようなことは起こりません。中国の基本的なシナリオを作ることができますが、我々はその最悪のシナリオの可能性も心に留めておかなくてはいけません。

そして、特に私が懸念することの一つは、中国社会における、農村部、沿岸部の上流階級とその他の人々の間の不平等の急激な拡大です。そして、このような不平等の拡大と基本的な平等主義の文化の結びつきです。すなわち、中国人は共産主義革命を起こすことができ、社会生活や家族観で構成される無意識の次元を持つことができるということを意味しています。

これまでの私の研究において、家族観と政治的イデオロギーの間の繋がりと、共産主義と非常に強い「兄弟間の平等」との関係を証明してきました。この「兄弟間の平等」とは、典型的な中国の家族の中では明らかなもので、家族制度の中において基本的平等が未だに存在します。ですから、もし人々が平等主義の価値と不平等の拡大の結びつきに気づいたら、不安定性の大部分を排除出来ないと考えます。そして中国が、世界のリーダーになり、いつかどうにかして米国より効率的な国になると考えるのは完全にナンセンスだという私の考えを述べて、中国の話をここで終えます。

世界の多様性

さて、先進諸国においてはどうでしょうか。収束が世界の優位なパターンであるという考えに、私は抵抗か否定をしなければなりません。人口統計学者としての私には、先進諸国の多様化がとても単純で粗野な事実であることは明らかです。

出生率をみると顕著に表れています。それは一つのパターンとしてではなく、分極化しています。日本、またはドイツのような出生率が1・4に近い非常に低い国があり、これに出生率がおそらく1・2とさらに低い韓国を加えて一つに分類されます。そして米国、英国、フランス、そして女性一人につき、子供の数が2・2人に近い、スカンジナビアなどの国々という分類です。これらの二つの分類が示す数字によって、二つの異なる進路、二つの異なる未来を定義できます。すなわち、出生率が2という状態は、社会の再生には十分な数字です。出生率が1・4というのは、長期的にみてこれが持続不可能であり、さまざまな問題が浮上して来ます。

この二分類の間の違いは、私が社会の無意識のレベルと呼んでいる伝統的な家族観を用いることで簡単に説明できます。出生率が2である国々は、中世紀かそれ以前にまで遡り、伝統的に女性の地位がある程度高いのです。そして出生率が1・4と低い日本あるいはドイツのような国は、家族体系が家族内にとどまったり、小農階級で男性優位の考えが存在したり、女性の地位が中国や古い農村国家のように低くなくても、男女間の地位が非対称です。

人口統計学者にとって、この問題の核心に近づくのはとても簡単なことです。教養のある女性がたびたび「仕事を取るか、子供を産むか」の選択を迫られる日本のような国では、教育の高等化と家族レベルでの人々の生活の仕方との間に矛盾があります。

先進国の多様化の概念を欧州に当てはめて説明する時、私は単一通貨であるユーロの失敗を取りあげます。ユーロの背後にある理念、つまりエリートが念頭に置いていた考えとその支配的な傾向は国家の収束だったのにもかかわらず、ドイツ、フランス、イタリア、そしてスペインといった国々は、実際に多様化への道を突き進んでおり、ユーロは機能していません。

ここで、簡単に米国について少しお話しします。米国に私の考える家族型を当てはめ、私が「絶対核家族」と呼ぶアングロ系米国人世界に典型的な、個人主義で移動性の高い家族制度に集中すれば、私は米国に必要な衰退のシナリオに関する考えをすぐに止めるでしょう。そして核家族の中に柔軟性を持ち、世代間の幾つかの変化を壊す可能性があると感じます。米国は大きな変化に直面しており、より多くの国家の介入や、規制の段階などがみられます。私は今これらについて研究し、把握したいと思っています。

では、日本にこの型を当てはめるとするとどうでしょうか。日本における問題は、基本的に経済や技術ではありません。多くの日本人が、人口問題は家族制度と関係がある事実を意識しており、移民の可能性と必要性の認識を渋ることで、問題がさらに悪化するということに気づいています。この点において、同じ分類に属する日本、韓国あるいはドイツの間にさえ、大きな違いがあります。韓国とドイツは基本的な出生問題を抱えていますが、移民を受け入れることは非常に簡単です。移民の数が日本のそれよりもすでに2倍以上である韓国に当てはまります。これは、日本の家族制度の一種の伝統的な同族結婚というものに関係しています。

日本では、誰しもが高齢化と低出生率を気にしていますが、それが日本人の唯一の問題であること、それ以外の問題はないということに気づいているのかが、曖昧なのです。私は震災後に、福島第一原発の近くの半分廃墟の都市を訪問しましたし、その後も真剣に考えています。しかしながら、私の考える人口統計の問題は、未だにそこに存在しています。

最後に、フランス人らしい言葉を。日本は問題を解決することが大変難しく、大規模な国家の介入が必要であることを認識しなければなりません。フランスの場合、出生率が適度に高く、中流階級、上流階級の女性たちや、高い教育を受けた女性たちが働き、子どもを持つことが可能です。フランスの出生率の高さは、労働者階級のそれを反映してはいません。しかし、これはフランスのすべての教育システムが中流階級に対して教育無料化を行っているからこそ可能なのです。彼ら自身の利益のために社会的状態を利用しているのです。これに関して左翼的でもなんでもなく、ただの国家的現象であり、中流階級はこれに適応したのです。

あなたが子どもを産むかの決断をする時、もしも中流階級に属していたら、ある時点で大きな国家の介入が必要不可欠になります。フランス人の基準に従うと、あなたは、私がどれくらい合理的であるか気づかないでしょう。

TOPOS Conference 5

空間経済学からみたランドスケープ

藤田昌久
（京都大学名誉教授）

都市・地域・国際を包括した新しい理論：空間経済学

地理的な側面を研究する時、今までは、都市を研究する「都市経済学」、国内の地域を研究する「地域経済学」、それから国際貿易を中心に分析する「国際経済学」という三つの専門領域において独立した理論で研究がなされていました。しかし最近は、いわゆるグローバル化の問題やヨーロッパ統合を契機としまして、1990年頃から、そのような個別の学問では十分に変化しつつある世界を理解出来ないのではないかという問題が浮上してきました。

そこで私は、国際経済学が専門であるポール・クルーグマン（2008年ノーベル経済学賞）と、同じく国際経済学者であり当時ロンドン・スクール・オブ・エコノミクスにいたアンソニー・ベナブルズと一緒に、このような都市、地域、国際を包括した新しい理論の構築を目指して長い間議論してきました。そうしてできたのが、「空間経済学」です。

かつてヨーロッパ諸国においては、国境が大きな意味を持っていましたが、それを取り払い、人・モノ・金・情報の自由な移動を促進するためにEUが出来ました。空間経済学では、一つに統合された後、ヨーロッパ全体の新しい経済地理はどう変化するのかという問題を総合的に分析します。

分析する時の三つのキーワードをご紹介しましょう。一つ目は、広い意味での「輸送費」です。人・モノ・金・情報が動くには、コストが発生します。それから、さまざまな活動を行うにあたっては「規模の経済」が重要で、これが二つ目です。三つ目は、「多様性」です。生産性を上げたりイノベーションを創出したりするには、これが非常に重要です。

さまざまなところに大きな都市や小さな都市が次々とでき、それぞれの地域に特定の産業が生まれます。たとえば、名古屋に自動車産業があり、日本がハイテクに特化して、ある国は量産活動に特化する。イノベーション力が地域によってどのように変化するか、地域の文化がどう変化するか、そして文化の違いがどのようにイノベーションないし広い意味での経済発展に影響するか――。このようなことを包括的に研究している新しい分野が、空間経済学であります。その空間経済学を背景にしまして、今から地域の問題についてお話させていただこうと思います。

なぜ地域が重要なのか?

私は、東京が弱くなることを決して望んでいるわけではございません。言いたいのは、東京が強くなるためには日本の地域が輝いて初めて東京が強くなる、そして日本の国家も強くなる、ということです。あらゆるものの多様性を促進しようというのが私の一番大き

Fujita, Masahisa
独立行政法人経済産業研究所所長。京都大学経済研究所特任教授。甲南大学特別客員教授。京都大学工学部土木工学科卒業後、京都大学工学部助教授、ペンシルバニア大学教授、京都大学経済研究所教授を歴任。また国連大学高等研究所客員教授、文部省科学官、応用地域学会会長、日本貿易振興機構(JETRO)アジア経済研究所所長、日本経済学会会長などを歴任。専門である空間経済学では、ノーベル経済学賞を受賞したポール・クルーグマン、アンソニー・ベナブルズの共同研究者である。

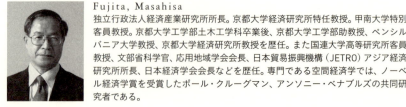

なメッセージですが、今日は特に地域の多様性を促進することについて述べたいと思います。

サイエンスの分野において、日本は世界に対して技術面で高い競争力を持ち、GDPで見ましても、世界をリードする広い意味でのイノベーションをどんどん興す「知のフロンティア」を開拓する国家にならなくてはいけません。その時に、米国、EU、中国などと棲み分けた形で独自のイノベーションの場、すなわち日本を知識創造の場にしていくという視点は非常に重要です。そのためには、社会システムのすべてのレベル、一人ひとりの人間、企業、教育、大学、都市、地域における多様性と自律性が不可欠です。

少し話がそれますが、知識創造社会において、多様性がなぜ、そして、どのように必要かということにも触れておく必要があるでしょう。知識創造社会における最も中心的な資源、これは言うまでもありませんが、一人ひとりの頭脳（Brain Power）です。けれども、同質的な頭脳では相乗効果はまったく無いわけで、頭脳の多様性、すなわち互いに差異化された知識を持つ人間・人材があってこそ相乗効果が生まれるのです。そして、もっと大きな単位で言いますと、地域間の文化の違い、すなわち地域独自の知の蓄積があってこそ地域間の相乗効果が生まれるということです。

昔から「三人寄れば文殊の智慧」という日本の格言があります。これは、多様な頭脳の協働から生まれる相乗効果を意味しています。議論を簡単にするためにAとBの2人の関係で説明いたしましょう。Aの知識の総体とBの知識の総体は、オーバーラップがある程度ないとコミュニケーションが取れません。しかし完全に同じだったら2人が協同する必要がありません。ですから、重要なのは2人の間の「共通知識」と、共にそれぞれの「固有知識」を持っているということです。共通知識を通じて喧々《けんけん》諤々《ごうごう》とやりながら新しい知識が生まれるわけです（図1）。

ここで注意しなければならないのは、この格言は「長期的にも当てはまるか」ということです。たとえば、2

図1

三人寄れば文殊の智慧

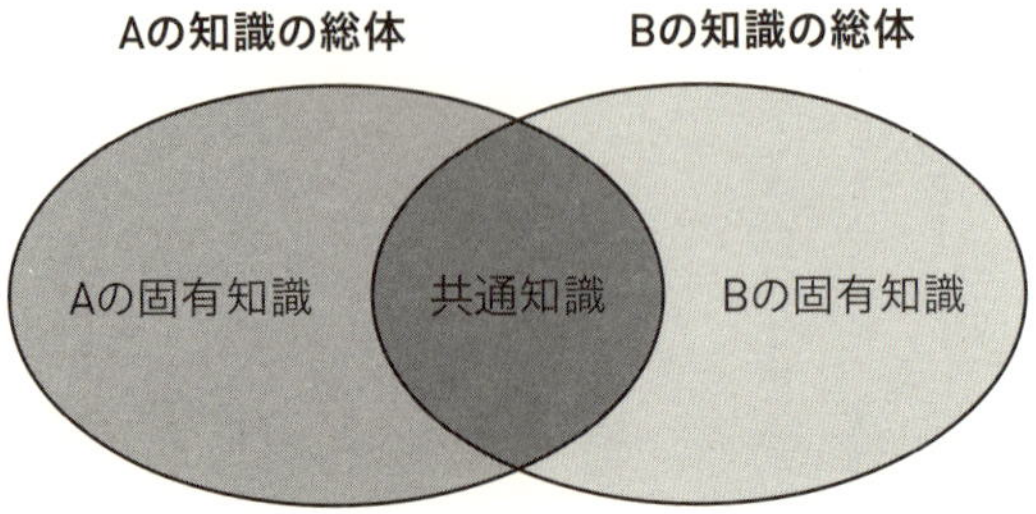

人がいつまでも仲良く一緒に共同研究を進めていると、最初は面白いですけれども、段々面白くなくなります。それはなぜかというと、時間とともに共有知識がどんどん増えて、「三年寄ればただの智慧」になってしまうからです（図2）。

知識と相乗効果については、もっと大きな単位でも示すことが出来ます。明治における廃藩置県の後、地方から活気ある異なるバックグラウンドと多様文化を持った人々が一極集中した結果、さまざまなコミュニケーションが生じ、新しい知識を生む相乗効果が生まれました。全体として見れば、日本が欧米の工業化社会にキャッチアップする目的のためには良く機能しました。

しかし一方で、社会の多くの側面において多様性と自律性が失われるということも起こりました。東京一極集中の下で密なコミュニケーションをやっておりますと、いわゆる共有知識の肥大化が起こってくるわけです。みんなが金太郎飴的になってしまい、知の同一性が増していったのです。

「廃央創域」により、多様な地域の形成を

今どうして日本が深い谷底から抜け出して勢いよく走り出すことができないかと言いますと、さまざまな理由があると思いますが、やはり長期的なロックイン効果が働いているからだという気がいたします。これを乗り越え

図2

▶ 三年寄ればただの智慧

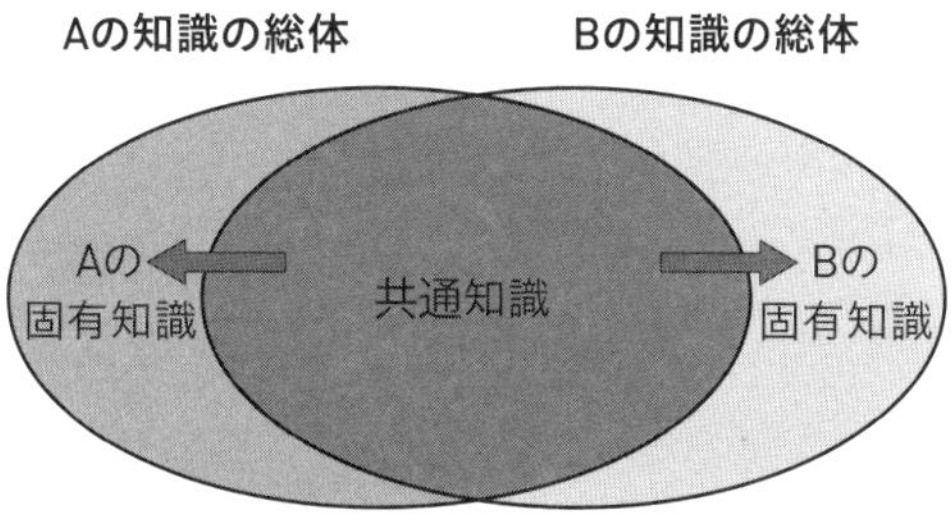

るには、多様な地域を育成して、世界に開かれた知の交流と人材流動を行うことが必須です。

では、実際にどうするか。私の勝手な造語ですが、「廃央創域」によって輝く地域を日本中に創ることで問題が解消されると思っています。中央の力を今よりは相対的に弱め、その代わりに地域を中心にした社会システムを作ろうということです。

ＯＥＣＤ諸国における一人当たりＧＤＰを見ますと、日本は１９９３年においてトップでしたが、２０００年以降は直線的に落ちてきてしまいました。近年どのような国々が上位に入っているかを見ますと、ルクセンブルク、アイルランド、ノルウェー、スイス、オランダ、アイスランド、スウェーデンなどです。これらの共通項は、すべてヨーロッパに位置する小さな国々です。平均しますと、一カ国だいたい６３０万人程度の人口となり、これは北海道と同規模です。

私は、人口規模は国家の発展において、それ自体は問題ではないと思っています。高齢化は、また別の問題です。重要なのは、固有の言語や文化、独自の産業集積など、いろいろな形で独自の政策を決めて、全体として非常に多様な社会システムを作っているということです。

日本もこのように強い地域力、独自の文化、イノベーション力、産業集積をもった多様な地域を育て、あたかも独立国の連合体として発展していったらどうかというのが私の提言であります。多様な輝く地域の連合体として、競争と共生を通じて発展していく。明治維新で廃藩置県が行われまして、この中央集権国家がつくられましたが、そのアンチテーゼといたしまして、「廃央創域」で輝く地域の連合体としてやっていこうということです。国家という単位から、それぞれの地域に座標軸を置き直して、自分の地域にとって重要なことは自分で考えるということをしながら、自分の重要なことは自分で決める代わりに自分で責任を持つ。

それからもう一つ重要な点は、日本のそれぞれの地域が日本中に目を向けると同時に世界に直接目を向けるということです。一つずつの市町村からでも直接世界と交流するというような形で、それぞれの地域が世界と直接交流するということになりますと、それぞれの地域内で多様性が増しますし、日本全体で多様性が増します。この輝く地域の連合体として日本の発展が期待できるのではないでしょうか。

TOPOS Conference 5

ランドスケープ〜文化、関係性、遺伝子が創る〜

石川幹子
（中央大学教授・東京大学名誉教授）

ランドスケープと文化的背景

ランドスケープとは何でしょうか。誰がランドスケープを創るのでしょうか。

ランドスケープは、日本では大正時代に「造園」と訳され、そしてランドスケープ・アーキテクトが「造園家」と訳され、今日に至っています。しかし、伝統的には、都市や国家を作る計画思想として、地形を読み、土地の有する潜在力やソーシャル・キャピタルを、街づくりやデザインに投影させる社会基盤を創り出す考え方でした。

地球環境問題は、21世紀初頭にあたりすべての分野で取り組まなければならない緊急の課題です。私の研究や設計活動は、具体的な都市環境計画、すなわち、「ランドスケープ・デザイン」を通して、この課題に対し実践的に取り組んでいるものです。

近代都市が形成される過程で、「都市の肺」とも呼ばれ、市民の憩いの場であり、都市環境にとって重要な意味を持つ緑地は、如何なる理念のもとに誕生し、法、政策、税の投入により、実装され現在に至ったのか。緑地の発展プロセスを、都市のソーシャル・キャピタルと位置づけることで、現在の都市環境の姿や日本の政策が見えて来ます。

江戸時代の地図を見ると、私たちはなんという美しい財産を持っているのだろうと、いつもしみじみ思います。このような風景を誰が創ってきたかということを考えますと、社会の秩序が明確であったり、あるいは農村でコミュニティがしっかり存在していた所です。そのような所では、ランドスケープは、ぼんやりとした曖昧なものではなく、それぞれの地域社会が有する見えない構造を、可視化する実態として存在しており、その意味ではランドスケープは優れて文化的なものであるということができます。

無限から有限を創り出す欧米と、有限から無限を創り出す日本

欧米と日本を比較してみましょう。欧米は無限から有限を創り出す。日本は有限から無限を創り出す。これが根本的な違いです。たとえば、ベルサイユ宮殿がある場所は、かつては単なる原野でしたが、そこをヴィスタ(通景線)という遠近法技法を使い、複数の焦点を配して、木を刈り込んで、景を収斂させていきます。つまり、何もない空間から有限のパワフルな空間を創り出しているのです。これはやはり大変な技術です。

これに対して、竜安寺はどうでしょうか。本当に狭い場所で、有限です。しかし、ここに行って座って、べつに禅の修行をしなくても、なんとなく心が広がっていき、おのずと無限の世界に遊ぶことができます。欧米と日本とでは、発想が全然違うわけです。これは一つの遺伝子として、多分、私たちの中に内在していると思います。

Ishikawa, Mikiko
中央大学理工学部人間総合理工学科教授。東京大学名誉教授。東京大学農学部卒業。ハーバード・デザイン・スクールにて修士課程修了・東京大学大学院農学系生命科学研究科博士課程修了。工学院大学工学部建築学科特別専任教授、慶應義塾大学環境情報学部教授、ハーバード・デザイン・スクール客員教授、東京大学工学系研究科・工学部都市工学科教授を経て、2013年4月より現職。専門は、都市環境計画、ランドスケープ計画で、世界的なランドスケープ・アーキテクトの一人。

ランドスケープには、ソーシャル・ランドスケープという言葉もあります。近代社会となり、個が目覚めたその時に、社会の動きと空間とが融合し、一つの社会変革が起きました。因習的コモンズが、個の自立を起点とする空間に変容を遂げたのです。そのプロジェクトが、ニューヨーク・セントラルパークです。

セントラルパークは、かつてのニューヨークのグリッド状の街割りには存在しなかったものです。私はニューヨークに行き、古い文献を見せていただいたことがありますが、ここは、昔は岩がごろごろしていて貯水池があり、貧民街があったようなところでした。しかし、そこに「民主主義の庭」という高らかな理想を掲げ、新しいソーシャル・ランドスケープが創り出されたのです。当時は移民がどんどん入ってきて、そのような時代の中で民主主義というものを根づかせなければならず、その民主主義の象徴として、ランドスケープという手法を通して、これこそがニューヨークの目指す民主主義なのだということを証明したのです。

関係性が埋め込まれたランドスケープを創る

では、明確な理念なき時代に、誰がランドスケープを創っていくのか。二つの事例をご紹介しましょう。

一つ目は東京臨海副都心にあるお台場です。私が大学院を卒業し、最初にかかわった仕事です。お台場は、1960年代までは、貯木場として使われておりました。7号地埋め立て事業、すなわち、レインボータウンが形成する中で、海に親しむ臨海公園として整備されました。ですから、ここに砂浜などはなく、すべて、人間が創り出したランドスケープです。

いまではクリエイティブな場所になり、たくさんの人が集まっていますが、1970年代の後半に私が関与していた時は、埋め立て地で何もありませんでした。突風が吹くため、それを防ぐために松をみんなで植えたのですが、大分、育ってきた後、残念ながら駐車場にするという理由で、せっかく育てた木々の多くが切られてしまいました。

白砂青松は日本の文化でしたが、失われて久しいものがあります。ランドスケープの有する悠大な時間の概念が何かを、考えることが必要です。どのような目的のために、何をするのかは、歴史や背景を考えた上で決める懐の深さが必要です。

二つ目は、火葬場です。人間が行く最後の場所です。私は、これこそ最高の場所であるべきだと思いました。岐阜県の各務原《かがみはら》というところで、伊東豊雄さんが建築を手がけました。私は溜池のほうを担当しました。火葬場と溜池とがセットで一つのものを構成している景観で、死を介在した、それゆえに心の沈潜するランドスケープです。

いま、私は東日本大震災の復興にかかわっています。昨日(2014年当時)で3年目になりました。住民たちによるさまざまなクリエイティブな活動や良い兆しもたくさんあります。ここでランドスケープ復興の主役は、被災者自身です。どのようなランドスケープを再生するのか、皆さんが考えるプロセスを支援しております。

ここに、貞山掘という伊達政宗が創った運河があります。江戸時代から明治時代にかけて数百年の歳月をかけて創り出された運河です。この運河の一部が津波から残存しています。ランドスケープの文化的意味を、時を越えて示すものとして、このように力強い存在は、他にありません。力を合わせて、守り、維持継承していきたいと思います。

「津波が来たら、高台へ行けばいいじゃないか」と思う人がいるかもしれませんが、ここには逃げる高台がありません。そこで六つの集落が壊滅しました。私たちは、分散した集落になるのではなく、みんなで移転して纏まろうとしています。みんながバラバラになったら、町がなくなってしまうからです。なによりも小学校、中学校が消えてなくなってしまいます。「この町を絶対に地図上から消さない」という固い決意で、纏まることにしたわけです。出来るかな、出来ないかな、と思いながら、少しずつ進めてきました。

洋服を選ぶ時には、自分に合うものは何かと考えながら見たり試着したりすると思います。まして自分の住む町のこととなったら、絶対に、そこに住む人が考えなくてはいけないことです。皆さん一生懸命やってきましたが、今復興で一番欠けているものは、ランドスケープ、つまり風景を復興するという視点です。

ランドスケープは、有機的な関係性で成立しています。また、その関係性の中には「地域の遺伝子」が埋め込まれているのではないかと思っています。この視点を大切にするコミュニティづくりが、いま、求められているのではないでしょうか。

TOPOS Conference

第6章

エイジング3・0

――2050年に向けた賢慮なる生き方、働き方、知のあり方

高齢社会におけるニュー・ノーマル

世界の総人口が90億人を超えるにもかかわらず、わが国は1億人を割り、しかも65歳以上が4割近くを占め（15歳未満は何と1割程度）、平均寿命は女性が90歳、男性が83歳を超える――。これが、各調査機関が予測する21世紀半ばの日本である。加えて、医療のさらなる高度化により、平均寿命はさらに伸延するという予測もある。

こうした高齢化は世界的な傾向であり、じつは人類史上初めての経験である。幸か不幸か、日本はそのフロント・ランナーであり、それゆえ「課題先進国」、「課題解決先進国」というスローガンも生まれてきた。高齢化について議論される時、もっぱら現在抱えている課題、近い将来直面するであろう課題が取り沙汰される。それは、いわゆる「エイジング2・0」と呼ばれるフェーズのものであり、多くが喫緊の課題であり、まさしく解決が急がれる。

ただしその一方で、未来の課題について思索し、顕在化する前に備えることも等しく必要である。そうした課題がいかに先進的であろうと、これまでのように課題が顕在化した後に解決策を議論していては、泥縄

の内容になるばかりか、課題解決先進国など望むべくもない。しかも、長寿リスクの話ばかりでは暗くなる一方である。

第6回トポス会議では、次なる「エイジング3・0」の世界について議論が交わされた。たとえば「若さや老いの概念や尺度が変わる」「生き方や働き方が非連続的に変わる」「既存の経済や社会システムが実態と乖離していく」など、近未来のニュー・ノーマル（新常識）について、高齢化問題に先進的なアプローチで取り組んでいる国内外の医療従事者をはじめ、狂言界の権威、倫理学者、デザイナー、高齢者コミュニティの推進者などを招聘し、まさしく学際的な議論が展開された。

基調講演 「狂言を通じた〝生〟」

野村万作氏みずからが演じた狂言『木六駄《きろくだ》』（太郎冠者が、伯父の家に木と炭を六駄ずつ運ぶ途中で酒を飲み、酔った勢いで木の六駄を茶屋の亭主に与えてしまい、いい気持ちで伯父を訪ねてしかられるという演目）の1シーンをビデオで観た後、亡父・野村万蔵はこの大変難しい曲を得意としており、これまでその教えどおりに繰り返して演じてきたが、ようやく真意がわかってきた、と現在の真情を吐露。

つづいて、100歳の古狐を演じる『釣狐《つりぎつね》』という曲——「猿に始まり、狐に終わる」という言葉があるように、この曲を演じられて一人前として認められる——にこだわり続け、これまで26回（他の狂言師は数回程度）も演じてきたことを引き合いに出し、「型」といった基礎は古臭くて、創造的ではないと思ったこともあったが、「我慢して我慢して型にはまることを一生懸命やったあかつきに、自分の世界が開けてくる」ものので、それゆえに「伝統は生き物」なのであると述べた。

トポス❶　「賢慮と年齢の関係性」

冒頭、本会議の1カ月前に『自分の壁』(新潮新書)を上梓した養老孟司氏より、自分の生き死には自分の勝手と多くの人が思っているが、じつは「人が生きているのは人のため」なのだ、と問題提起がなされる。ここで、「超高齢社会は明るいのか、暗いのか」についてムードメーターが行われる。

その後、日本留学中に自身の嬰児を失い、その不幸な経験から「寿命の延伸」さらには「ヒューマン・エンハンスメント」(マシンによる人間の肉体的・機能的な強化)に関する研究、生死をテーマとする表現・創作活動を行ってきたナターシャ・ヴィタモア氏、そして長寿、すなわち死が遠ざかることは必ずしも幸福ではなく、社会制度上の限界、人間の生活上の不自然さから見ても、むしろ不幸になる不安やリスクを高めるのではないかと懐疑的な見解を提示する倫理学者の長門裕介氏という、異なる視点からのプレゼンテーションが行われた。

立脚点は三者三様であったが、長門氏がアリストテレスを引きながら「自分の人生における本当の目的」という視点を提示したことで、これが議論の核心となり、超高齢社会だからこそ「自分自身」や「目的」について再考しなければならない、という点で一致を見る。そこから派生して、「加齢と賢慮、長寿と賢慮の関係」、さらには「地方創生における高齢者の意識改革(身の引き方)」についての言及がなされた。

トポス❷　「超長寿社会における『知』」

モデレーターで発起人の一人である紺野登より、ルネッサンス期のフィレンツェを代表する画家ティツィアーノ作の“Allegory of Prudence”（賢慮）という寓画のスライドが紹介される。そこには、ライオンとオオカミとイヌの頭が並び、それぞれの上に壮年の男性、老人、若者の顔が描かれており、実行力、狡猾さ、機敏さや多様性という賢慮を構成する主たる3要素を表現しているという。ひるがえって、超高齢社会において、こうした賢慮をいかに育んでいくのか、これがトポス2の具体的な議題として示された。

これに対して口火を切ったのが、グレッチェン・アッディ氏である。彼女は、米国の有名なアニメ作家ハンナ・バーバラの『宇宙家族ジェットソン』のイラストを使いながら、未来のあるべき姿、より具体的にはエイジング（加齢）を前向きにとらえ、そこに秘められたチャンスや可能性を創造・支援し、だれもがそれを享受できる社会をデザインすることの必要性を訴えた。ここで、「高齢者が増えると賢慮も増えていくか」というムードメーターを実施。結果は半々となった。

つづいて、在宅医療の現場を代表して武藤真祐氏は、社会技術の場合、イノベーションは非連続的ではなく漸進的であり、人々の一定のコンセンサスを経ながら導入・普及していくと前置きした上で、目下の現実では、健康寿命の延伸、地域医療のばらつき、高齢者のITリテラシー等の問題を指摘。

医師でありIT専門家であるジョン・ハラムカ氏は、自身の家族の事例を引きながら、「人生の意味」、「クオリティ・オブ・デス」（臨終の質）について考えることが大切であると問いかけた。

これらのプレゼンテーションの後、トポス1で登壇したヴィタモア氏を（途中アッディ氏も）交え、高齢者の賢慮、特に実行力、機敏さや多様性など衰退に向かう性質について意見交換がなされた。最後に「超長寿社会において若者が活躍する場は増えるかどうか」というテーマでムードメーターを行った。結果は、こちらも半々となった。

トポス3「知の生態系を問う」

マーケット（市場）ではなく、関係性の集合体である「エコシステム」という視点から超高齢社会を構想してみたい、と紺野から問題提起。フランスでシルバーバレーという組織を主宰するジェローム・アルノー氏が、「シルバー経済とエコシステム」というテーマで、高齢者と共存する次世代コミュニティのケーススタディとして、イル・ド・フランス地区における同組織の実験とビジネスモデルを紹介。

世代間の共進化を訴えるこのプレゼンテーションを受けて、シニア世代にもITを教えている橋本大也氏が、世阿弥が著した能楽論書『風姿花伝』に記されている「去来の花」（人には年齢に応じて咲く花がある）を皮切りに、ディヴッド・リースマンの『孤独な群衆』（みすず書房）、エドガー・H・シャインの『人を助けるとはどういうことか』（英治出版）、アレクサンダー・ハラヴェの『ネット検索革命』（青土社）などを紹介しながら、世代間コラボレーションの意義と可能性を示唆した。

アッディ、武藤両氏がここに加わり、トポス2の最後のムードメーター（若い世代の役割）を踏まえつつ、エイジング3・0におけるビジネス、製品やサービスのあり方、若者が高齢者を指導するリバース・メンタリング、世代間コラボレーションを担保するオープンシステムなどに議論が及んだ。また、トポス1と同じ質問のムードメーターを試みたところ、「超高齢社会は明るい」という回答が6割に上昇した。

本章では、野村万作氏、養老猛司氏、橋本大也氏の発言を収録した。

基調講演
狂言を通じた〝生〟

野村万作
（狂言師）

伝統伝授

狂言と申しますのは、現代の複雑な世の中と違いまして、非常にシンプルなやり方で伝統を受け継いできております。私が好きな作品の一つである『木六駄』では、笠や蓑、樽の上に綿を付けて雪を表現します。12匹の牛を追っていく有様は、鞭1本で「ちょうちょうちょうちょう」と言うだけです。太郎冠者が、奥丹波から京都までお歳暮を届けに行く。道中に老の坂の峠という厳しい峠があり、牛を連れての峠越えに苦労する従僕の姿を表現している大変難しい狂言です。

話の中盤で、牛が靴を踏み切ってしまい、太郎冠者が新しい靴に履き替えさせてやる場面があります。その時の台詞に牛に対して「己、俺を蹴るか。己が俺を蹴たと言うてなんと思うものじゃ。その根性じゃによって牛に生まれおるわいやい」というのがございます。私の父は「その根性じゃによって牛に生まれおるわいやい」という部分が大変上手でした。なんとか私もうまくなりたいと思い、父から習ったことを繰り返しやっているわけでございます。

しかし、最近考えますのは、この太郎冠者という従僕は、恐らく牛小屋で牛と一緒に寝起きをしているのではないか。したがって、牛を非難するような言葉で書いてはあるけれども、牛を友達という感覚で捉えており、親近感を持って悪口を言っているような雰囲気なのではないか――。表面的に受け取ると、人間が牛を見下していると解釈できますが、じつはそうではなくて、仲間に対して愚痴を並べているのです。友達としての同じ目線に立つ牛と、従僕としての存在というようなものが同時に描かれているのではないかと思っています。

型の継承と新しい挑戦

私が47歳の時に父が79歳で亡くなりました。その時までは、父から教わったとおりを一所懸命追いかけてきましたが、父が亡くなる1年程前に、父から教えられたのではなく、自分で考えた型を狂言の中で試みたことがありました。

私は『釣狐』という狂言に非常にこだわって、普通なら生涯で1、2回しかやらないものを26回以上も演じました。なんとかこの曲をものにしたいと思ったから繰り返しやったのですが、そのきっかけは、数々の失敗でした。最初の失敗は、稽古以上のことを本番でやり過ぎたことです。それでもう一度演じ、しかしまた気に入らないところがある。じゃあもう一度、ということで次第に増えていってしまったわけでございます。

『釣狐』は、狐を釣る猟師と100歳の古狐の話です。仲間をみんな釣り取られてしまい、1匹だけ残っていよいよ自分の身も危険。そこで狐は猟師の伯父の白蔵主という僧に化けて、狐を釣ると恐ろしい祟りがあるからと思い留まるように意見します。猟師に一度は罠も捨てさせるのですが、帰り道に若ねずみを餌にした罠を見つけ、それをせせって、食べたいなあ、いや食べたら罠にかかってしまう、古巣へ帰ろう、いや食べよう、と何度も何度も繰り返し葛藤する場面があります。

そんな時に、父から教わらなかったことを、相手役をしてくれている父の前で初めてやりました。叱られるかと思ったのですが、そういうことはなくて、父自身が工夫した新しい型について教えてくれました。

この作品において私が試みたことは、「静と動」でした。私の最初の失敗は、狐はすばしっこい動物だということを表そうとするあまり、静止しているところを大事にせず、動きっぱなしに表現したことです。そこから始まってだんだん思い至ったことは、止まっている時を大事にすることによって動きが早く見えるのだ、ということでした。そういうようなことに少しずつ思いを馳せるようになって、罠をせせる前に狙っている狐の姿を工夫しました。

ふと考えてみますと、今の私は父が亡くなった時の年齢を越してしまいました。もうそろそろ自分の芸を作りあげていかなければならないのだと、ようやく思うようになりました。

時代ごとの解釈

伝統も生き物ですから、６００年の伝統といっても明治生まれの父と昭和生まれの私では芸質が変わってきてもいいわけですし、また事実変わってきます。なぜかといえば、本人が変わる変わらないよりも、見てくださる観客が変わってきているからです。観客の思考に合わせながら演技をしていけば、自然に時代とともに表現が変化してくるというわけ

Nomura, Mansaku
狂言師。重要無形文化財各個指定保持者（人間国宝）、文化功労者。ハワイ大学ならびにワシントン大学客員教授。1931年生まれ。早稲田大学文学部卒業。3歳で初舞台。80年を超える芸歴を通し、国の内外を問わず狂言の普及に尽力。紫綬褒章、旭日小綬章を受章のほか芸術祭大賞など、受賞歴多数。著書に『太郎冠者を生きる』（白水uブックス、1991年）、『狂言三人三様・野村万作の巻』（岩波書店、2003年）などがある。

です。

ことに大変残念ではありますが、昨今は日本語の古典の狂言の言葉の理解度が落ちてきています。狂言は、台詞と仕草に集中する劇です。能のように音楽的なもの、舞踊的なもの、仮面の美しさ、衣装の豪華さ、いろいろな角度から見ることができる芸能とは違います。その台詞の意味が分からなくなるというのは大打撃です。

数年前にイタリアへ行き、『川上』という狂言を演じました。10年前に盲目になった男が、お地蔵さんにお参りに行って視力を取り戻すというお話です。ただし、お地蔵さんが「今一緒にいる女房と別れないとまた目が見えなくなる」と、とんでもないことを言うのです。目が開いて女房に会ったものの、女房は強い愛情を持っており、どうしても別れないと言います。そして「焼け地蔵の腐り地蔵が抜かしおったことわいやい」と、お地蔵さんの悪口を言い出します。結局、男のほうも別れるのを諦めて、本当に目が見えなくなる。最後は、悲しい謡を歌って手を取り合って幕へ入る。

私は父から、目の見えない男の悲劇としてこの狂言を教わりました。ですから、最後に目が見えなくなった時に、いかにも目の見えない者が奥さんに手を引かれていく悲しい物語に終わらせていましたが、私は、このような展開は今の世の中には適当ではないと思うようになりました。お地蔵様の御宣託である「女房と一緒にいるとまた目が見えなくなる」というのに対して女房が怒るのは当たり前のことです。それに対する抵抗として、お地蔵さんの発言に勝る夫婦愛というものをそこに置きたかったのです。最後に2人で手を取り合って幕に入る時には、また次の日から楽しい夫婦の家庭が始まるんだ、という喜びに近い形で一緒に並んで入っていくのであって、決して辛く悲しげに男が入っていくのではないということを表現しました。

そうしましたらば、観客席で見ていたあるイタリア人の老夫婦が、私どもが舞台で手を取り合った時に、同じように手を取り合ったそうです。こうやって今の時代に訴えることができればいいなあ、としみじみ思うようになりました。

年齢とともに理解できる意味

歳を取りますと、やはり体力はなくなりますので、演じることができる演目も限られてきます。しかし、台詞の言葉の内にある意味合いがだんだん分かってくるのです。子供の時には型を口伝えで教わります。たとえば、「このあたりのものでござる」という言葉なら、抑揚を付けて師匠が言うことをそのまま口真似する。そこから始まりますから、意味を考えてしゃべる以前に型がある。それが古臭いとか、創造的でないと思ったりした時代もあります。

しかし、稽古は基礎にはめますが、いざ本番となって自分が創ろうというところが後から必ず出てくるわけです。我慢して型にはまることを一生懸命やった暁に自分の世界が開けてくる。こう考えれば、あながち古めかしい伝統ではないという風に私は思うようになりました。

言葉だけで世界を表そうとするのが、私どものシンプルを大事にする思想です。ですから非常に難しいといえば難しい。自分で精一杯しゃべって精一杯動いて、観客の創造力に訴えて見ていただく。それが私の理想であり挑戦でもあります。

TOPOS Conference 6

人間と老い

養老孟司
（東京大学名誉教授、解剖学者）

意識の世界

人間の体を作っている物質は、7年で全部入れ替わると最近の医学では言われています。私は77歳になりますから、私の体を作っている分子は11回入れ替わっていることになり、生まれた時とは全然違う人になっているということになります。しかし、そのように思っている人はあまりおらず、大体の人が自分は生まれた時と同じ自分だと思っています。これは、意識がそうさせているという点で非常に興味深いことです。つまり我々の意識は、いろんなことを左右しようとしており、基本的に人生は「意識の世界」として成り立っています。

お釈迦様の「四門出遊」という話があります。お釈迦様は王家の出身で、住んでいたのは王城といいますが、じつは城郭都市です。若い頃、城郭から出たことはありません。それで若い頃に思い立ち、初めてこれを出るという説話です。城には四つの門があり、最初の門で赤ん坊に会い、次の門で老人に会い、次の門で病人に会い、最後の門を出て死人に会うと。それで世の無常を感じて出家する。

ここに四角い箱があるとします。今みなさんが住んでいる現代社会です。それがどういう社会かというと、中身はすなわち意識の世界です。だから本来この中に身体はない。みなさんは服を着ておられる。服を着ているのはどういう意味かと言うと、たとえば寒い時に寒さを防ぐという機能的な説明はよくしますが、暑い時にじゃあ裸でいいかというとそうはいきません。我々の体という自然はこの意識の世界の中ではコントロールされていなければならないのです。つまり、隠されていなければならないのです。

釈迦は「生老病死」という避けることのできないこの世での人間の四種の苦悩について言っています。すなわち、人の体が抱えている自然です。人間が生まれて歳を取って病気になって死ぬ。これが四苦です。そしてそれに伴うさまざまな感情があり、これを八苦とまとめている。これが四苦八苦という人間の苦悩です。

たとえば、キリスト教では愛と言いますが、仏教では愛は広義には苦悩です。別離という苦悩があります。どんなに仲のいい間柄でも、どちらかが先に死ななければいけません。人を愛すれば必ず別れの悲しみがあるのです。

古代インドでも、都市社会が成立し、すでにお釈迦様は20歳になる前にそれに気がついたのです。ですから、仏教という宗教はじつは都会から外に出る宗教だと私は思っています。体という自然がそこでは忘れられる。ですから、たとえば東京都内における生老病死がどうなっているかというと、生まれるところはほぼ100%病院だと思います。死ぬところは92%病院です。したがって、皆様方は仮退院中の病人です。この点については、ほとんどの人が意識してらっしゃらないでしょう。

これを捉えて把握しているこの意識の中で基本的に隠されているのが、身体です。そうすると、面白いことにやっぱり私は今身体に対する関心が高まっている。だけどそれを意

Yoro, Takeshi
東京大学名誉教授。1937年生まれ。東京大学医学部を卒業後、同大学助手・助教授を経て、解剖学第二講座教授。医学博士。人間のあらゆる営みは脳という器官の構造に対応しているという「唯脳論」を提唱したことで知られる。著書・共著ともに多数。その中で『からだの見方』(筑摩書房、1988年)がサントリー学芸賞、ミリオンセラー『バカの壁』(新潮新書、2003年)が毎日出版文化賞を受賞。

識でさらに左右しようとしているのが現在の状態で、それが本当に正しい答えをもたらすかどうかです。ここは人の意識っていうのがどこまでコントロールできるんだろうかというところです。

人が生きるのは人のため

私は解剖が専門ですので、若い時から死ぬことを身近に考えていました。しかし、やはり歳を取ってくると、自分自身が死ぬことが具体化してきます。自分が死ぬことがどういうことなのかと考えた時に、薄々そう考えてきていたのですが、本当にそう思ったのは「私が死んでも私は困らない」という、非常に簡単なことでした。たとえば、今日もコンファレンス会場に来る途中で、もし私が交通事故で死んでしまっても、私自身はまったく困らない。困るのは、周りの人たちだけです。

しかし、そこからじつは妙な結論が出てくるのです。すなわち、「人が生きているのは人のため」だということです。これは、私にとっては驚くべき結論です。なぜかというと、戦後の日本では、「自分の人生」とか「自分のやりたいこと」とかがずっと言い続けられてきたからです。だから私は『自分の壁』という本を出したのです。

人は何のために生きるのか、という目的を考えた時、私たちは自分というものがなくなります。私は小学校2年生の時に終戦をむかえたので、意識的に受けた教育というのは戦後の教育です。それが戦前と一番違ったのは、「自分」という概念が入ってきたことです。戦前は、たとえば特攻隊などは他人のために死ぬということが平気で言われていました。

ヴィクトル・フランクルというウィーンの精神科医が書いた『夜と霧』という有名な本がありますが、あの中にユダヤという言葉は一言も入っていません。彼はユダヤ人の迫害問題として扱っていないと思います。人類の普遍の問題として扱っているのです。彼は「人生の意味は自分の中にはない」と言っています。若い頃に読みましたが、これは私が戦後受けてきた教育と違うので今でもよく記憶しています。

戦前から戦中の日本では「お国のため」というのが基本で、人々の生活の中には「自分」が中心になるということはありませんでした。戦前戦中は「国のため」、「他人のため」、戦後になって急に「自分のため」と言われるようになりましたが、日本はそのくらい極端に「何のためか」という目的を変えてきた社会です。しかし、それが身についてないという感じがこの歳になってようやくしています。ですから、「自分」とか「目的」というのをあらためて考えなくてはいけなくなってきていると思います。

そのような中で生きてきたので、我々の世代は困っているのではないかと思います。つまり、若い人達に対しては「自分の人生」とか「主体性を持て」などと言っているのですが、それが何かということについてはよく理解できていないのです。先ほども申し上げましたが、「自分が死んでも自分は困らない」というところから考えを始める。そうすると結局、私の人生のほとんどは他人のためです。では「自分のため」という目的はないのか？

というと、他人と会っていない時間、寝ている時間、意識のない時間などが自分のために割いている時間であると言えます。自分が好きなことをやっている時間もそうです。私なら、虫の標本を作っている時です。このような時間は、他人と関係がないので、じつは議論するに値しないことではあります。

どう生きるか

人間の意識や死あるいは人間そのものについて考える時、欠かせない視点は「社会性」です。人間の認識や身体的な強化を意味するヒューマン・エンハンスメントという議論がありますが、私はやはりいろいろな問題がありそうだと考えており、2点ほど例を挙げたいと思います。1点目は、社会における善悪についてです。たとえば、ヒットラーを強化するとどうなるのでしょう？　当たり前ですが、このような議論もしなければなりません。2点目は、日本の伝統的な生き方です。たとえば、男性の生き方は西行や松尾芭蕉、あるいは鴨長明などに綺麗にまとまっていると思います。たいてい男性は1人で山奥に入っていきます。しかし、女性は基本的にコミュニティの中に存在しています。ですから男性と女性では随分違うのかなという気はしています。

「歳を取った時にどう生きるか」という問題は、今まで教えられてこなかったことです。たぶん、昔は老人が少なかったからその必要がなかったということもあるでしょう。それから、日本の場合には「かたち」がやはり大事ですから、年寄りが年寄りらしくあるためにはどうあればいいのか、ということも考えなければなりません。

一言余分なことを付け加えれば、上手に年寄りが身を引くということも、これからの生き方の一つではないかと思います。そうやって引いて若い人を助けてあげればいいわけです。それなのに、いつまでも後継者がないと文句を言っているお年寄りには、「お前がいるからだろう」と言いたくなります。

TOPOS Conference 6

世代を超えた知のコラボレーションの時代へ

橋本大也
（データセクション株式会社 顧問）

エイジング3・0

「賢慮の寓意」というティツィアーノの絵を見た時に、世阿弥が風姿花伝で論じた「去来の花」を思い出しました。芸能に携わる人には年齢に応じた花があるという話です。幼少の頃の無垢の可愛らしさや、思春期の危うげな美、青春期の華々しさ、そして円熟期や老年期の枯れた味などがありますが、一流の芸能者と呼ばれる人達でも、だいたい歳を重ねるとその魅力は失われてしまうそうです。しかし、「超」一流の芸人長というのは失わないのだということを世阿弥が書いていました。老年になっても子供の可愛げが出せたり、若者の躍動感を演じられたり、だから人生の時間に去来する花を失うことなく繰り出せるというのが本当の円熟なのだというふうなことを世阿弥が言っていますが、そのようなテーマが今後の社会においては重要になるのではないかと思っています。

デヴィット・リースマンという学者が『孤独な群集』という本の中で、時代状況によって何が大切かということをまとめています。たとえば、中世においては大きな変化がないから、伝統指向型の社会となり、長く生きた長老の知恵というのが重要です。近代のような変化する社会においては、内部指向型の社会となり、新しい知識・技術や信念や理想というものが重要になります。現代のように、変化が激しい社会では、他人指向型の社会となり、周囲の考えや行動把握が重要になる、と整理をしています。

しかし、これらを前提とすると、長生きしただけの老人はもはやエイジング1・0で、知識と信念だけを持ったリーダーというのはエイジング2・0に過ぎません。エイジング3・0の時代というのは、今までにない新しい型で、今の言葉でいうならば、ソーシャルでアジャイルな新しい知識リーダーシップというものが求められてきているのではないかと思います。

少子高齢化が進んでいる日本では、人口ピラミッドでシニアの割合が非常に高くなるため、長老の希少性が失われ、いわば「長老がコモディティ化している」ということがよく分かります。

先日、自分史フェスティバルに行ってきました。自分の個人史を文字や映像で残そうというムーブメントで、両国の江戸東京博物館で開催されていました。平日昼なのに会場は大賑わいでした。参加者の大多数は高齢者です。自分の人生を書き残そうとしているのでしょう。

老後の趣味として自分史を書くというのは、暗黙知を形式知にして伝えようとする素晴らしい挑戦だと思います。その中には、貴重な体験記や若者へのアドバイスが豊富に盛り込まれるでしょう。しかし、今だいたい人口の4人に1人が65歳以上になるわけですから、大多数の高齢者がやると、日本で3200万冊に及ぶ自分史や映像ができてしまうことになります。

長老知の限界と新しいスマートな知

長老が難しいことを言って若者を従わせ解読させるようなモデルは、とっくに終わっています。子弟間で禅問答をやっている横でスマホでググる人や、ヤフー知恵袋する人がいて、今はスマートに問題を解決する時代です。長老知が活用されるとしても、最初からじっくり読まれるのではなく、ウェブで検索されてキーワードに合うところだけ利用されます。ひょっとすると、長老もウェブ検索にひっかかりやすいようにSEOなどに気を使って文章を書いたり、広告を出してアピールしたりすることが必要になってくるかもしれません。

そもそも経験知や暗黙知を形式化することは結構難しいことです。3200万人にその技術があるわけではありません。現在はスマートな知の時代に変わってきていると言いましたが、古くは古事記もそうですが、口述筆記によって記録が残されてきました。今、じつは口述筆記の本が売れているようです。聞き上手な若者に質問され、普段は腰が重い長老の先生方もついついしゃべってしまう。普段は使わない比喩なんかも使って分かりやすく噛み砕いて話して、サービス精神を発揮して、忘れていたエピソードまで思い出してしまう。

そうやって聞き上手な若者と長老とが協力してできた本は、まさに高齢化社会における知のペアリングの結晶です。このような知の生成のためのペアリングが今後は大切になってくるのではないかと考えています。

そうしたことはビジネスの世界ではすでにいろいろと起きてきています。長老と若手が対等に補完しあう関係というのが大切だと思います。知を生成する、編集出版する、マネタイズするという一連のプロセスにおいて、補完関係になれる長老と若者とがペアを組んだ時に、さまざまなことが有効に機能していくはずだと思います。

Hashimoto, Daiya
データセクション取締役会長。ソリッドインテリジェンス取締役パートナー。デジタルハリウッド大学教授、ならびに多摩大学大学院経営情報学研究科客員教授。そのほか、データエクスチェンジ・コンソーシアム理事長などを務める。主な著書に『情報考学』（主婦と生活社、2006年）、『情報力』（翔泳社、2009年）、『データサイエンティスト』（SB新書、2013年）などがある。

ペアをどう作るかに関して、エドガー・H・シャインという心理学者が書いた『ヘルピング』（邦訳『人を助けるとはどういうことか』）が参考になります。人間社会において助ける人は一段高い心理状態にあって、助けられる人は一段低い心理状態にあるそうです。しかし、それこそがコラボレーションを阻害している要因だと言っています。施しをしてもらうのは嫌だし、手を差し伸べたら逆に傷つけるのではないかと思ったりして助け合わないということが起きてしまうのです。

やはり世代を超えたフラットなネットワークを築いていける人というのが、遠慮せずに世代を超えて助け合える人間として社会に貢献していくのではないでしょうか。あるいは、ファシリテーター的な価値創造ができる人が新時代の世代融合知のリーダーになっていくのではないだろうかというふうに考えます。新しい世代のリーダーというのは、フラット・ネットワークが築ける人、コミュニティ・リーダーでありファシリテーターということになります。

アレクサンダー・ハラヴェが書いた『ネット検索革命』という本があります。このなかに検索知識人という言葉が出ています。検索すれば分かるとか、あの人に聞けば分かるということは多くなってきていますが、従来はそれは知識と見なされていませんでした。しかし、ネットやソーシャルネットワークを使って即座に知識を引き出すことができるということは、ほとんど知と同値になってきているかもしれません。会議で分からない言葉が出てきた時に、さっと机の下に隠したiPhoneでウィキペディアにアクセスして、「ああ、それってこういう意味ですよ」とあたかも知っていたかのように言う。元から知っていたのか、今調べたのか、もう周りの人には分からなくなってきています。グーグルグラスなんか出てきたらさらにそうです。

協力の在り方

アーサー・C・クラークは、かつて高度に発達したテクノロジーは魔法と見分けがつかないというようなことを言いましたが、高度に発達した検索知識人は天才と見分けがつかないということだと思います。こうしたネット検索ができる人こそ、若者世代なのです。しかし、何を検索したらいいか分からないのもじつは若者達の特徴です。

そこで思うのは、長老のうろ覚え力を活用しようということです。知識の有無と広がりをぼんやりと広範囲に把握しておくうろ覚え力が大切になります。たとえば歳を取ってくると、なかなか記憶が出てこないと思うんですね。「そりゃお前、あれがああなって、ああなるだろう」と。そこで、若者が「あれ」をスマホでググったり、ヤフー知恵袋に聞いたり、まとめサイトを作ったり、ニコニコ動画で発信したり、ブログでアフィリエイトをやったり、ユーチューブで収益化したりして、そういうふうに2人が組めばいいのだと思います。得意の情報技術を使って能動的に情報を得た若者も嬉しいと感じることでしょう。

その時に生まれたものを、若者と長老の共同著作物にする。ウィキペディアや初音ミクなどがそうですが、N次創作のかたちを作るのです。2次創作、3次創作、4次創作と、みんなが手を加えていく。そういう世代間の知のコラボレーションが起きればみんな幸せになっていくのではないかと、デジタル世代としては思う次第です。

ベンチャービジネスの経営者として、エイジング3・0で何らかのビジネスをするとしたら、二つあると思っています。一つはアーカイブ・ビジネスで、長老の知恵をデジタル・アーカイブにして検索できるようにする。これは普通のアイデアです。もう一つがアクティベーション・ビジネスです。何をアクティベートするかというと、長老をアクティベートするのです。アクティベートされた見事な例が冒頭の野村万作先生だったのではないかと思っています。声を出されるのが渾身の力で話をされていて、緊張感が漂っていたし、だからこそ深く伝わるメッセージとして受け取って感動しました。世の中の普通の長老たちには、ああいう迫力はないと思います。

これからは、まさにリバース・メンタリングのように、いかに目上の人をやる気にさせる技術が必要かもしれません。いままでは上の世代が下の世代をやる気にさせていたけれども、逆が必要なのではないかと思います。長老たちを甘やかすのではなく、むしろ追い込む。そのようなアクティベーションが楽しい社会を作っていくのではないかと思います。

TOPOS Conference

第7章 賢慮資本主義宣言

――日本発の「資本主義」を構想する

新しい資本主義のあるべき姿を求めて

「経済学の父」アダム・スミスが著した『国富論』は、まさしくイノベーションであった。それ以前では、人々が公共の利益を考え、倫理的に行動しなければ、よい社会は成立しないと考えられていた。しかしスミスは、人々は公共の利益など考えず、おのれの利益だけを追求していれば、結果的に「見えざる手」に導かれ、公共の利益は実現すると説いたのである。

このパラダイム・シフトは、その後（自由放任主義に基づく）「市場原理の資本主義」へとたどり着く。チューリップ球根に始まるさまざまなバブル経済、1929年の大恐慌やブラックマンデーなどの金融危機はもとより、公害や環境破壊、行き過ぎた株主価値経営、経営者のモラル・ハザードなど、その背後には市場原理の資本主義への盲信がある。

もちろん、これまでに幾度となく批判と警告がなされてきた。資本主義のさまざまな矛盾を指摘したカール・マルクスとフリードリヒ・エンゲルス、利潤の追求が目的化していることを批判したマックス・ウェーバー、（自由放任主義者ではあるが）合理主義に異を唱えたフリードリヒ・ハイエク、同様に経済合理的な経営行動を戒めたピーター・ドラッカーなど、枚挙に暇がない。

そして、2008年のリーマン・ショックを受けて、市場原理の資本主義への批判が再び始まった。『ハーバード白熱教室』のマイケル・サンデルは「正義」の欠如を、ジョセフ・スティグリッツやポール・クルーグマンをはじめ、話題の大著『21世紀の資本』(みすず書房)を著したトマ・ピケティらは「容認ならざる所得格差」の罪を指摘した。さらには、ローマ法王が「排除と不平等の経済」であると異例の苦言を呈した。

その一方で、アカデミズムのみならず、政治や産業界のリーダーたちが、これに代わる「新しい資本主義」についての議論を始めている。ところが日本では、こうした本質的議論は脇に追いやられ、触れられることもない。これでは、また20世紀の繰り返しである。

2014年11月に開催された第7回トポス会議では、本会議の核となる概念「賢慮」(実践知)に基づき、マクロ経済や経済思想、マネジメントの各研究者、そして産業界のワイズ・リーダーらとともに、新しい資本主義のあるべき姿について熱い議論を交わした。

トポス❶ 「世界経済の挑戦」

私たちは、ディスカッションを始めるにあたり、「賢慮」の視点から資本主義を考え直すことが第7回トポス会議の目的であることを宣言した。その時に注目するのが、ジョン・メイナード・ケインズ、ジョセフ・シュンペーター、そしてフリードリヒ・ハイエクという三大経済学者の思想である。

『いまこそ、ケインズとシュンペーターに学べ』(ダイヤモンド社)を著した吉川洋氏が「資本主義の過去、現在、未来」というタイトルで、経済における「効率性」と「分配」の問題、分配のあり方をめぐる経済史（ベンサムやミルの功利主義、マルクス／エンゲルスの社会主義や英国のフェビアン社会主義等）、そして経済格差に焦点を当てたトマ・ピケティの『21世紀の資本』などに触れながら、最後に、資本主義を成長させるのはイノベーションであり、シュンペーターは「人口減は商機である」と述べたことを紹介して締めくくった。

つづいて、「現代資本主義にハイエク思想が投げかけるもの」というテーマで、太子堂正称氏が、ハイエクにまつわるステレオタイプの間違いについて指摘・修正を行った。たとえば、ハイエクは自由放任（レッセフェール）主義者といわれているが、必ずしもそうではないこと、彼が強調している自由競争は単なる規制緩和ではなく、緩和後のルール作りであること、福祉国家を批判しているが、福祉の必要性を主張していることなどである。そして、ハイエクは金科玉条を「致命的な思い上がり」と戒め、自由な活動とそれに伴う知識の結合によってダイナミズムが生まれることを重視したと解説した。

また、海外からビデオ・メッセージが送られてきており、まずジョン・ケネス・ガルブレイスの子息で、経済学者のジェームズ・K・ガルブレイス氏が、最新著『エンド・オブ・ノーマル』（未邦訳）を参照しながら、21世紀のグローバル資本主義に大きな影響を及ぼす要素、すなわち資源、安全保障、デジタル技術に言及した。そしてもう一人、世界的なマネジメント・グルーであるヘンリー・ミンツバーグ氏は、「リバランス」というキーワードを提示し、現在のグローバル資本主義は極めて不健全であり、プルーラル・セクター（多元的な社会部門）によるリバランシングが求められると述べた。

そして最後に、登壇者全員でディスカッションを行い、ハイエクは各人の自由な活動を保証する枠組みの必要性を、シュンペーターは草の根の知やイノベーションの重要性を訴えていたことを再確認した。

「賢慮資本主義の可能性」

まず藤井聡氏より、「過去2回の世界大戦は、グローバリズムの進行によるものであり、その反省がブレトンウッズ体制であったにもかかわらず、1970年代に新自由主義が台頭し、これがグローバリズムの捲土重来を招き、リーマン・ショックが引き起こされた」と問題提起がなされた。

これに対して、西部邁氏は、グローバリズムはもとより、「構造改革」、「イノベーション」を声高に主張したり、繰り返し唱えたりすることへの批判と訓戒をもって同意を示した。また、偏った考え方や主義の弊害を指摘し、自由と秩序、理想と現実、格差と平等、感情と理性、競合と友愛など、すべからくバランスが必要であり、それを欠いた賢慮はありえないと述べた。

再び藤井氏が、ドイツの政治学者ハンナ・アーレントの『全体主義の起源』（みすず書房）、スペインの哲学者ホセ・オルテガの『大衆の反逆』（角川書店）を引いて、人々の「インアビリティ・トゥ・シンク」（思考不全）、とりわけインテリや専門家と呼ばれる人たちのそれが問題であると述べた。

そして西部氏から、グローバリズム（世界に広げる）という点で、資本主義者と社会主義者、共産主義者の思考は同じ、確率分布で予測できない不確実性を特徴とする現在の資本主義は「スタンピード」（家畜などの集団暴走や人間の群集事故など）である、アリストテレスいわく「市場は社会の中に存在すべき」、社会性の高いローリスク・ローリターンの事業やプロジェクトが必要等、示唆に富んだ提言が出された。

トポス❸ 「実践知経営がもたらす賢慮資本主義」

まず、会議開催日の2カ月前に住友との合弁を解消することを発表したスリーエムジャパンの三村浩一氏が、米国3Mと日本法人の歴史や組織体制等を紹介した後、46種類あるテクノロジー・プラットフォームを顧客や市場のニーズとかけ合わせて製品開発を行っていること、それは「ニュー・プロダクト・ヴァイタリティ・インデックス（NPVI）」という指標によってモニタリングされていること、また3Mの中興の祖であるウィリアム・マックナイトの価値観がイノベーションの文化の原点にあることなどを説明した。

日本企業の経営やガバナンスを歴史的に研究している船橋晴雄氏は、長寿企業40社を調査した自著『新日本永代蔵』（日経BP社）を踏まえながら、永続する企業には、①明確な使命やビジョン、②長期的視点に立った事業経営、③人間を優先する経営、④顧客志向の徹底、⑤社会性、⑥変化を恐れず絶えざる革新を目指す姿勢、⑦質素・倹約の勧め、⑧前述の価値観や経営のあり方を維持・継続する努力を怠らないという姿勢が共通して見られると説明し、ここに日本型資本主義の原点があるのではないかと述べた。

中小企業論の専門家で、これまで1100社以上を実地調査してきた中沢孝夫氏は、「中小企業と賢慮に基づく経営の実践」というテーマで、まずマクロ的に見て、大企業と中小企業はともに発展・衰退しており、「中小企業はかわいそうである。地方は遅れている」という認識は正しくないこと、製造業とサービス業を分けて考える時代は終わったこと等を指摘した。そして、異なる資本主義がぶつかり合うことで新しい知恵が生まれてくるのではないかと述べた。

ピーター・ドラッカーから直接指導を受けた数少ない日本人の一人である田中弥生氏は、ドラッカーの生い立ちを振り返りながら、なぜかつての日本企業を高く評価していたのか、なぜ彼が「非営利組織」にマネジメントの本質を見出したのかについて言及し、ドラッカーは一人ひとりが位置(居場所)と役割を持っている社会が重要であり、企業は経済的機構としてだけでなく、こうしたコミュニティの役割を果たしうると考えていたと説明した。

また、日本的経営を長らく研究してきた加護野忠男氏のビデオ・メッセージでは、かつての日本的経営の特徴を備えるスウェーデン企業を例に引きながら、ゼロサムのアングロサクソン型資本主義が世界的に優位とはいえ、賢慮資本主義の一形態として「共存共栄型資本主義」が考えられるのではないかと提起された。

本章では、吉川洋氏と太子堂正称氏のプレゼンテーションと、ヘンリー・ミンツバーグ氏およびジェームス・ガルブレイス氏のビデオ・メッセージを収録している。

資本主義の過去と現在と未来

吉川 洋
（東京大学大学院経済学研究科教授）

二つの問題：経済成長と所得分配

資本主義というのは、皆さんご承知のとおり、通常は18世紀英国のいわゆる産業革命を経て19世紀に成立したと考えられています。それまで長い歴史の中で人類の多くは農業を基盤にして経済を営んできましたが、大きな工業化の時代に入り、社会主義の挑戦ということはありましたが、現在ではグローバルに大多数の国や地域が資本主義経済になりました。

資本主義に限らないのですが、経済の問題にはポイントが二つあります。一つは経済成長、いかにパイ全体を増やすかという問題です。もう一つは、そうして得られたものをどうやって人々の間で分配するかという所得分配の問題です。パイを増やすためには効率性が重要ですし、所得分配の方は正義、平等というようなことと関係しています。効率性という言葉は少し注意が必要で、経済やビジネスに関係している方であれば毎日のように仕事の効率性を追求されていると思いますが、世の中にはマイナスの印象を持っている人たちもいます。つまり、鉄道の会社は効率性にこだわるあまり事故が起きた、というような言い方です。

しかし、私たち経済学者の立場からすると、そこには大きな誤解があって、効率性というのはそもそも私たち人間の価値観によって決まります。ビジネスで遅いよりは速い方がよいとみんなが考えるので速い方が効率性がよいことになりますが、もし遅い方がよいと思えば遅い方が効率的になります。スローフードがビジネスになりますし、九州をゆっくり回る豪華な列車も予約が取れないほど人気があります。つまり、鉄道というものを二つの地点間をできるだけ速く移動する交通手段と考えれば速い方が効率的になりますが、発想を変えればゆっくりと回るのが効率的になります。効率性は価値との相対で決まる概念なのです。

それに対して、二つ目の分配や正義に関しては、明らかにグローバル・スタンダードはありません。そこには、カルチャーというものが、効率性以上にはっきりとかかわっています。ですので、資本主義は歴史の中で揺れ動いてきましたが、とりわけ分配の問題が社会を揺るがすほど大きな問題だったわけです。

英国の経済学者ロバート・マルサスの『人口論』は、ぜひ読まれることをお勧めしますが、日本でいえば生活保護に関する政府の改革案に対する反対論について書かれたパンフレットだったのです。マルサスの主張は非常に辛口で、貧しい人たちにお金をあげても、彼らは子どもをたくさん産んで元の貧困に戻るだけだと言って、貧しい人たちへの給付をあげることに正面から反対しました。さらに彼は、我々が住んでいる資本主義の社会に貧困や不平等はつきもので、そもそも金持ちは能力があるから金持ちになって、その能力ある金持ちが経済を引っ張っていくんだ、というようなことも言っています。

同じ英国で19世紀前半にベンサムやミルなどの功利主義者という人たちが出てきて、「最大多数の最大幸福」を主張しました。マルサスとは逆に、不平等は悪である、貧困も

Yoshikawa, Hiroshi
東京大学大学院経済学研究科教授。1951年生まれ。東京大学経済学部経済学科卒業後、イェール大学大学院経済学部博士課程修了（Ph.D.）。ニューヨーク州立大学経済学部助教授、大阪大学社会経済研究所助教授等を経て、現職。日本経済学会2002年度会長。2010年に紫綬褒章を受章。主な著書に『転換期の日本経済』（岩波書店、1999年）、『いまこそ、ケインズとシュンペーターに学べ』（ダイヤモンド社、2009年）、『高度成長 日本を変えた6000日』（中公文庫、2012年）、『人口と日本経済』（中公新書、2016年）などがある。

悪である、経済社会は平等であるべきだというわけです。マルサスのように不平等を是認する議論と功利主義の議論は、現在にいたるまで世界中で対立する価値観として議論が続いてきました。

さまざまな資本主義

マルサスのような主張もありましたが、19世紀末から20世紀になると、やはり現実の資本主義は不平等すぎるということで、修正を求める声が出てきました。過激な理論はマルクス、エンゲルスの社会主義ですが、英国では社会主義は根づくことはなく、フェビアン社会主義が非常に大きな影響力を持ちました。ウェッブ夫妻、SFの走りである小説を書いたH・G・ウェルズ、劇作家のバーナード・ショーなど極めて多くの人たちが、このフェビアン社会主義をサポートしました。

そうしたフェビアン社会主義のバックグラウンドをもって、1944年にベヴァリッジという有名な経済学者が社会保障に関する報告書をまとめて、それが「ゆりかごから墓場まで」という英国の社会保障のバックボーンになりました。このベヴァリッジ報告がチャーチル時代の保守政権の下でまとめられたというのも注目すべきことだろうと思います。この英国の例に象徴されるように、生の資本主義だと不平等になりすぎるために社会的に修正していく必要があるという考え方を制度上実現するのが、社会保障制度ということになります。

1957年に岩波新書で出た東畑精一先生の『アメリカ資本主義見聞記』は、大変興味深い本で名著だと思います。この中に、日本財界のお歴々が戦後の米国の資本主義を視察して米国のメジャーな企業のトップの人たちに会ったという話が出てきます。そこで言われていたのは、米国の資本主義が極めて平等主義的だということでした。当時の日本の経営トップは、戦前の日本の資本主義を見て知っていた人たちでしたが、彼らが見た米国の戦後の資本主義は、日本の戦前に比べて極めて平等な資本主義だったということです。しかし、その後、米国も変わりました。

一つ面白いデータがあります。上位0・1％の大金持ちが経済全体でどれだけの所得シェアを持っているかという国別のデータです。先進国のデータを100年間集めてグラフを描いてみると、戦前には財閥がありましたので富裕層の所得の比率は高かったのですが、戦後には大きく下がっています。ところが、1980年以降は上昇傾向にあって、一番大きく上昇したのは米国で、戦前のピークさえ上回っています。つまり、とくに米国では格差拡大が大きな問題になっているわけです。

このデータを分析して話題になったのが、フランスの経済学者トマ・ピケティです。彼は今マスコミで寵児になりつつありますが、寵児だからバブルだというわけではなく、彼は立派な学者です。彼の著書『21世紀の資本』は、今年のはじめ英訳が出たとたんに世界でブレイクしました。

イノベーションの担い手としての企業は大丈夫か

分配も重要ですが、やはり経済には成長が必要です。そして、経済成長のコアはイノベーションです。そのことを指摘したのは、ご存じのとおりシュンペーターです。イノベーションの担い手は企業ですが、今の日本の企業を見ていると気になることがたくさんあります。たとえばISバランス、つまり投資と貯蓄の差額を見ると、いま日本で最大の貯蓄を行っているのは法人企業で、もう十数年続いています。こんな資本主義はどこにあるんだろうかという感じです。あるいは、交易条件、つまり輸出財の価格と輸入材の価格の比率を見ると、日本では過去十数年悪化し続けています。それはなぜかというと、我々が輸入する原材料に比べて輸出する財の価格が上げられていないからです。ドイツでは悪化していないのに日本で悪化しているのは、ブランド力がないからではないでしょうか。これは大きな問題です。

また、経営者の方々は、「人口が減っていくからもう日本のマーケットは期待できない」ということをよく口にされます。しかし、シュンペーターは、人口減少は商機であり、イノベーションの山だと言っています。シュンペーターがもし日本に生きていたら、いまの日本の経営者を一喝するのではないでしょうか。

TOPOS Conference 7

現代資本主義にハイエク思想が投げかけるもの

太子堂正称
（東洋大学経済学部准教授）

ハイエク思想は自由放任（レッセフェール）なのか

アダム・スミスやケインズ、シュンペーターについては皆さんよくご存じだと思いますが、ハイエクという名前は、最近はかなり人口に膾炙してきたと感じていますが、まだよくご存じない方もいらっしゃるかもしれません。フリードリヒ・ハイエクは、19世紀の最後に生まれて、私たちと同じ時代を生きて、20年くらい前に亡くなりました。彼について特筆すべきことは、経済学だけではなく、政治学、法学、社会思想、科学哲学、心理学などにわたる総合的な社会科学の体系を打ち立てているということです。

今日お話ししたいことの第一の軸は、ハイエク思想は果たして自由放任なのか、ということです。ハイエクの思想は、端的に言うと、いわゆるグローバリズムあるいは新自由主義と読み替えても構わないと思います。ハイエクは、一般的には、グローバリズム、新自由主義、市場原理主義の親玉とみなされているのですが、近年の研究ではそのようなハイエクのイメージを相対化することが大きな流れになっています。

冷戦崩壊後の東欧諸国では急激な自由化や市場化が起こり、大きな混乱が引き起こされましたが、これはハイエク的な観点からいうと、彼が非常に強く批判した社会主義やファシズムと同じような「設計主義」の典型例ということになります。ハイエク自身の言葉を紹介しますと、彼の主著である『自由の条件』の冒頭には、このように書いてあります。

西欧の歴史的発展の結果であるすべてを別の文化的基盤のもとへと移植することはできないし、またすべきでもない。そして西欧の影響下にある地域において最終的に生ずるいかなる種類の文明であろうとも、それが上からあてがわれる場合よりはむしろ、成長にまかされる場合のほうがより早く適切な形を取ることになる。

これはちょっと抽象的な言葉ですが、私が読み解きますとこういうことだと思います。つまり、資本主義の精神、あるいは市場の基盤となる慣習やルールが存在しない場所に市場のみを移植しても成功は無理である、ということです。西欧諸国が持っている自由市場という成功体験をマニュアル化して、それが達成されてない東欧諸国や発展途上国に移植しただけでは、結局混乱を導くだけだということです。なぜハイエクがこのような主張をするかというと、暗黙知という思想がかかわってきます。

暗黙知という言葉は、ハイエクの友達であるマイケル・ポランニーという学者が使い出したものでハイエクのオリジナルではないのですが、私たちが持っている知識は、大部分が個人的もしくは分散的、身体的、実践的なものであるというのがハイエクの一番の強調点です。知識や情報というものは、100%完全に言語化したりマニュアル化したりすることはできない。たとえば自転車に乗るという我々の行動を考えてみればわかるように、いくら自転車に乗るためのマニュアルを読んだところで絶対に自転車に乗れないのです。乗り方をある程度教わって、実際に体験して失敗しながらやってみてはじめて身体がうまくバランスを取れる時が来るのですが、そうならないと我々は自転車に乗れません。知識というのはすべてそういうものであって、言語化して自転車の乗り方はこうだよと伝えることができるのは氷山の一角に過ぎないということなんです。

そして、氷山の一角に過ぎないものをすべてだと思い込んで、「こうすれば上手くいく、こうすれば自転車に乗れる、こうすれば社会がうまくいく」という発想自体が一番の悪であると彼は言います。絶対視された理性による社会秩序の「設計」は社会体制を問わず混乱を導くもので、それを彼は「致命的な思い上がり」と言っています。今日は「賢慮資本主義」がキーワードになっていますが、ハイエクの思想が賢慮であるのは、彼が「致命的な思い上がり」を批判していることだと思います。

自由競争は規制緩和か

お話ししたいことの二番目の軸は、自由競争イコール「規制緩和」かということです。この点についても、ハイエク的には自由競争は単純にルールを廃止していくことではありません。むしろ、変化する社会、価値観の競合・対立する社会において、「公正な競争」を担保するための一般的なルールをどう設定するかが問題です。言い方を変えると、「規制緩和後」に改めてどのようなルールを作るべきなのかというのが彼の立場であって、それは閉鎖的、恣意的な「規制」から、一般的、普遍的、公平、透明な「ルール」への転換です。

Taishido, Masanori
東洋大学経済学部准教授。1974年生まれ。慶應義塾大学経済学部卒業後、京都大学経済学研究科博士課程修了。主な共著書に『ビジネス倫理の論じ方』(ナカニシヤ出版、2009年)、『経済思想のなかの貧困・福祉―近現代の日英における「経世済民」論』(ミネルヴァ書房、2011年)、『ハイエクを読む』(ナカニシヤ出版、2014年)、『現代の経済思想』(勁草書房、2014年)がある。

ハイエクの主張は、単純なグローバル化やグローバル・スタンダードへの盲目的追従を意味するものではありません。ビジネスの場では、海外の企業と取引をするとどうしても利害の衝突が起きて、相手から「これがグローバル・スタンダードだからお前たちもこれに従え」といったことがあるかもしれません。そこでハイエクが言っているのは、「これはグローバル・スタンダードだから、むやみに従え」ということではなくて、西洋的な企業と日本的な企業の価値観の対立が起きている時に、改めて両者を調停するルールをどうやって作るかということです。

ハイエクの思想は福祉の切り捨てか

第三の軸は、ハイエク思想は福祉の切り捨てか、ということです。確かに、新自由主義は福祉切り捨てだと思われていますし、彼自身もいわゆる「福祉国家」を厳しく批判していますが、それはあくまでも特定の分配パターンを政府が勝手に決めて強制してしまうことに対する批判です。先ほど述べましたとおり、知識は限定的で個人的なものですから、政府がいくらがんばっても社会全体を福祉国家というかたちで設計することはできないというのがハイエクの考え方です。

ハイエクは、自由な社会における自由競争の最低限の条件として、最低生活の保障や健康保険、年金制度、そして義務教育といった一般福祉制度は、むしろ前提条件として必要なものだと明言しています。他にも、公正な競争を担保するルールとして、所有権、たとえば遺産相続をどう考えるかという問題や、独占禁止法や労働基準法の必要性なども検討しています。

近年ではハイエク主義のＣＳＲ（企業の社会的責任）に関する研究もやっていますが、企業はどういう社会において責任を持っているのかというと、ハイエクは単に自分の会社の本業以外にお金を使うことがCSRではないと言います。かといって、企業は単に暴利をむさぼるだけの存在ではない。市場というのは、むき出しの人間本性の単純な肯定ではなく、さまざまなルールや知識が累積的に進化し、人々の振る舞いも変化していく場です。そういう場からなる社会をハイエクは「開かれた社会」と呼びます。「開かれた社会」において、シュンペーターが言うのと同じように、知識の発見、模倣、結合、成長が起きるのです。

非常に卑近な例をご紹介しますと、コンビニエンス・ストアにはイチゴ大福という食べ物があります。私が子どもの頃に登場して、私も非常に変わった食べ物だと思って食べたのですが、酸味と甘みがマッチして美味しい。イチゴ大福という商品ができる前は、苺と大福はまったく無関係の財だったのですが、無関係の財がくっついて、これまで誰も想像していなかったような商品が登場する。そうした形で知識の結合が起きていくことが、資本主義社会、競争社会の一番のメリットですし、それを担保しているのは知識の限定性を補うルールです。そういう開かれた社会の中で知識の結合が起こることが、ハイエクは一番大事だと述べたのです。

TOPOS Conference 7

リバランシングとプルーラル・セクターの役割

ヘンリー・ミンツバーグ
（マギル大学教授）

プルーラル・セクターによるリバランスの必要性

1991年に私はプラハを訪れました。当時は、1989年11月に勃発した「ビロード革命」（共産党支配を倒した民主化革命）の直後で、東ヨーロッパ全体にその波が広がり、「資本主義の勝利」が前提となっていました。資本主義が共産主義に勝ったのだとみんなが信じていました。そこで、その後すぐに私はある論文を発表しました。その論文の中で、私はそれが人々の誤解であり、間違いであり、人々が誤った解釈をしているのだ、という結論を出しました。

私の解釈は、「バランスの勝利」です。すなわち、当時の東ヨーロッパ諸国は、公的部門過多になっており、完全にバランスを失っていました。全権力を公的部門が持ち、民間部門は非常に弱く、バランスを取るためにはそれらとは別の部門が力をつける必要があると考え、私はそれを「プルーラル・セクター（多元的部門）」と名づけました。すなわち、市民社会、NGOないしはNPOなどによる活動であり、政府でも民間でもない「第三の部門」のことです。

東ヨーロッパにおける共産主義の崩壊は、ポーランドから始まりました。なぜなら、二つのプルーラル・セクターの組織が共産主義時代を生き延びたからです。一つはカトリック教会です。ポーランドは、共産主義体制下でカトリック教会が生き延びることができた唯一の国です。もう一つは、カトリック教会が存在したことによって始まったともいえる労働組合の活動です。これらの組織の存在がポーランドにおける共産主義を破滅に追い込み、ロシアを含む東ヨーロッパの他地域へ広まっていったのです。このような体制が崩壊したのは、東ヨーロッパでは公的部門、民間部門の関係がバランスを欠いていたからです。それをリバランスするためには、プルーラル・セクターが必要です。

一方、１９８９年当時には、資本主義を掲げる国々、とりわけ米国では、今よりもバランスが取れていました。実際、１９４５年から１９８９年は、米国がどの国よりも著しい繁栄を遂げた時期です。経済発展に限らず、社会的発展や政治的発展も遂げました。その時代には、米国のプルーラル・セクターは政府とともに強い力を持っていて、現在のように企業にコントロールされていませんでした。しかし、「資本主義の勝利」という考え方によって、米国が発端となり、民間部門が強くなりすぎて徐々にバランスを失っていきました。

資本主義の未来

資本主義の未来についての私の見方は、着実にバランスを欠く傾向にあるということです。この傾向は、止められるまで継続し、さらに深刻化するでしょう。米国では、特にこ

Mintzberg, Henry
モントリオールにあるマギル大学クレグホーン記念講座教授。同大学工学部を卒業後、カナディアン・ナショナル鉄道にてオペレーショナル・リサーチに従事。マサチューセッツ工科大学スローンスクール・オブ・マネジメントでMBAならびに博士号を取得。現在、右派、左派、中道を超えた「リバランス社会」の研究に関心が向いている。主な著書に『マネジャーの仕事』（白桃書房、1993年）、『戦略サファリ』（東洋経済新報社、1999年）、『MBAが会社を滅ぼす』（日経BP社、2006年）、『マネジャーの実像』（日経BP社、2011年）などがある。

れが歴然としており、お金が政治をコントロールすることがあたりまえになっています。特に環境問題については、地球温暖化や汚染問題など、すべてが民間部門にとって好都合なことばかりです。

私は、グローバル資本主義の現状についても、著しく悲観的です。資本主義は、企業に投資する一手段としては結構なものだと思いますが、企業が政府に圧力をかけたり社会を支配したりするための一手段ではないのです。グローバル資本主義の中で、民間部門は、社会の他の部門への干渉という問題を棚に上げて、社会全体を機能不全に陥れるような存在に変わってきているのです。それは、今日の株式市場は極めて短期的な投資になっていて、企業が社会や消費者にとって「善いこと」を実行するような仕組みにはなっていないからです。

グローバル資本主義がこれからどうなるかといえば、私は、今の傾向は悪化すると思っています。私は『ウォール・ストリート・ジャーナル』誌を普段は読みませんが、昨日はニューヨークにいて、ホテルの部屋に入っていたので、たまたま論説を読んだのです。

そこで書かれていたことは、驚くほど衝撃的でした。企業は、もっともっと、さらに貪欲になり、民間部門によるさらなる政府の支配が必要で、政府は脆弱でろくでもない、一方で市場はすばらしい、といったようなことです。これは、何もかも自由放任に任せていた昔の話です。健全な経済の下では、優秀な政府と実行力ある企業と頑健なコミュニティ、すなわちプルーラル・セクターとが結びついていなければなりません。民間部門は決定的に重要ではありますが、社会の何を差しおいても重要な存在ではありません。

私は、今以上にバランスを欠いた社会へと突入するような企業至上の考えは止めるべきだと思います。それを止める唯一の方法は、プルーラル・セクターを通じての活動しかありません。プルーラル・セクターには、自律性と独立性のある組織があり、容認すべきではない物事とぶつかり合う想像力があります。

CSRは企業の無責任を埋め合わせるものではない

では企業はこのような状況にどのように対応すべきなのでしょうか。私は、この問題は「企業の社会的責任（CSR）」の問題だと考えており、企業がこの責務を果たすことを称賛します。しかし、「社会的責任」とは、私たちが今日目にしているような、企業の「無責任な行動」を埋め合わせようとするためのものだと考えている人が、私が「ウィン・ウィン・ワンダーランド」と呼んでいる世界で生きているのです。

現実には、政治献金がはびこっており、多くの企業では企業の社会的責任など取り組まれようともしていません。CSRは素晴らしいことだと思っていますが、しかしすでに進んでしまっている物事を止めることはできません。非常に無責任な行動が起きています。

私は、CSRを果たしたいと言っているCEOたちに対しては、「あなたの企業を政府に近づけることをやめることから始めなさい」と言いたい。政治判断に影響を及ぼすように会社のお金を使うなど、もってのほかです。「グリーン」を主張するのは結構なことです。しかし、政府とは切り離して考えてください。多数の米国企業が、地球温暖化を認めない共和党に対して隠された寄付を送り続けていると言われていますが、まずはそういうことをやめるべきです。

TOPOS Conference 7

転換期を迎えたグローバル資本主義

ジェームス・K・ガルブレイス
（テキサス大学オースチン校教授）

常態な経済成長という幻想の終焉

最初にグローバル資本主義の現状についてお話ししたいと思いますが、私の基本的な見解は、近著である『エンド・オブ・ノーマル』（邦訳未刊）という本に集約されています。それは、「グローバル資本主義は、極めて重要な転換期に立たされている」ということです。

岐路に立たされるまでは、米国の人々にとって、継続する景気拡大モデルの正当性を信じることが合理的でした。しかし、それは「イリュージョン（幻想）」でした。グローバルな視点で物事をとらえると、幻想であるという事実は早くも1980年代にはすでにほとんどの世界で明確になっていました。当時、ラテンアメリカやアフリカ諸国、そしてアジアの一部にも影響を及ぼした債務危機が、これらの地域における経済成長モデルを明らかに不安定化させたのです。1990年代半ばにおけるアジア危機では、まず1989年に日本でバブルが崩壊して経済がおかしくなり始めました。1997年には、他のアジア諸国に経済危機が生じ、極度の金融不安に陥った国もあります。このようなことから、世界全体が安定軌道に乗っていたという考え方は次第に支持されなくなりました。

しかし、米国ではまだ「幻想」が続きました。ところが、2000年以降に起こったことによって、米国もついに幻想を捨て去るはめになりました。2000年の初めに、主要設備投資ブームが終わりを告げました。すなわち、ITバブルの崩壊です。私たちは、依然としてITが広まると考えていますが、しかし、IT分野における活発な投資によってもたらされる完全雇用は2000年の4~5月あたりには維持できなくなりました。ちょうどNASDAQの株式指数がクラッシュした時です。このような事態に対して、数々の政策が打ち出されました。2001年には大幅な減税によって経済成長に好影響をもたらそうとしたり、その4~5年後には軍事面に限らず広い分野で政府支出を増大させたりしました。そして、この期間を通じてずっと、不動産金融の拡大、住宅ローンやモーゲージ証券の流動化などが行われました。そして、それこそが大金融危機を助長することになったのです。

しかし、奇妙なことは、この「グローバル資本主義が転換期にある」という事実が、政府の公式見解や経済予測、あるいは報道機関による経済関連の議論などにまったく組み込まれていないということです。特に米国のメディアは、まだ「景気後退の後には必ず回復があってしかるべきだ」と考えているようです。これは、本当は深刻な病気にかかっているのに、「ただの風邪だから必ず回復する」と言うことと同じで、著しく異常に見えます。これは、もはや批判に耐えられない「思考の習慣」ですが、依然として繰り返されています。

Galbraith, James K.
テキサス大学オースチン校ロイド・ミラード・ベンツェン・ジュニア記念講座教授、同大学リンドン・B・ジョンソン公共政策研究科教授。『不確実性の時代』などのベストセラーで知られるジョン・ケネス・ガルブレイスの子息。ハーバード大学卒業後、イェール大学大学院にて経済学博士号（Ph.D.）を取得。邦訳されている著書に、『現代マクロ経済学』（阪急コミュニケーションズ、1998年）、『格差と不安定のグローバル経済学』（明石書店、2014年）がある。

幻想が終焉する理由

資本主義による経済成長が続くという幻想が終焉を迎えていることにはいくつかの明確な理由があります。一つは先進国における高齢化ですが、これについては多くの人が議論していますので、詳しくは述べません。私が著書で指摘している最初の点は資源コストです。戦後初期においては資源は非常に安かったのですが、2000年からの10年間において、エネルギー価格は上昇し、エネルギー消費諸国は困難に陥りました。米国のシェールガスのように「棚からぼたもち」ということもありますが、資源という概念が今日において根本的な問題であり、今後はさらに深刻になることは間違いありません。

二点目は国際安全保障の問題です。冷戦時代には大きく二つのブロックがありましたが、少なくともしばらくの間は安定した状態で経済成長をもたらしました。冷戦後は、米国という一つの超大国によって保障が確保された「一つの世界」で生きているという認識もありますが、これも幻想です。世界を安定させる力はますます弱くなっています。

三点目は技術に関するものです。技術の発達によって膨大な労働が奪われました。本屋やビデオ屋は消え、いずれは喫茶店が機械に置きかわる日も来るでしょう。介護職のようにデジタル技術で代替できない仕事もあり、デジタル化は新しい仕事を生み出すことも事実ですが、技術進歩によって奪われる仕事に見合った雇用をつくるのは容易なことではありません。

そして、四点目は金融システムそれ自体の問題です。1980年代初頭以来、米国では、金融部門を景気拡大のための原動力として頼ってきました。それ以前は、銀行は多くの規制に縛られ、事実上いくつかの部門と連携することによって成長してきました。すなわち、公的部門、民間部門、そして非営利部門の連携が行われていました。ところが、1980年以降、金融システムが民間部門の信用拡大に大きく依存するという状態ができ上がってしまいました。そして、民間企業では、自分が儲けるために弱い立場にいる人々からお金を搾取するという犯罪的行為も行われていました。たとえば、「ライアー・ローン」といって、自己申告だけで返済手段のない人にお金を貸したり、書類をごまかしたりすることもありました。その結果が金融危機でした。

資本主義の転換期における企業行動

グローバル資本主義が転換期にあるという文脈において企業はどう行動すべきかということですが、このトポス会議のテーマにもなっている「賢慮」という言葉は今、非常に重要であると思います。

19世紀の大英帝国について考えてみましょう。ご存じのとおり、当時は民間部門の繁栄期でした。他の例では、第二次世界大戦後の米国や日本もそうですが、政治的安定と経済発展の可能性を見込むことができた長い期間がありました。当時の環境下における企業については、「勝者は賢者ではなく、野心家だ」ということが言えると思います。しかし、現在、私たちが置かれている環境下では、企業は社会が抱える長大な課題リストについて真剣に考え、それに対応するために、賢慮ある行動をするようになると思います。それは、企業が以前よりもギャンブルのような投資には積極的ではなくなる、ということを意味します。

もちろん、民間部門だけでは社会の課題は解決できませんから、公的部門と民間部門が協力し合って意見を出し合い、目標を立てて、それについて合意形成を行うことが必要です。合意形成にあたっては、「このような目標を立てて、それを効果的な方法で達成しようとする人々は、おそらく良いことをやるだろう」というような、ある種の「暗黙の理解」が必要です。

1981年、私は日本にいて、日本経済新聞社に行って偉大な経済学者である都留重人先生に会いました。都留先生は私のヒーローで、家族ぐるみの友人でした。私の父が1930年代から40年代にかけてハーバードに留学していた頃の彼を知っていて、第二次世界大戦が終了するや否や、二人はすぐに共同研究を始めました。私が都留先生を訪問した時に、先生は「戦後日本の政策には、二つの隠喩的意味がある」と言いました。

一つは、「山の避難所を作ること」です。すなわち、山登りの途中に避難所があれば、登山者は重い荷物を担がなくてもすむから、より早く頂上を目指すことができます。そして、もう一つの意味は「麦の苗床を歩くこと」です。つまり、弱々しい発芽があれば、それらを引き抜くことによって、他の芽がより強くより丈夫に育つということです。これは、戦後日本の公的部門と民間部門の協力を表していました。

これにちなんで、テキサス大学の私の同僚であるマーク・メッツラー教授をご紹介しなければなりません。ちょうど去年の夏に彼の著書『キャピタル・アズ・ウィル・アンド・イマジネーション（意志と想像としての資本）』が出版されたばかりです。これはシュンペーター研究についての本であり、戦後日本の安定的経済発展とその影響について書かれています。都留重人先生に関する非常に洞察力に富んだ本です。都留先生だけでなく、日本の他の経済学者も多数登場します。彼らは、西洋諸国においては名も知れぬ存在ではありましたが、現代世界のあり方を決めるという役目を果たし、それは20世紀後半のいかなる経済学者とも同じぐらい重要なものでした。

この時代の教訓をふまえて行動すれば、より長い目で見た課題に対して意識的に取り組まなければならない時に、公的部門も民間部門も思慮ある行動をとることができるのではないかと思います。たとえば気候変動の問題はわかりやすい例で、解決するためには劇的に炭素排出量を抑えなければなりません。そのためには、民間部門と公的部門が一緒になって、これまでに成し得たことがないようなやり方で良い方向に進んでいくことが必要なのです。

TOPOS Conference

第8章

「産業・社会・環境」革命の衝撃
——100年後の世界と日本のランドスケープを構想する

第四の産業革命のインパクト

21世紀は、デジタル・ネットワークとつながったモノとモノ、機械と機械が「会話」する時代になる——。この新しい現実は、「IoT」（モノのインターネット）と呼ばれており、既存の製品やサービス、ビジネスモデル、バリューチェーンなどを創造的に破壊し、競争地図を塗り替え、産業システムをグローバルに再構築するといわれている。そのインパクトの大きさと広さから、第四の産業革命、あるいはインダストリー4・0とも称される。

しかし、18世紀の産業革命が、技術革新と工業化だけでなく、それに伴う社会構造の変化——仕事の分業化や専門分化、生産と消費の分離、労働者階級や資本家の台頭、都市化、家族形態の変化など——とともに語られてきたように、21世紀の産業革命の影響はビジネス界だけにとどまらない。

これまでのトポス会議でも指摘されたように、3Dプリンターに代表されるデジタル・ファブリケーション、クラウド・ファンディングやクラウド・ソーシングによって、生活者へのパワー・シフトがいっそう進むであろう。それは、ソーシャル・イノベーション、環境との共生、企業の地球市民化を推し進め、社会システムのリデザイン、資本主義の改革が促されるだろう。

したがって、いま起こりつつある21世紀の産業革命を、産業人や経済人の視点や関心だけから見ていては、ことわざにいう「群盲象を評す」に等しい。また、現状から演繹的に予測したり、象徴的な事例だけで判断したりすることも同様である。

2015年5月に開催された第8回トポス会議では、インダストリアル・インターネットを推進するリーダー企業のゼネラル・エレクトリック（GE）、インダストリー4・0を主導するSAP、日本のIoTを牽引するキーパーソンのほか、22世紀を見通す未来学者、生圏倫理学（エコエティカ）の第一人者、時代の変化に覚醒した農業のイノベーター、デザインと工学を融合させてイノベーション創発を企てるデザイナーらを招き、IoTによって描き出されるランドスケープについて意見交換がなされた。

トポス❶「IoT産業革命が描く『新しい現実』」

まず、シリコンバレー在住の未来学者ポール・サフォー氏のビデオ・メッセージが紹介された。いわく「日本のインターネット戦略は失敗に終わったが、IoTの時代は始まったばかりであり、ポスト工業化社会が本格化していく」。

ドイツでは、IoTをテコにした「インダストリー4・0」が進められているが、その中核的役割を果たしているSAPを代表してグルプラサッド・シュリニヴァサムルティ氏が「モノのインターネットを活用する：コネクト／トランスフォーム／リイマジン」というテーマでプレゼンテーションを行った。IoTへの期待と投資は年々高まっていることを具体的に示すと同時に、SAPが顧客と共同で進めてきたイノベーション・プロジェクトの実績（たとえば鉱山のトンネル内、スマート農業、水利や干ばつ対策、傷害リスクのモニタリング、医療のパーソナル化）を紹介し、最後に「産・官・学の協同のみならず、業界横断的、学際的、国際的な人的交流とパートナーシップが必要である」と締めくくった。

次いで、日本GEの熊谷昭彦氏が「フューチャー・オブ・ワーク：次世代の製造業」というテーマで、IoTの最先端を走るゼネラル・エレクトリック（GE）の取り組みについて解説した。「フューチャー・オブ・ワーク」（産業と仕事の未来）を発明する上で、「インダストリアル・インターネット」（IoTによるハードウェアとソフトウェアの融合）、「アドバンスト・マニュファクチャリング」（デジタル・ファブリケーションをはじめとする新しい製造技術）、「グローバル・ブレイン」（クラウド・ソーシングやオープン・イノベーション）という三つの活動があり、これらはまさに製造業のデジタル革命であると述べた。

最後に、経済産業省の松永明氏は、「ビックデータ・人工知能がもたらす経済社会の変革」というプレゼンテーションの中で、IoTやビッグデータによって、既存の産業分類では定義できない世界が生まれており、このパラダイム・シフトは、①モノからシステムへの価値の移行、②プロセス変革、③アルゴリズムによって特徴づけられると指摘した。

これらのプレゼンテーションの後、産業と社会そして環境が三つ巴に変化していく中、これからの働き方、イノベーション、産業政策のあり方、さらには日本経済・日本企業の競争力について意見交換が行われた。

トポス❷ 「100年後の地球：そのランドスケープを構想する」

トポス1とは異なり、哲学や倫理学、歴史・文化といった視点から現在と未来の課題、そのための実践知について議論する必要性が提起され、美学者・中世哲学研究者の今道友信氏（故人）が提唱した「エコエティカ」（生圏倫理学）について、彼の後継者であり、この研究分野の世界的権威である橋本典子氏から、産業革命以降、より具体的には20世紀以降、自然のみならず技術に対する新しい倫理態度や倫理体制の必要性からエコエティカが生まれたことが説明された。そして、ドイツの社会哲学者ユルゲン・ハーバーマスとの対話から得た「目覚めた市民たちが連帯する」ことの重要性を強く訴えた。

このエコエティカの考え方を踏まえ、農業と技術を掛け合わせ、新しい農業の発明に取り組んでいる加藤百合子氏は、みずから見出した「農業×ＡＮＹ＝Ｈａｐｐｙ」という公式は、〝ＡＮＹ〟に「雇用」、「健康」、「教育」といった社会問題を当てはめても〝Ｈａｐｐｙ〟という解になること、あらゆるビジネスと同じく、農業においてもお客を増やすには、コミュニケーションの量を増やし、信頼を積み重ねていくことが不可欠であると、現場からの実践知を披露した。

途中、冒頭のメッセージに続いて、ポール・サフォー氏の「クリエイターズ・エコノミー」（創造者の経済）の到来という趣旨のビデオが紹介された。その後、ＩｏＴの世界を考える上で、現場や現実をおのれの目で確認する姿勢、個としての人間の育成、自然（環境）における人間、日本人固有のセンシビリティといったヒューマン・オリエンテッドな視点が依然として重要であることが確認された。

トポス❸ 「企業が変革する産業システム、社会システム」

トポス3の冒頭に、大切なのは、インターネット・オブ・シングスというよりも、インターネット・オブ・イベント、インターネット・オブ・エブリシング（ＩｏＥ）ではないかと問題提起を行った。その後、富士通研究所の佐相秀幸氏から、「ＩＣＴが第四次産業革命を牽引するのは間違いない。ＩＰｖ６が主流になれば（現在はＩＰｖ４）、それまで約43億個だったＩＰアドレスが約３４０澗《かん》（澗は1兆の3乗）個まで使えるようになる。つまり、ほぼ制約がなくなることで、「ハイパー・コネクテッド・ワールド」、すなわちあらゆるデータがつながっていく世界が生まれる。そこでは、何らかの特長を備えたプラットフォームが二次元・三次元につながり、新たな価値を創造し、さらに新たな産業、新たな社会を生み出す」という、近未来予測が示された。

シーメンスやフィリップスのＲ＆Ｄ部門のトップを務めたハリー・ストラッサー氏が、「コネクテッド・ボディ― コネクテッド・ライフ」というテーマで、フィットネス・トラッカーとスマート・ウォッチ、スマート・グラス、電子入れ墨など、ウェアラブル技術の今後について説明した。また「拡散」（ダイバージェンス）と「収れん」（コンバージェンス）という考え方に基づいて、さまざまな業種で構成される新しいバリューチェーンが生まれ、新興企業と大企業が協働することで、古典的なＲ＆Ｄとオープン・イノベーションやソーシャル・イノベーションが組み合わされていく、と持論を披露した。

デザインとエンジニアリングの両方の視点から新しい価値づくりに取り組む田川欣哉氏は、ビッグデータのビジュアル化など、自身が携わったプロジェクトを紹介した。その中で得た知見として、大企業では、プロジェクトも、意思決定も、組織も、要素還元主義的であるがゆえ、越境性のある活動や仕組みが必要なのではないか、またビジネス、テクノロジー、クリエィティブを兼ね備えた「ＢＴＣ型人材」の育成が喫緊の課題であるなどを指摘した。

本章では、トポス1からシュリニヴァサムルティ氏、トポス2から橋本典子氏と加藤百合子氏、トポス3から佐相秀幸氏のプレゼンテーションを収録する。

TOPOS Conference 8

モノのインターネットを活用する

グルプラサッド・シュリニヴァサムルティ
（SAP シニア・バイスプレジデント）

IoTはモノやテクノロジーのことではない

IoTに関連して過去30年間に起こったことを振り返ってみると、それはかつてない変化だったことが改めてわかります。1990年代の焦点は人々が情報や文書を共有する「コンテンツのインターネット」であり、2000年代になると、焦点はフェイスブックやリンクトイン、ツイッターなどソーシャルネットワーク上の「ヒトのインターネット」に変わりました。そして現在と未来の焦点は「モノのインターネット」、IoTになるでしょう。モノのインターネットは、基本的に、ヒトとマシン（P2M）、マシンとマシン（M2M）、マシンとヒト（M2P）の双方向性の情報の流れになります。

2020年までには、500億台もの装置や機械がセンサー技術を介してインターネットにつながっていると予測されています。いまやIoTは、モノや技術だけではなく、ビジネス・プロセスや顧客体験、そして人間の行動を再認識するためのものなのです。例を挙げると、私たちがコ・イノベーション（共同イノベーション）を推進している顧客の一つであるアンダーアーマーは、IoTにかかわる小さな新興企業に多額の投資をしており、アスリートのためのネットワークになりたいという任務のために多くの小さな新興企業を取り入れてきました。彼らは、IoTは未来であり、これから進むべき道だと考えています。

IoTは、私たちの社会をより賢い人間的なものにしてくれます。モノがつながることが人間的だというとおかしなことかもしれませんが、たとえば、「スマート・ライティング」といって照明器具をインターネットにつなげて制御することで無駄な電力消費を減らして最適化し、二酸化炭素排出量を70％減少させる可能性もあると推定されています。また、企業の製造工程でIoTを活用することで、年間1兆5000億ドルものコスト削減につながるということも言われています。IoTを農業分野に活用することで、食料品価格を半分にし、収穫高を67％以上増加させるという可能性もあります。つまり、IoTは単にモノやテクノロジーに関することではなく、ビジネス・プロセスや顧客の体験、人間の行動をリイマジン（再想像）することなのです。

私たちSAPの顧客の80％以上がIoT投資を計画しており、65％以上もの多くのCIOがIoT主導のプロジェクトに興味を持っています。IoTへの投資は、モノの流れを扱う流通業界はもちろん、採鉱や石油・ガスの採掘など古い産業でも盛んになっており、2017年の投資額は380億ドルと2013年（180億ドル）の2倍以上になっています。

IoTと同じ文脈で使われることが多いのが「インダストリー4・0」という言葉です。では、この二つは何が違うのでしょうか？

インダストリー4・0のフォーカスは製造工程にあり、工場などの現場での情報の伝達とオフィスでの情報の伝達を中心に、それらを一体化して考えることにポイントがあります。一方で、IoTはすべての産業にかかわることであり、私たち消費者が使うものも含めてすべてのデバイスをつなげることです。いずれも中心にはクラウド・コンピューティングの技術がありますが、IoTはインダンストリー4・0よりも中心につながる周縁（エッジ）が広く、社会のすべての領域にわたっています。すべてのモノがセンサーやネットワークを介してつながり、収集された情報はクラウド上であらゆる加工や解析が行われ、そのことによってビジネスモデルや製品デザイン、顧客の経験、サプライチェーンなどがリイマジンされるのです。

具体的な適用分野：採鉱からスポーツまで

私たちが取り組んできたいくつかのコ・イノベーションの一つが、金の採鉱にかかわるカナダの顧客と協力しているスマート・マイニング（採鉱）です。ＩｏＴを活用して、採鉱現場とオフィスの間のコミュニケーション・ギャップを改善することができます。あるいは、鉱山の採鉱現場の中にさえコミュニケーションの壁はあります。ＩｏＴは、現場におけるさまざまな機器やトラックなどとオフィスをつなぎ、コミュニケーションの壁を取り払いました。それだけでなく、現場の労働者にウェアラブル端末を導入して健康管理を行ったり、センサーなどを活用して産業廃棄物の管理を行ったりすることによって、ＩｏＴのインパクトは企業や産業の中にとどまるのではなく、社会や自然環境にまで及んでいます。

次の事例はスマート・アグリカルチャー（農業）です。私たちの顧客であるディア・アンド・カンパニーは「ジョン・ディア」というブランド名で有名な農業機械メーカーですが、ＩｏＴによって彼らはモノづくりの会社からソリューション提供企業へと変化しつつあります。自社の製品にＩｏＴを導入することで、製品の稼働状況をリアルタイムに把握

Srinivasamurthy, Guruprasad
SAPシニア・バイス・プレジデント兼カスタマー・イノベーション＆ストラテジック・プロジェクト担当グローバル・ヘッド。カリフォルニア大学バークレー校ハース・ビジネススクールでMBA、南カリフォルニア大学でコンピュータ・サイエンスの修士号を取得。SAP内400超の組織をグローバルかつクロスファンクショナルに横断し、新しいビジネスモデルを確立して初めて新技術を活用できるホワイトスペースや未開拓分野を切り開くイノベーション活動に従事。

し、メインテナンスの時期を正確に予想できるようになるなどサービスの品質が高まりました。また、環境面では、大地の有効活用、無駄な廃棄物の削減といった効果もあります。さらに、社会面では、食糧増産による発展途上国の安定的な成長を支え、それらの国・地域における農業コミュニティの強化に貢献しています。これらはすべてＩｏＴで実現可能になったものです。

水不足に悩まされることの多いカリフォルニア州では、ＩｏＴを活用した効率的な水資源管理、すなわちスマート・ウォーターの取り組みが行われています。企業や産業の面では、老朽化したインフラの管理や漏水の防止などのためにＩｏＴが役立っています。また、水利用と節水の調和、水質の保護といった社会・環境面での課題解決のためにもＩｏＴが貢献しています。

最後の例はスポーツにおける負傷リスクのモニタリングです。野球選手が練習中に使用するウェアラブル・デバイスから収集したデータを分析することで、選手の怪我を予防することができます。また、「コネクテッド・スタジアム」を実現することで、ファンが今まで以上に試合を楽しむことができるようになり、スポーツによる地域活性化にもつながります。

このような事例からもわかるとおり、ＩｏＴは、デジタル化、透明性や柔軟性の向上、パーソナリゼーション、サービス化といった意味でモノやビジネスを大きく変えます。しかし、ＩｏＴのインパクトはそれだけではなく、人の行動や人と人の関係にも及びます。つまり、ＩｏＴによって、情報の共有が容易になり、自己認識が強化され、コミュニティ活動が豊かになり、パーソナライズされた健康管理が可能になり、プライバシー以上の利便性が実現されるのです。

日本にとってのIoT

IoTとインダストリー4・0は、日本の企業および産業にとって大きなチャンスです。日本には自動化のための機械に関する技術が蓄積されていますから、共通善を実現するために知的財産を共有し、オープン・イノベーションを促進していくべきでしょう。もっとも重要なことは、正しい危機感を持ち、「フェイル・ファースト、フェイル・チープ」、つまりできるだけ少ない投資で早いうちに失敗し、失敗から多くのことを学ぶことが必要です。イノベーションのためのパートナーを考えると、「オール・ジャパン」を超えて、グローバルな視点で考えて新興市場のスタートアップ企業とも連携すべきでしょう。また、IoTを活用するためにはデザイン思考やコ・イノベーションの考え方も必要です。

IoTによるパラダイム・シフトは、国境や産業の壁を超えるものです。また、ビジネスやテクノロジーを超えて、人間や社会、自然への影響を考えることも必要です。若い人たちがそのような視点を持ってIoTを活用し、ビジネスと社会を変えていくことに期待しています。

TOPOS Conference 8

エコエティカ：技術連関が成立した世界の倫理学

橋本典子
（青山学院女子短期大学教授）

遺伝子から宇宙にまで広がるエコエティカのパースペクティブ

エコエティカは、1967年に東京大学の今道友信先生によって提唱された概念です。新しい哲学的概念は日本から発信して世界に持っていくことが必要ですので、1981年に最初の国際シンポジウムを開催して以来、ここ10年ほどは海外で会議をしています。

エコエティカの「エコ」は、もともとギリシア語の「オイコス」で、家という意味です。オイという母音がぶつかりますと「エ」になりますので、今道先生がこれをラテン表記をして「ECO」という語をつくりました。「エコ」とは人間の行為がおよぶ生圏全体を考えます。マクロでみると、私たちは衛星を飛ばしていますから、人間の行為は太陽系を超えて宇宙にまでおよんでいます。ミクロ的には、現在のナノ工学が扱うナノスペースや人間の体内、遺伝子にまで広がっています。「エコ」といえば「環境」のことと思われる方が多いかもしれません。環境というと私たちの周りの自然のことだと思われますが、そればかりではなく、人間の行為がおよぶところ全部を考えなければならないというのがエコエティカの「エコ」です。

そして、「エティカ」とは、ギリシア語の「エートス」に由来する倫理学を示しています。これは、人間の行為（アクト）、つまり一人ひとりが自分の意志によって決断して行為することを考える学問です。心理学では「行動」をビヘイビアといいますが、これは自己の決断ではなく、あまりよく考えずに集団的に行動することも含みますので、「行為」とは異なります。

今道先生は、「20世紀は技術連関が成立した時代」であると言いました。これは、「テクノロジーはもともと道具であり、その道具的性格を維持したまま発達し、別の技術と結びついて（連関して）、私たちの環境になったのが20世紀である」ということです。技術連関は人間の行為に大きな影響を与えました。

20世紀の後半になると、「倫理の時代」と言われて、バイオエシックスや政治倫理、企業倫理、医療の倫理など、さまざまな分野で倫理が重要になってきました。しかし、さきほどご説明したように、私たちは「エコ」すなわち人間の行為すべてを視野に入れた倫理が必要だと考えています。

ゴミ問題といえば、私たちの日常生活に大きくかかわっている目前の問題ですが、じつは私たち人間は、自分たちの行為の結果として宇宙にもゴミを捨ててきていますから、宇宙のことを考える視点も必要です。私たちは遺伝子を操作することもできるようになっていますので、目に見えないミクロな視点も必要です。つまり、技術連関が成立すると、それまでとは違う大きなパースペクティブの中で倫理を考える必要が出てくる。このような大きなパースペクティブの中で、私たちはこれからどういうふうに生きていくのか、どういう行為を決断するのか。このような問題を扱うのがエコエティカです。

一つ例を挙げると、キリスト教の聖書では「隣人を愛しなさい」と言われます。これは

Hashimoto, Noriko
青山学院女子短期大学教授。エコエティカ国際シンポジウム、ならびにトモノブ・イマミチ・インスティテュート・フォー・エコエティカ事務局長。1948年生まれ。東京大学文学部卒業、東京大学人文科学研究科修了（美学藝術学）、東京大学文学部助手、放送大学助教授、青山学院女子短期大学助教授を経て現職。主な著作に『存在を超えて』（哲学美学比較研究国際センター、2007年）、また今道友信氏との共編著に『美の本質と様態』（放送大学教育振興会、1987年）がある。

ある種の倫理だと私たちは考えていますが、技術連関が成立する以前の自然状態であれば、隣人というのは距離的に近い隣の人のことですね。ところが、インターネットが普及すると、スマートフォンでつながっている人たちも隣人になります。学生をみていますと、いまの若い人たちは、スマートフォンでつながっている人たちとのコミュニケーションに夢中になって、逆に物理的に近くにいる人たちには無関心になっているような気もします。インターネットでつながった隣人との関係も重要ですが、私たちは自然の中にいますので物理的に近い隣人のことも忘れてはいけません。古いものを捨てずに新しいものを統合して、新しい倫理をつくる必要があるということです。

ハーバーマスが重視する目覚めた市民の連帯

いま私たちがエコエティカで考えていることの一つは、「気分転換」という時代の徳です。これは、アリストテレスが『ニコマス倫理学』の中で「エウトラペリア」という言葉で語っています。日本語では「機知」と訳されています。アリストテレスは、徳について、勇気や節制、賢慮(フロネーシス)などを挙げていますが、現代社会においては、それだけではなく、上手に気分転換できることも重要な徳目になるのではないでしょうか。

また、私たちは、「善く生きる」という目的のためにどういう行為ができるのか、特に次世代のために何ができるのかということを考えてきました。そのような中で2012年に世界の哲学会がアテネであり、私は現代を代表するドイツの哲学者ユルゲン・ハーバーマスのセッションのチェアをしました。その時にハーバーマスと何日間か話をしたのですが、彼は「世界市民的連帯を考えなければならない」と言っていました。彼は、「現代社会では、一見分離しているかに見える複数の世界の間に新たな近さを生み出している」とも言っています。じつは遠いところが近くなり、近いところが遠くなっているのです。先ほどの隣人概念と同じで、近くの人たちとは全然かかわりを持たないで、実際には遠くにいる人が共通の問題によって近くなっているという、距離との矛盾が出てきていると言うのです。だからハーバーマスは、「新たな問題に目覚めた市民が、国家を超えて連帯をしていく必要がある」と主張しています。

次の世代のために何ができるかというと、私は教育の場にいますから、学生が現実の問題をしっかり捉えて、それに対して自分で判断し、行為することができるよい世界市民になるようにすることが大切な役割だと思っています。先ほど学生とスマートフォンのお話をしましたが、確かにインターネットやスマートフォンの使い方は、私たちよりも学生の方が進んでいると思います。ただ、若い人たちがインターネットを使っていると、一人ひとりが透明のカプセルの中に入って、物理的な外の環境に関心がいかなくなるおそれがあります。また、スマホを操作していると、画面に夢中になって自分の内面に戻ってくるということがほとんどなくなります。中が空っぽになってしまって、意識の分裂が起こります。本来、その間を埋めるのはイマジネーションなのですが、想像力を育てる教育を日本はしてきませんでした。エコエティカで考えてきた問題について、次の世代のために何ができるのかということを考えて実践していかねばなりません。

TOPOS Conference 8

持続可能な社会を次世代へ

加藤百合子
（エムスクエア・ラボ 代表）

農業は社会基盤である

エムスクエア（M2）・ラボという名前は、「マシンとマシン（M2M）」といった最近の言葉からとったわけではなく、子どもが2人おりますので、母親の目線で活動していこうということで、ママのMを二つとってつけたものです。私はもともと産業ロボットの研究開発を行っていましたが、遅くまで仕事して子どもが泣いて待っているというのは母親として胸が痛む思いがあり、子どもたちに「お母さんが働いていたからいい社会になったね」と言われたいために会社をつくったようなところがあります。

私たちは、「農業シンクタンク」と言っていますが、「農業×ANY＝Happy」という方程式がコンセプトです。事業は二つあって、一つは、生産者すなわち作り手と、レストランや総菜会社などの使い手が「おいしい」を共創していく「ベジプロバイダー」というものです。もう一つは、農業外・地域外の企業と農業を掛け合わせて新しい事業を創造するというものです。

私たちは、農業は社会基盤であると考えています。食べ物をつくることはもちろん農業の大事な機能なのですが、それだけではなく、雇用や健康、教育といった社会的機能に農業を掛け算するとよいソリューションを提供することができます。たとえば、メンタル面で不調になった社員の方に農業をしていただくと、不調が改善して健康経営に貢献するという例もあります。このような社会基盤である農業の担い手の平均年齢が67歳くらいですので、大きな危機感をもって、農業ロボットによる生産効率の向上などにも取り組んでいます。

競争と共有・共創の見極め

農作物の需要は変化していて、野菜は、流通過程で60%以上がカットされたり煮たり焼かれたり、加工されたものが最終消費者に届きます。流通過程が複雑になって、作り手と使い手、食べる人たちの間で情報と信頼関係がうまくつながっていません。ブラックボックスになっているところをもう少し明瞭化してつなぎなおそうというのが「ベジプロバイダー」で、レストランのシェフが生産者の畑に行って会話するようなことを行っています。レストランでも、生産現場の情報をお客さまに伝えることで、ストーリーがついて、お客さまとのコミュニケーションが増えて、リピーターが増えて、それが売上につながります。生産者の方も、レストランから直接いろいろな評価をもらうことで元気になって、栽培面積を増やすという好循環が回っています。

これからは、競争しなくてはいけない機能と、共有もしくは共創するべき機能を見きわめる必要があると考えています。一つ分かったのは、物流は生産者にとっては競うところではなくシェアできるところだろう、ということです。いま取り組んでいるのは、静岡で

Kato, Yuriko
エムスクエア・ラボ代表取締役。1974年生まれ。東京大学農学部卒業後、英国クランフィールド大学で修士号取得。その後、NASAのプロジェクトに参画。帰国後、キヤノン入社。農業の社会性の高さに気づき、2009年に同社を設立。2012年青果流通を変える「ベジプロバイダー事業」で日本政策投資銀行第1回女性新ビジネスプランコンペティション大賞受賞。「地産来消」(地域で産出された食材を、その地域へ来訪した人がレストランや宿泊施設等で消費すること)という言葉の生みの親。

複数の生産者が野菜の物流を共有するプラットッフォームを作ろうということです。「PD協議会」といいますが、Pはプロデュース、Dはデリバリで、地域のソフトインフラとしての生鮮共配システムを静岡発で構築しようと取り組んでいます。

産業の未来を展望する

佐相秀幸
（富士通研究所 代表取締役社長）

産業革命をドライブするテクノロジー

これまでの産業革命をドライブしてきたのはテクノロジーでした。第一次産業革命は蒸気機関によって生まれましたし、第二次産業革命は電力でしたし、第三次産業革命をドライブしたのは情報通信技術でした。では、次に何が起きるかというと、私たちは「ハイパー・コネクテッド・ワールド」という世界をイメージしています。IoTによってすべてのモノがつながり、ビッグデータを分析することで新しい知識が生まれます。いまのインターネットのプロトコルはIPv4ですが、これがIPv6になると、利用できるインターネットのアドレス、IPアドレスは340澗《かん》に増えます。澗というのは1兆の3乗ですが、ほとんど制限がなくなって、膨大な数のモノがインターネットにつながり、さまざまなアプリケーションが生まれます。

買い物や娯楽といった私たちの日常生活から製造や業務管理といった企業活動に関するものまで、リアルな世界におけるさまざまな活動が、「ハイパー・コネクテッド・クラウド」の上でつながります。そこには、モバイル端末、センサー、ウェアラブル端末のようなフロントの技術から、VPN（ヴァーチャル・プライベート・ネットワーク）のようなネットワーク技術、サーバーやストレージといった基盤技術の革新が必要になりますので、私たちはそれらの研究開発を行っています。

このような技術が産業にどのような変化をもたらすかといえば、モノづくりのサービス化、シンギュラリティの実現、クラウド・ソーシングによる価値創造といったことが考えられます。

組織の生存には斜め跳びの「新化」(リープフロッグ)が不可欠

未来の産業のランドスケープを考えると、コアコンピタンスを持つプラットフォームが有機的に二次元、三次元につながって新たな価値を生み、新たな産業を生むというイメージです。日本企業は、コアコンピタンスを深めるという意味での「深化」は得意なのですが、同じシンカでも、斜め跳び、リープフロッグのような「新化」は弱いと思っています。富士通はAkisaiという農業クラウドのサービスも提供していますが、新しい会社を立ち上げてエコシステムをつくるという試みも行っていまして、これは富士通にとっては「新化」への挑戦と言えるかもしれません。

つなげるという意味では、データの視点も重要です。インターネットが普及し、IoTが広がるにつれて世界中に流通するデータの量は急激に増えていますが、世界中に分散しているデータをつなげてどのように知識化するか。また、富士通はヒューマン・セントリック・イノベーションということで、機械が人間を代替するのではなく、人間をエンパワーする、人間中心のイノベーションを起こすということにも取り組んでいます。

IoTやビッグデータ、AIといった新しい情報通信技術(ICT)が第四次産業革命をドライブするコアになることは間違いないと思います。ICTの大きな特長は「つながる」ということですから、その特長を生かして、既存の産業構造を解体し、新しい価値創造のメカニズムの構築を加速する必要があります。そして、データの知識化が人工知能によってますます進展し、産業や組織の成長の鍵を握るようになります。そのような新しい時代には、斜め飛びの「新化」すなわちリープフロッグが組織の生存に不可欠になります。

Saso, Hideyuki
富士通研究所代表取締役社長、ならびに富士通取締役。工学博士。1952年生まれ。東京工業大学工学部制御工学科卒業後、富士通入社。経営執行役兼モバイルフォン事業本部長、執行役員常務兼ユビキタスプロダクトビジネスグループ長、執行役員副社長兼マーケティング部門長兼次世代テクニカルコンピューティング開発本部担当、代表取締役副社長兼CTO&CMO兼マーケティング部門長兼次世代テクニカルコンピューティング開発本部担当等を歴任し、2014年より現職。

Introduction

TOPOS Conference

第9章

都市のイノベーション

――21世紀における都市の賢さを求めて

都市に求められるイノベーション

2050年には地球の人口が90億人に増え、そのうちおよそ3分の2が都市部に住むと言われており、都市への人口集中が急速に進んでいる。そうなると、従来の都市計画や行政の考え方では対応できなくなってしまう恐れがある。米国の女性ジャーナリストであるジェイン・ジェイコブズが主張したように、経済成長において都市は重要な役割を果たすだけでなく、文化を育み、機会にも満ちているが、さまざまな問題も抱えている。たとえば、人口密集と格差の拡大、都市化と高齢化の同時進行といった問題である。また、世界のメガシティと呼ばれる都市のほとんどはデルタ地帯の沼や粘土の上に存在しており、災害のリスクにもさらされている。

こういう状況の中で、都市はイノベーションが起きる場であると同時に、都市そのものをイノベートする必要もある。2015年6月、グーグルは、都市イノベーションを専門とする「サイドウォーク・ラボ」、世界中の都市とそこに住む市民たちを結びつける「インターセクション」という、二つの新ビジネスを立ち上げた。同社創業者のラリー・ペイジは、「都市を改善することによって、何十億人という人々の生活を向上させられる」と主張している。都市は、単純に企業がオフィスを構える場であるだけでなく、ダイナミックな知識の創造が行われる場となり、都市自体が実験の場、すなわちリビング・ラボラトリーになる。

「スマート・シティ」という言い方もあるが、都市だけがインテリジェント化しても意味はなく、都市における人間の創造的な活動がイノベーションの源泉になる。そのような人間の創造力を支えるのが都市の多様性であり、人と人とのつながり（ソーシャル・キャピタル）である。これからの都市のイノベーションには、行政によるトップダウンよりも、市民やコミュニティによる参加型のボトムアップのアプローチも必要になる。

2015年11月に開催した第9回トポス会議では、こうした問題意識の下、「エッジ・シティ」（周縁都市）という概念の提唱者や都市社会学の世界的研究者、ヨーロッパにおける「リビング・ラボ」の推進者を招聘し、実際に都市設計と都市開発を実践する経営者らとともに、日本の都市イノベーションのあり方について議論を交わした。

トポス❶「グローバル都市と経済」

トポス1では、まず、自己組織化によって大都市郊外に生成された都市「エッジ・シティ」という概念を提唱したジョエル・ガロー氏が登壇し、ニューヨーク近郊やパリ郊外のマルヌ＝ラ＝ヴァレなどの事例を引きながら、「エッジ・シティ1・0」について解説した。インターネットの登場によって、人々の生活や働き方、コミュニティ内の産業（特に小売業）に変化が生じ、エッジ・シティの生成プロセスや都市の役割も変わりつつあり、それは言わば「エッジ・シティ2・0」であると指摘した。

このプレゼンテーションを受けて、日建設計の中分毅氏が、「グローバル・シティ・アンド・エッジ・シティ」というテーマで、まず両者の相違点と相互補完性について説明した後、都市としての東京について考察した。そして、東京をイノベーティブな都市として再創造する方策として、①職住近接をいっそう推し進める、②パブリック・スペースの量と質を高める、③サブ・センターの個性化を推進する、④現在の東京の発展を支えてきた場所を重視することを指摘した。

ジェイン・ジェイコブズと同じく、国ではなく「都市」を経済の基本単位として考えるサスキア・サッセン氏は、「グローバル・シティ・ダイナミクス」というテーマでプレゼンテーションを行い、「グローバル都市には、企業や投資、知識が集まってくるが、中心地というよりも、むしろ仲介者の役割を果たしている」と主張した。

3人のプレゼンテーションの後、「経済活動の単位として、国よりも都市が重要になる」という仮説について意見が交わされ、会場の「ムード」を測定するムードメーターを実施したところ、仮説に同意する参加者が多数を占めた。

トポス❷　「都市のオープン・イノベーション」

トポス2のテーマは、都市におけるイノベーションの担い手は誰か、ということだった。ヨーロッパで広がっている「リビング・ラボ」の推進者の一人であるブロール・サルメリン氏が、「オープン・イノベーションのエコシステム：ヨーロッパにおける取り組み」というテーマの下、市民・大学・企業・自治体などのコラボレーション、イノベーションと都市経済の関係などに言及しながら、リビング・ラボの活動、「オープン・イノベーション2・0」について紹介した。そして、コミュニティとその構成メンバーである市民一人ひとりの「ソーシャル・キャピタル」（人間関係資本）を強化・活用することがカギであり、ヘンリー・チェスブローが唱えた1・0の世界との大きな違いであると指摘するとともに、自身の経験に基づきながら、都市はイノベーション・エコシステムとしての機能を持っていると述べた。

このプレゼンテーションの後、地理学・経済地理学の分野で著作が世界一引用されているデヴィッド・ハーヴェイ氏から寄せられた、「都市における空間と資本」の理論を軸に、グローバル化が進む社会における都市イノベーションの意味に関するビデオ・メッセージを、場の参加者全員で共有した。

つづいて、神奈川県川崎市の改革に取り組む若き市長 福田紀彦氏のビデオ・メッセージが上映された。同市では、イノベーションの主役を「市民」と据えた上で、三つのイノベーション・イニシアティブ——「グリーン」、「ウェルネス」、「ライフ」——を通じて産・学・官や自治体間の連携を積極的に推進しており、都市イノベーションにおける行政の重要性を再確認することとなった。

トポス❸「企業の都市イノベーション」

トポス3は、行政や市民と並んで重要なイノベーションの主体である企業の取り組みについて、まず、さまざまな都市との連携を図りながら「ワイズ・シティ」という次世代のまちづくりに取り組んでいる東京急行電鉄取締役社長の野本弘文氏が、「東急のまちづくり：螺旋的発展の追求」というテーマでプレゼンテーションを行った。「選ばれる沿線」であり続けるために沿線価値の向上を目指して、いまや世界的なエンタテインメント・シティと評価されている渋谷と、東京圏におけるエッジ・シティである二子玉川の再開発事業、そして「クリエイティブシティ・コンソーシアム」の活動が紹介された。
1688年に創業された西陣織の老舗 細尾の11代目、細尾真生氏は、「世界で最も訪れたい街ランキング」第1位の京都の街において、いかに伝統を守りながら革新を遂げていくかというバランスが難しい課題について、クリスチャン・ディオールのニューヨーク店のインテリアのファブリックを手がけたことを契機に、ルイ・ヴィトン、ザ・リッツ・カールトン、フォーシーズンズ・ホテル、さらには靴メーカー、カメラのライカなどとのコラボレーションが始まったことを紹介した。そして、多種多様な価値観や文化と融合・交流することで都市のイノベーションが生まれてくると締めくくった。

2人のプレゼンテーションの後、ガロー氏を交えて、けっして平均的な人材ではなく多様な才能を組み合わせる必要性、オープン・イノベーションの場としての都市(およびパブリック・スペースという都市空間)の重要性、バウンダリー・オブジェクトとしての都市、といった視点からの議論が行われた。

本章では、トポス1からジョエル・ガロー氏とサスキア・サッセン氏のプレゼンテーションを、さらにトポス3から細尾真生氏のプレゼンテーションを収録した。

都市の未来を予想する最良の方法は自ら発明すること

ジョエル・ガロー
（アリゾナ州立大学法学部リンカーン記念講座教授、元『ワシントン・ポスト』紙編集者）

都市に未来はあるのか

今日は、都市における創造の未来についてお話しします。私が主張した「エッジ・シティ」は世界の都市開発の新しい標準形態であり、ロサンゼルスや東京、ニューヨーク、パリなど多くの都市の周辺に広がっています。たとえば、マンハッタンには古いダウンタウンがありますが、ニューヨークのエッジ・シティにはマンハッタンの中心部より質の高いオフィス空間があります。ニュージャージー州には、ウォール・ストリート地区全体よりも高額なオフィス空間があるのです。私がお気に入りのエッジ・シティの一つはパリの東側の地域マルヌ＝ラ＝ヴァレですが、ここにはユーロディズニーがあります。エッジ・シティは、仕事、娯楽、ショッピングであふれ、古臭い郊外ではなく、私たちが都市を築き上げてきた6000年間で積み上げてきたものすべてを手に入れているのです。しかし、インターネットの時代に到達した今、インターネットは物理的な都市を大きく変えています。インターネットによって死に追いやられている都市もありますし、急成長している都市もあり、創造が起きる場所が激変しています。

都市は、常にその時点で最高水準の輸送手段によって形成されます。たとえば、最新技術が革靴とロバであったキリストの時代にはエルサレムができました。1600年後、船と荷馬車が最新技術だった時代にはアムステルダムとボストンが発展しました。最新技術が鉄道になった時、人々はロンドンとシカゴを手に入れました。自動車に技術水準が移った時、ロサンゼルス、ダラス、デンバー、そしてヒューストンやデトロイトなどができあがりました。旅客機が飛び立つとともに、シンガポールとシドニーが発展しました。そして、今私たちはインターネットという急速に発達した自動車以降最大の輸送革命を経験しています。

インターネットが普及した結果、あらゆる都市が激動しています。私たちはもはや仕事のためにオフィスに出勤する必要がなくなりましたね。どこからでも仕事ができるのはよいことですが、どこにいても仕事をしてしまうという悪い面もあります。また、私たちはもはやモノを買いに店に行く必要はありません。インターネット上でボタンを押すと、魔法のように品物が届けられます。

そのような事態になって、私は「インターネットの時代に都市には未来があるのか？」という疑問を抱くようになりました。「ネットさえあれば住むのは山の頂上でもよくて、平地には子どもを生むだけに帰ってくる」というのは、私からしてみれば不合理な考え方です。私たちは社会的な動物であり、一人で生きているのではありません。

ワシントンDCに30年前からあった古いお店が、経営していたチェーンストアが倒産したために閉鎖されてしまいました。この建物がいま何に使われているかわかりますか。ここに移ってきたのはスターバックスです。1杯のコーヒーを作るのに4ドルもしないと思いますが、それでもスターバックスには多くの人が集まります。それはどうしてかというと、人々はフェイストゥフェイスの交流を求めているからではないでしょうか。スターバックスでラップトップPCを開き、Wi-Fiにつなげば、一瞬にして都市のコミュニティの中であなたは一緒に仕事をしている人々に囲まれることになるのです。フェイストゥフェイスのコンタクトが、小売店がやっていけないあの場所でスターバックスがビジネスをできる理由なのです。

　では、食品スーパーはどうでしょうか。たとえば、私たちがスマートフォンで配達してほしいものを頼むことができるようになったら、西友のようなスーパーマーケットの未来はなくなるでしょうか。冷凍食品ばかりだったらお店に行く必要はなくなるかもしれませんが、私は個人的には良い食品を探すために店に行くと思います。私は先週の日曜に東京に着き、翌月曜の朝3時に築地にいました。なぜなら、私は魚とフェイストゥフェイスのコンタクトをしたかったからです。私は、自分が食べる魚をこの目で見たいのです。米国でも、ファーマーズ・マーケットや有機農産物を扱うホールフーズストアには人が集まっています。つまり、フェイストゥフェイスということが将来にとって非常に重要なのではないでしょうか。

　大学はどうでしょうか。私が教授をしているアリゾナ州立大学では、オンラインで、インド、日本、中国からでも誰でも学位を取ることができます。では、物理的な学校はいらなくなるでしょうか。私の考えでは、大学は、ただ座って教授の講義を受けるところではありません。生涯続く友人と出会う場所であり、多くの人にとって初めてのパートナーをみつける場所でもあります。オンラインの大学が旧式の大学にとってかわらない理由は、またしてもフェイストゥフェイスの交流なのです。

　オフィス空間についてはどうでしょう。ここにいる皆さんは、どこからでも働くことができます。スマートフォンを持っていれば、必ずしも仕事のために通勤する必要はありません。では、通勤しなくてもよいのに、なぜオフィスに行くのでしょうか。私の考えでは、

Garreau, Joel
アリゾナ州立大学法学部リンカーン記念講座教授。また、ケンブリッジ大学、カリフォルニア大学バークレー校、ジョージ・メイソン大学のフェローを務める。元『ワシントン・ポスト』紙の記者および編集者。「エッジ・シティ」という概念を提唱したことで知られる。2005年に上梓した『Radical Evolution』(Doubleday, 2005)は、人類による急速な進化と歴史的な変曲点の到来について予測した書として話題になった。

ここでもまた重要なのはカジュアルなフェイストゥフェイスの交流です。オフィスのプリンタの前に私がいたら、同僚たちが何をしているのか質問してきます。私がそれに答えると、一人が「サリーが似た仕事をやってたから、彼女と話をしたらどう?」と言い、他の誰かは「いい資料があるから、あとで送るよ。」と言ってくれるのです。このプリンタの前での何気ない5分間のフェイストゥフェイスの交流が、1日で最も重要な時間になるのです。この何気ないフェイストゥフェイスの場をデジタル化することはできるでしょうか。

エッジ・シティ2・0

フェイストゥフェイスの場は重要です。しかし、現在のメガシティが都市の将来像だとも考えていません。特に創造性豊かな人々がこれから住みたいと思うのは、現在の大都市が抱えている問題のない洗練された上品な場所でしょう。私はそのような都市を「エッジ・シティ2・0」と呼んでいますが、そのプロトタイプはニューメキシコ州のサンタフェです。サンタフェはとても小さな都市でしたし、人口は約7万人しかいません。しかし、創造的な人々であふれ、世界レベルのオペラがあり、素晴らしいレストラン、美しいギャラリーや見事な山々があります。小さな都市ですが、とても素敵な都市です。私は、これが世界のすべての都市のためのフェイストゥフェイスの場の未来のプロトタイプだと思います。このような都市は世界中にあって、たとえばモロッコのマラケシュもその一つです。米国で急速に成長している都市圏を見てみると、ザ・ヴィレッジズ(フロリダ州)、マートルビーチ(サウスカロライナ州)、セントジョージ(ユタ州)、ケープコーラル(フロリダ州)など15都市はサンタフェと似ていて、「エッジ・シティ2・0」にあてはまると私は考えています。

私の話をまとめると、第一に創造的都市と創造的な人々は多くの選択肢を持っているということ。第二に、世界は急速に変化していて、第三に、都市はさらに急速に変化していきます。第四に、フェイストゥフェイスの場は、デジタル化できないので、極めて貴重なものです。そして最後に、最も重要なことは、アラン・ケイの言葉を借りると、都市の未来を予想する最良の方法は自分自身で発明することだということです。

TOPOS Conference 9

グローバル・シティ・ダイナミクス

サスキア・サッセン
（コロンビア大学社会学部教授）

グローバル・シティの重要な機能は「仲介」

私にとって、東京にいるということはいつも非常に大きな喜びです。東京は私が大好きな都市であり、1980年代に私が初めてグローバル・シティについて研究をし始めた時、当初はニューヨークについて考えれば物事が理解できると考えていたのですが、それでは足りなくて、ロンドンに行き、それから東京にも来ました。最初は都市の研究をしていたわけではなく、資金移動について調べていたのですが、金融、保険、会計、法律といったセクターの専門企業が集中する場所としてみつかったのが、ニューヨーク、ロンドンそして東京でした。私の研究には合計9年間かかり、東京でもかなりの時間を過ごしました。

私の研究で明らかになったことの一つは、グローバル・シティの機能は大企業のヘッドクォーターではなく、「仲介」にあるということでした。会社がグローバル化すると、専門的な知識にアクセスすることが必要となります。例として、ある会社がモンゴルやアルゼンチン、オーストラリア等でビジネスをしていたとしましょう。その場合に、その会社は昔のようにモンゴルの会計業務やモンゴルの法律業務、あるいはモンゴルの保険業務に関する専門的な正社員を雇用する必要はありません。その代わりに、モンゴルの会計業務に関して年間50時間、オーストラリアの保険業務に関して年間30時間だけを専門家と契約できる場所を本社にすればよいのです。このようなことから、グローバル・シティの重要な機能は仲介、すなわち経済の媒介であるという結論を導き出すことができたのです。

企業は好きな場所に本社を置くことができますが、それはグローバル・シティである必要はありません。実際には多くの企業がグローバル・シティに本社を持ちますが、厳密に言えばそうである必要はないのです。企業が必要としているのは、高度に専門的で非常に国際的で、世界中を飛び回っている才能にあふれた人々へのアクセスであり、そのような人々を仲介することのできる場所なのです。ですから、私の主張は、グローバル・シティの機能は、一つの重要な要素として都市の知識資本を持っているということです。ジョエル・ガロー氏が紹介したサンタフェがよい例だと思いますが、知識資本は驚くほど多様なものが混在した都市の中で作られるのです。

グローバル・シティはどの「回路」の上にあるかで差別化される

次に指摘したい重要な点は、今日のグローバル化した経済の下では、専門化した都市の差異が一般に考えられているよりも重要だということです。一般的には、都市を支配するのはグローバル化された標準であり、すべての都市は大体が同じで、お互いに競い合っていると考えられています。もちろんそのような面もあって、実際にそのことから恩恵を受けているのはグローバルな大企業です。というのは、もし都市がどこでも同じであれば、

Sassen, Saskia
コロンビア大学ロバート・S・リンド記念講座教授、ならびに同大学グローバル・ソート委員会チェア。都市社会学、グローバル都市論、移民研究が専門。オランダで生まれた後、アルゼンチン、イタリアで育ち、フランスで学び、現在アメリカ・ニューヨークで暮らす。邦訳されている著書に、『労働と資本の国際移動』(岩波書店、1992年)、『グローバリゼーションの時代』(平凡社、1999年)、『グローバル空間の政治経済学』(岩波書店、2004年)、『グローバル・シティ』(筑摩書房、2008年)、『領土・権威・諸権利』(明石書店、2011年)がある。

大企業はどこにでも移ることができて、自分たちの言うことを聞かない自治体には拠点を置かないと主張することができるからです。しかし、事実はそうではありません。

高度に専門化されたサービスを提供している世界トップの企業100社をみてみると、どこにでも移動することはできます。これら100社は世界中の600を超える都市にオフィスを持っていますが、それは国の数より多いのです。言い換えれば、場所は重要なのですが、本当に重要なのは「ある種の」場所だということです。重要なのは、都市がどのような専門的な「回路(サーキット)」の上にあるかということだと考えています。グローバル・シティについて世界中でお話しすると、「私たちはグローバル・シティですか?」という質問をよく受けます。その時の私の答えは、いつも「あなた方の都市がどの回路の上にあるか調べてください」ということです。その都市にある企業がどのような回路の上に乗っているのかということが重要です。

たとえば、グローバル・シティはロンドンからインドのムンバイ、南米コロンビアのボコタにいたるまでさまざまですが、たとえばボコタにグローバル・エコノミー的な活動があるかというと、そうとは言えません。そこにあるのは、専門的な回路の特別な交わりです。ロンドン、ムンバイ、ボコタには世界的な不動産取引にかかわる回路があるという意味でグローバル・シティなのです。

世界的なコーヒーの取引を例にとると、ニューヨークとサンパウロが主要なハブになっています。ニューヨークはコーヒー豆を一粒も作っていませんが、取引をしています。コーヒー豆はニューヨークには存在しませんが、サンパウロや他のどこかにあっても目的地に届きます。コーヒーの取引は非常に複雑であり、非常に多様な要素が存在しています。文化、政治、移民、NGOなどがかかわっています。NGOはブラジルやインドネシアで熱帯雨林の保護活動をしていますが、彼らはグローバルな回路の上でニューヨークやロンドンにあるメディアセンターとつながり、オスロやロンドン、東京などにある食品企業ともつながっています。NGOはそのような回路の上で仕事をしているのです。

グローバル・シティの標準化と差別化

最後に、都市の専門化された差異の価値を表す一つの指標について説明させてください。2013年第3四半期から2014年第2四半期にかけて都市の不動産が購入された額のランキングをみると、1位はニューヨークの550億ドルで前年比10・9%増えました。次はロンドンの473億ドルで40・5%の増加、そして3位が東京で365億ドル、前年比30・4%の増加となっています。不動産危機後には世界上位100都市の不動産投資は、投資家にとって非常に魅力的なものになっていることがわかります。多くの都市では投資が増えているのですが、中にはワシントンDCや香港のように投資額が減った都市もあります。すでに述べたとおり、多くの人々は都市は標準化されて均一化されていると言いますが、もし都市が同じになっているのなら、なぜ投資する理由が違うのでしょうか。

確かに、経済のグローバル化が進んで、多くのものが標準化されました。最先端の空港、最先端のオフィス地区、最先端の豪華な住宅地などは、世界のどこでも同じようなものかもしれません。実際に、世界の都市は最先端に追いつくように競争しています。確かにインフラは標準化されていくかもしれませんが、都市の経済的なケイパビリティは多様で専門化される必要があります。たとえば、世界中の金融センターは、金融センターとして機能するための共通の標準基準があります。その他のすべての分野でも同じですが、金融はもっともはっきりしている例かもしれません。ですので、建物は世界中どこでも似たようなビルになっているかもしれませんが、その中の活動やケイパビリティは、米国の主要な金融センターであるニューヨークとシカゴでは異なっていますし、中国の四つの主要な金融センター、すなわち、香港、上海、深圳、そして北京とも違っています。もちろん、EUの三つの主要金融センターであるロンドン、フランクフルト、パリも違っています。

グローバル・シティの成長を望むのであれば、専門化されたケイパビリティの違いは非常に重要です。そこに文化の要素も入ってくるでしょう。たとえば、ロンドンのソフトウェア開発者の多くは、最終的に文化的な分野にも移っています。そのようなことはニューヨークでも起こっています。私は、現在東京でどのようなことが起こっているのかよく知りませんが、ロンドンやニューヨークと同じようなことが起こっているのかどうか、非常に興味を持っています。

文化・芸術が創り出す京都のイノベーション

細尾真生
(細尾 代表取締役社長)

京都の街と西陣織

ご存知のように京都は人口150万人のコンパクトな街で、794年から1868年まで1000年間日本の首都でした。そのあと都でなくなって200年あるので、合計1200年の歴史があるのですが、さまざまな文化の蓄積があり、まさに日本の文化と歴史の中心地になっています。去年と今年は「世界で一番訪れたい街ランキング」ナンバーワンに京都がなっており、世界中から注目を浴びている街でもあります。この街で私たちが生業にしている西陣織は、1200年の歴史のある絹織物です。そして、私たちの祖先は1688年からこの西陣織の織屋を始めて、創業以来300年以上西陣織を生業にして今に至っています。

私たちの会社は京町屋の中にありますが、その中には和室が2部屋、それから日本の庭園と蔵があります。これらは全部安政年間1855年に建てられたものですが、オリジナルで残っています。この空間を活用して、今はショールームと工場になっています。そして世界各国から毎週さまざまなクリエイター、デザイナー、建築家の方々がいらっしゃって、仕事の話をしたり見学したり、これからの取り組みについて話をしたり、ということをやっています。

西陣織は、第二次世界大戦後、ちょうど高度経済成長に乗って、主に着物と帯地の生産に特化してきました。この着物のマーケットがピークを迎えたのが１９８２年で、その時は2兆円まで膨らみました。しかし、ライフスタイルの変化や生活の欧米化などいろいろな要因があってどんどんマーケットが小さくなり、今は１９８２年の約15％、２８００億円の規模にまで縮小しています。このような危機的な状況の中で、私たちも戦後は帯地を中心に西陣で生産活動をしていたのですが、いよいよ着物マーケットだけでは将来が見えないということで、「世界一美しい絹織物の西陣織を世界のマーケットに売り込みたい」、「世界の人々に西陣織を知ってもらって広めていきたい」という私のライフワークを実行するために２００５年くらいから動き始めました。世界の織物と対抗するためには差別化が必要だということで、１２００年の間に蓄積されてきた織物の技術、デザイン、伝統、歴史そして素材などをベースにして、世界で誰も織ることのできない織物を創ろう、ということに取り組んできました。

その時に非常に苦労したのは、織物の幅の問題です。着物や帯の織物の幅は大体15インチ（約40センチ）なのですが、ずっと１２００年間この15インチ幅で技術が蓄積され素材も開発されて続いてきました。しかし、用途を広げて世界のマーケットに出ていくためには1メートル50センチ幅が必要で、15インチから59インチまで伸ばさないといけないということになりました。これは１２００年間、今まで誰もできなかった、あるいはやらなかったことであり、「生地の幅を伸ばす」と言葉で言うのは簡単なのですが、西陣織の技術や素材を使うという前提になると非常に難しい技術的な大きな壁にぶつかってしまいました。西陣織は26工程の分業システムになっており、その一つ一つの工程に素晴らしい技術を持った専門的な職人がいます。京都市上京区の西陣地域は、そういう職人が職住一体で仕事をしながら住んでいるという特殊な地域です。その職人さんたちを集めてチームを作って、みんなの知恵を出し合って3年かけて生地の幅を広げるというイノベーションを起こすことができました。

西陣織のイノベーションとその広がり

このイノベーションが起きてから、それまでは衰退していた西陣織が再びジャンプアップして、世界へ広がっていきました。私たちがイノベーションに成功した後、最初にそれを評価してくれたのがニューヨークの建設設計事務所でした。「こんなに美しい織物は世界の他の国にはない。これをインテリアの素材として使いたい」ということで、クリスチャン・ディオールさんがお店の壁布や椅子、ソファー張りに私たちの織物を使っていただきました。ニューヨークのお店から広がって、今現在70カ国、150店舗で私たちの織物を使っていただいています。クリスチャン・ディオールのプロジェクトが始まった途端に、ラグジュアリー層は世界でも口コミで一つのコミュニティができているようで、次はシャネルさん、その次はルイ・ヴィトンさん、というふうにどんどんプロジェクトが入ってきました。

さらに、そのようなブランド・メーカーさんだけではなく、今度はラグジュアリーホテルさんがスイートルームを細尾の織物でやりたいということで、ハイアット・リージェンシー京都のVIPルームが最初で、リッツカールトンさんやフォーシーズンズさんなどあらゆるラグジュアリーホテルからリクエストが入りました。また、インテリア素材だけではなくファッションにも広がっていきました。ミハラヤスヒロという日本人のメンズのデザイナーで、パリコレクションで活躍している方が、2011年の東日本大震災の悲劇を踏まえて、2012年の自分のコレクションは日本のスピリットを入れていきたい、日本

Hosoo, Masao
細尾代表取締役社長。一般社団法人京都経済同友会理事。同志社大学ビジネススクール講師。1953年生まれ。同志社大学経済学部卒業後、伊藤忠商事。伊ミラノのノートンズ社に出向し、帰国後、細尾に入社。2000年より現職。西陣織の技術と素材を活用した、新しい織物事業を立ち上げ、ニューヨークのソーホー地区にショールームを開設するなど、グローバルに展開している。

の匠の技を自分のコレクションに入れたいということで、世界各国に散らばっている制作スタッフを全部西陣の私たちの工房に集めて1週間合宿しました。「西陣織とは何ぞや」というイロハから勉強されて、ミハラヤスヒロさんがデザインを出して私たちの織物で創ったコレクションが2012年にパリで発表され、大きな話題になってビジネス的にも大成功を収めました。これを契機に国内外のデザイナーと取り組みが始まって、今も世界各国のデザイナーの方々と取り組みながら、オートクチュールの分野を中心に私たちの織物を使ってコレクションを作っていただくというビジネスも始まりました。

インテリアやファッションだけではなく、プロダクト・デザインに私たちの織物を使うということも広がってきていて、その最初がドイツの有名なカメラメーカーであるライカさんとの取り組みでした。ライカさんは2年前に京都にフラッグショップを作られて、内装に私たちの織物を使っていただいただけではなく、カメラバッグや、今年の春発売された新しいカメラは「ライカのカメラに着物を着せる」というコンセプトで私たちの織物がライカのカメラと一体化しているものもあります。最近では東京モーターショーでホンダさんが2020年のコンセプトカーとして全自動運転の自動車を発表されましたが、その内装にも使われました。ホンダの車作りは機能性に走って面白みのない車ばかりになってきたという反省から、もう一度原点に返って美しい面白い車を作りたい、内装は機能的な織物ではなく西陣織を使いたいということで共同開発させていただきました。

最後にご紹介するのは、ニューヨーク在住のテレジータ・フェルナンデスという現代アーティストから自分のアートピースを細尾とコラボレーションして織物で作りたいという話が来て、半年間あでもないこうでもないと試行錯誤しながら仕上げた作品です。彼女はオバマ大統領(当時)のアートディレクターで、オバマ大統領も彼女のコレクターの一人だそうですが、そういう現代アーティストとコラボレーションすることでまた織物の可能性が広がりました。

このようにいま私たちがやっていることは、世界中のクリエイターやデザイナー、建築家などあらゆる才能のある方々と一緒にコラボレーションして交流して融合することによって、私たちが持っている１２００年の間に培われた技術や素材を使って新しい価値を作っていくということです。我々のテーマは「More than textile」。テキスタイルというモノだけではなく、そこから新しい時代に対する新しい価値をさまざまな人との融合、交流の中で作っていくところにイノベーションが起きるということをやっています。京都は今、「文化・芸術が創り出す経済のイノベーション」ということで、京都という都市をますますイノベーティブな街にしていこうという活動をしています。

TOPOS Conference

第10章

人新世の〝ヒューマン・ビルディング〟

――「次世代を拓く人間」をいかに創造するか

人新世という新しい時代

「人新世《ひとしんせい》」(Anthropocene)は、われわれ人類の多くの活動が地球の動的均衡システムを脅かしている状態にあることを示す言葉で、地球規模の危機ともいわれる。この問題を回避し、さらなる繁栄を実現するには、地球レベルの高い視点と広い視野を持って行動することが求められる。つまり、これまでのトポス会議でも議論してきたように、誰もが「実践知」を体現するリーダーとなり、共通善に向かって日々共創に努めることが肝要と言える。

実践知の基盤やその育成方法については過去にも議論してきたが、節目となる第10回では、日本における現象学研究の第一人者である山口一郎氏を招き、トポス会議の代表発起人である野中郁次郎との対話を通じて、実践知と知識創造の基礎となる「間身体性」や「相互主観性」について、あらためて理解を深めるとともに、人類の倫理性や道徳性、さらには情熱や信念の源泉について意見を交わした。

この共創的セッションを踏まえた第2のセッションでは、ヨーロッパのリビング・ラボ、「定年のない会社」、「和敬塾」の取り組みで知られる前川製作所のプレゼンテーションを通じて、「次世代を担う」あるいは「未来を拓く」人間を育成する環境やリーダーシップについて考察を試みた。

最後のセッションでは、人間の可能性を無限に広げるさまざまな取り組みについて、能のメソッド等を用いて自閉症児を支援する能楽師、既存の学校や企業の教育システムの限界を訴える教育学者、徒弟制度の意義を再発見した企業経営者の考え方や実践を聞きながら、最終セッションにふさわしく、われわれ人類が21世紀をいかに賢く生きることができるか、そしていかに未来を創造し続けていくかについて議論を行った。

トポス❶ 「人間の進化と身体性」

アートとサイエンスを綜合する哲学といえる「現象学」の有用性について、代表発起人の野中郁次郎と、日本を代表するフッサール現象学の研究者である山口一郎氏が対談。

まず山口氏より、現象学はそもそもあらゆる先入観を排し、意識に直接表れたもの、直観されたものに対し、内在としての絶対性を認めるものであり、じつは合理主義哲学の祖であるルネ・デカルトがあらゆるものを疑い、削ぎ捨てていった後、自分の感じている思いだけは絶対疑い切れないと考えるに至った瞬間に生まれた「我思うゆえに我あり」が現象学の出発点になっていることを説明。そして、「時間意識」の働きを示す言葉である「過去把持《かこはじ》」(retention)と「未来予持《みらいよじ》」(protention)について、ベンジャミン・リベットが『マインド・タイム』(岩波書店)で示した内外を問わず刺激を受けて意識化するには0・5秒の脳内活動を要すること、にもかかわらず、イチローをはじめ一流のスラッガーはなぜヒットを量産できるのかを紹介しながら解説。

これを受けて、野中が、人間の直感は、分析から始まるものではなく、無意識も含めて脳と身体による過去把持に基づいており、そこから未来予持が生まれる、だからこそ進歩や進化、イノベーションには、個々人の主観がきわめて重要であると主張。

以降、主観が生まれてくる原点は母子関係にあり、オーストリアの哲学者マルティン・ブーバーの『我と汝・対話』(みすず書房)にも言及しながら、それゆえ主観は他者への共感から生まれること、こうした複数の主観が共同化されることを「相互主観性」(間主観性)と呼び、かつての本田技研工業の「ワイガヤ」はその形成プロセスであったことなど、2人の意見交換が続き、最後に野中が、第1回のトポス会議ではシンギュラリティを議論したことを提起し、あらためて暗黙知の重要性を訴えて締めくくった。

トポス❷ 「次世代を創る社会」

冒頭、トポス1の最後で紹介されたオランダ・ラーテナウ研究所所長を務めたヤン・スターマン氏によるビデオ・メッセージで述べられた、社会やコミュニティが人間の育成や能力開発を担っていくという考え方があらためて示される。

「共同生活を通した人間形成」を目指して和敬塾という私塾を設立した前川製作所の前川正雄氏が、戦後の教育は知識偏重であり、前川製作所では、学歴を問わず入社3年間は寮生活をさせ、仕事の現場では身体で憶えることを徹底していることを紹介。また、イノベーションには非日常的な場が必要だが、じつは、若者よりも経験の質と量で圧倒的に勝るシニア社員が主導的な役割を果たしている、ただし老若が交わることが重要と指摘。

世界的なサッカー・チーム、レアルマドリードで戦略立案のほか、社会貢献活動にも従事するホセ・ラモン・カプデヴィラ氏から、自己啓発のグールーであるトニー・ロビンズの「成功者が持っている七つの特性」—①情熱(passion)、②信念(belief)、③戦略(strategy)、④明確な価値観(clarity of values)、⑤エネルギー(energy)、⑥対人関係力(bonding power)、⑦コミュニケーション力(mastery of communication)—について説明があり、シェアリング経済、クラウド・ファンディング、ビッグデータ、エクスポネンシャル(指数関数的)技術や組織などの登場によって、新しいリーダーが世界各地で登場しており、その支援を行っていることが紹介された。

ヨーロッパ各国のフューチャー・センターやリビング・ラボで中核的な役割を果しているハンク・クーネ氏は、カナダのメディア・文明評論家マーシャル・マクルーハンが述べた「我々はバックミラーを通して現在を見ており、未来に向かって後ろ向きに進んでいる」というパラドックスを引きながら、未来に向けた行動の重要性を強調。そして、フィンランドの「エスポー・イノベーション・パーク」、小中学校向けの創造性開発プログラム「ウィ・ラーン・イット」、アイルランド・ダブリンで始まった草の根のプログラミング教室「コーダー・ドージョー(道場)」、エストニアの若者たちが始めた「レッツ・ドゥ・イット」などコミュニティ発の活動を紹介した。

また、富士通代表取締役社長の田中達也氏からのビデオ・メッセージでは、富士通が掲げる「ヒューマン・セントリック」な社会についてのプレゼンテーションがあり、未来の創造には「つながる社会」、「価値の共有」が不可欠であるという言及があった。

トポス❸ 「日本の若者の未来」

徒弟制度を採用していることで知られる秋山木工グループ代表の秋山利輝氏が、自己紹介の後、若い丁稚

2名（若泉和武氏、河原久美子氏）を登壇させ、若泉氏が同社の「職人心得30箇条」を唱和。秋山氏は、「一流の職人になるには人間性が第一である」という持説を披露するとともに、若者を鍛えることがなおざりにされているのではないかと問題提起して、プレゼンテーションを終えた。

これに続いて、若者の研究で知られる教育社会学者の本田由紀氏が、「若者への目線を新たに」というテーマで、まず若者の能力に関する国際比較調査の結果を説明しながら、日本の若者は言語能力や数的能力などは相対的に高いものの、じつは自己肯定感が低く、閉塞感が強いという特徴があることを指摘。その原因には、労働市場の荒廃、低賃金、社会保障の機能不全等のほか、人間性や地頭など抽象的な能力によって恣意的な評価がまかり通っていることにあると批判し、こうした茶番はいい加減やめて、稼げる知識やスキルを具体化し、それを教えるべきであると訴えた。

最後は、能楽師でありながら、自閉症児と一緒に奥の細道を歩く活動を行っている安田登氏が、まず能楽、特に夢幻能における四つの改革 ― 室町時代において豊臣秀吉によって着物が高価になる、徳川綱吉の時代ではスピードが遅くなる、明治時代に屋内で演じられるようになる、戦後になって入場料によって興行する ― について説明した上で、世阿弥の「初心忘るべからず」は、自己変革には過去のいっさいを捨て去れという意味であること、厳格な内弟子制度にはさまざまな約束が課されるが、じつは（内緒で）破らなければいけないこと、師匠の真似をしていると「無主風」と批判されることなど、能楽の徒弟制度の実際について解説した。

3人のプレゼンテーションの後、「徒弟制度は時代遅れであり、やめるべきだ」と投げかけて（本田氏より徒弟制度の定義が必要という指摘を踏まえた上で）ムードメーターを実施。最後に、日本の若者の潜在能力は高く、それを引き出すために社会を変えていく行動が必要であることが確認された。

TOPOS Conference 10

人間の進化と身体性

山口一郎（現象学者）×野中郁次郎（一橋大学名誉教授）

現象学で解く主観の質：山口一郎との対話

野中　山口先生は私にとって現象学の師であります。フッサールが創唱した現象学は、よく「難解だ」といわれますが、最近では企業経営者の間でも、とりわけ人材育成という観点から現象学への関心が高まっています。

山口　2000年来の哲学の歴史の中で、人類は唯物論と観念論の間を喧々囂々《けんけんごうごう》と戦ってきました。「我思う、故に我あり」という原理的見解をデカルトが唱えたことで、近代哲学における人間像はできあがったとされますが、現象学はデカルトが遂行した懐疑の方法を受け継いでいます。

絶対的な真理基準を求めたデカルトは、ウルムというドイツの町で三日三晩ノイローゼになりかけながら、ありとあらゆる「疑わしいと思える」知識を捨て去りました。自然科学の知識を捨て、数学の知識でさえ、存在するかもしれない神の惑わしを前提にして捨て去った時、何があっても疑うことができないのは、「この瞬間の、この思いを抱く我」しかないということに至ったというのです。この絶対に疑えないことから始めるのが哲学であり、そこから始めない哲学は、哲学ではないというところからフッサール現象学は出発しているのです。

この「絶対に間違いない瞬間の思い」をまたぐもの、つまり「過去と未来」という時間を、物理学などの自然科学研究者は、日常言語の意味による「もう過ぎ去った時間」、「未だ来ない時間」として、あたり前のように理解しています。しかし、それは言葉を当てがえば、わかったような気になっているだけであり、疑いようのない直観の体験として過去や未来を論じているわけではありません。絶対に疑うことができないものとして、いま起きて、そう理解されていることの意味はどのように直接、体験されてきたのかを問うのが現象学の哲学としての立ち位置なのです。

イチロー選手はなぜヒットを打てるのか

野中　山口先生がよく例に挙げる、イチロー選手がヒットをよく打つ現象の話が、私には非常にわかりやすかった。

山口　ベンジャミン・リベットという脳科学者の発見による、ありとあらゆる刺激に対して、それが意識化されるためには0・5秒間の脳内活動を必要とするという説があります。これは世界中の脳科学者によって検証され、いまでは通説になっています。

この説をイチロー選手のバッティングに当てはめると、ピッチャーが投げた「この瞬間」から0・5秒でボールの軌道を意識していたのでは、とても対応できません。ということは、意識に上がる前にイチロー選手はボールの軌道を無意識に感覚していたことになります。それが可能なのは、無意識に感覚されたボールの軌道が脳の中に残っていて、その感覚記憶が「この瞬間」を成立させているからです。これが「レテンション（過去把持）」という受動的志向性（意識に上らない意味づけ）の働きです。

同時に、「この瞬間」から先のボールの軌道も無意識に予感しているわけですが、これは「プロテンション(未来予持)」という受動的志向性の働きです。人間の時間意識というのは、無意識の間に過去に沈澱しつつ、未来を予感しつつ、流れているのです。フッサールは、10年以上かかってこの理論にたどり着きました。この過去把持と未来予持をもちいて、意識にのぼる以前の「ボールの軌跡」に対するイチローの、いわば「無心」の対応能力の理論的解明が可能になるのです。

野中　われわれが現実を認識するのは、分析から始まっているわけではない。過去の全身の感覚質、過去の意識的努力、身体感覚の次元にいったん降りてきて、それは無意識も含めて積み上げられて習慣化したもので、そこからさらに未来予持までつなぐ能力を人間は本質的に持っているということですね。

イノベーションをいかに起こすかということを考えた時、客観というサイエンスの流れの中で、じつは重要なのは主観の〝質〟なんだという議論にもつながると思いますが、主観をいかにして客観に変換していけばいいのか。

主観は客観から生まれたものである

山口　私たちは主観を一人称、客観を三人称と分けて考えますが、その真ん中にあるのが「相互主観性」という二人称です。共感の領域、あるいは間身体性の領域というものがあるということを、いわば「受動的相互主観性」として解明してきたのがフッサー

Yamaguchi, Ichiro
東洋大学名誉教授。1947年生まれ。上智大学文学研究科哲学専攻修士課程修了。ミュンヘン大学哲学部哲学科にて博士号(Ph.D.)取得。独ノルトラインヴェストファーレン州ボッフム大学哲学部にて哲学教授資格(Habilitation)取得。東洋大学文学部教授を経て、2016年に同大学名誉教授。主な著書に『人を生かす倫理』(知泉書館、2008年)、『実存と現象学の哲学』(日本放送出版協会、2009年)、『感覚の記憶』(知泉書館、2011年)が、またフッサールの訳書に『受動的綜合の分析』(国文社、1997年)、『間主観性の現象学』(筑摩書房、2012年)がある。

ルでした。

母子関係でいうと、お母さんが赤ちゃんに添い寝をしている時に、引き込み現象という現象がよく起こります。赤ちゃんが自分の呼吸を無意識のうちにお母さんの呼吸のリズムに合せ、一致した呼吸のリズムが成立した時に、お母さんさえも眠りに落ちるというような現象です。このとき赤ちゃんは、宇宙全体になっている身体性と母親との間に流れる共有した時間を生きていて、自分の身体と他の人の身体の区別がまだつきません。

そこに、赤ちゃんが言葉にならない発声である喃語《なんご》を発し、お母さんが上手にそれを真似るということが起きる時、赤ちゃんは、喃語を発する時の身体で感じる運動感覚とその声を同時に感じるのですが、お母さんがそれを真似る時、喃語の声は聞こえても、運動感覚は感じないことに気づきます。これが運動感覚を感じる自分の身体とそれを感じない他の人の身体の区別がつく瞬間で、「自分が自分になる瞬間」の基盤とされるのです。こうして人間の主観は、主客未分の受動的相互主観性から主客が区別される能動的相互主観性へと移行していくのです。

野中　人間の主観が、じつは共感から生まれたものであるという現象学の説明は、次世代を拓く人間形成という観点から非常に重要なポイントになると思います。自我を意識した人間は、教育によって徹底的に分析による方法論を叩き込まれて大人になる。そこで提起したいのは、人間はエゴを認識した後で、もっと大きな感性と知性の綜合という高次の感覚――主客未分の状態をもう一度生み出せるのかということです。一

Nonaka, Ikujiro
一橋大学名誉教授。富士通総研経済研究所前理事長、ならびに前実践知研究センター長。クレアモント大学大学院ドラッカー・スクール名誉スカラー。早稲田大学政治経済学部卒業。カリフォルニア大学経営大学院（バークレー校）にて博士号（Ph.D.）を取得。2008年5月、『ウォール・ストリート・ジャーナル』紙で「最も影響力のあるビジネス思想家トップ20」に選ばれる。

人称から三人称につなげるための二人称の確立、言い換えれば、自己中心化から解放されて、他者に真に全人的に触れ合う段階をつくれるのか？

全人的な触れあいで変わる「我と汝」の関係

山口　新カント派の哲学者、ドイツ人のオイゲン・ヘリゲルが著した『弓と禅』という本があります。日本で弓道を修行したヘリゲルは、引いた弓矢を放すタイミングに迷いが生じた時、師から「赤子のように、柘榴の実が弾けるように矢を放て」と教えられます。意図的に手から矢を放すのではなく、簡単にいえば自分という意識がない「赤ちゃんの手になれ」ということです。最終的にヘリゲルは赤ちゃんの手になることができたのですが、「自分を思う」自己中心化の根源は自己身体中心化です。自分の身体がかわいくてしょうがない、という意識から抜け出さない限り、人間は再度、主客未分の赤子の手にはなれないのです。

野中　企業の内部で全人的に触れ合う関係はつくれるのでしょうか？　たとえばホンダには「ワイガヤ」という伝統があります。プロジェクトチームが合宿をして、意図的に修羅場をつくり、徹底的にぶつかり合う。言語や形式知でぶつかり合って、頭の論理が尽きた時、「お前は何者だ？」という意識が出てくる。そこから暗黙知レベルでの相互理解が進み、上手くいけば自己意識を超えた相互主観が生み出せるという仕掛けだと思うのですが。

山口　「我－汝」関係を哲学としたのはマルティン・ブーバーという哲学者ですが、要するに私が本当の私になるのは汝を通してのみである、出会いを通して私は本当の自分になる、汝を通さなければ本当の私が私であるということはわからないというのです。本当の自分になるためには、無心・無我じゃなければ無理なんです。利害や損得みたいなものが無意識の中にあるうちは、本当に他者に向かえてはいない。「私は」という考えが浮かばないくらいにならないと、ヘリゲルの赤ちゃんの手にはなれないんです。そして、重要な点は、「我―汝」関係にはその根底に健全な母子関係が生き生きと残っていなければならないということです。残っているからこそ、相手の喜びや悲しみが、類推する必要もなく直に自分に伝わってくる、そのような宇宙の中に没入して、ひたむきに生きている赤ちゃんに戻らなければ、本当の自分になるための出会いはないということです。

野中 けれども、普通の大人に「赤ちゃんに戻れ」と言っても、簡単に戻れるわけではない。

「人と人の間で人になる」ということ

山口 私は一瞬でも自分が無心になれればいいと思うのです。たとえ一瞬でも、自分を無にして相手に対することができれば、本当の自分になることはできるとブーバーは言います。相手は弓矢でも、禅でも、人間でも、自然でもかまわない。芸術家でも同じことが起こり得ます。メルロ・ポンティというフランスの現象学者は、ある画家について、「私は森の中で森の絵を描いているのか、森に私が描かれているのか、わからなくなる」と述べています。我を忘れたフローの状態では、「自」と「他」の区別がなくなることが起こる。少なくとも、自分を無にする能力は、人間の本質として誰にでも備わっているものだと私は思います。

ヒューマン・ビルドゥングと教育の未来

ヤン・スターマン
（オランダ・ラーテナウ研究所 前所長）

国家の未来を担う教育の重要性

私は、国の未来にとって教育ほど重要なものはないと思っています。人々の幸せ、政治的・社会的な束縛や圧迫からの解放、そして青少年が一人前の社会人になるために、教育ほど重要なプロセスはない。この事実を軽んじてはなりません。

いま、オランダではいろいろなことが起こっています。教育を見直そうとする手続きも取られています。ドイツ語では「ビルドゥング」といいますが、取り組もうとしているのはそのような人間性を向上させるための知識や感情の修練です。つまり、単なる学力の向上ではなく、新しい社会に向かう人間形成のための教育を進化させようとしているのです。

無論、これは簡単なことではありませんが、いま私たちが直面している問題は、「政府による教育改革構想など、もうたくさんだ」ということです。なぜなら、過去の教育政策はことごとく失敗に終わり、もはや市民は政府を信頼していないからです。政府や専門委員会に任せれば、グランドデザインや巨額の予算を手に入れることはできるでしょうけれど、結果はじつに凄惨を極めたものになるでしょう。

「一流主義」と「秀才シンドローム」が人間形成を阻む

私たちは未来の教育システムをどうやって手に入れるか？　どのようにイノベーション教育を行うか？　どうしたら幸せなよき市民を手助けする教育を実現できるか？　それを考えて改革に取り組んでいるところですが、じつは深刻な問題があります。オランダの社会には、「一流主義」といわれる教育システムが定着しているということです。つまり、誰もが「一流」になりたくて、そのための教育がなされているのです。

この一流主義は、常に「人間形成の本質」と対立します。「バランスのとれたよき市民づくり」や、その他さまざまな理念とも対立します。これがいまのオランダを悩ませているのです。

特に大学教育においては「エクセレンス・シンドローム（秀才シンドローム）」がはびこっています。私たちはこれをなくしたいと考えています。競争やランキングへのこだわりではなく、「命の意味を理解できること」の大切さを教育し、幸せなよき市民をどう形成するかが、今のオランダでは大きな課題なのです。

教師の本来の役割とは何か

教育システムだけの問題ではありません。まずは教師が重要です。「よき師」がいるかどうかということも非常に大きなテーマです。

教師が何をいうかではなく、教師が生徒たちの目の前で「生きるとはこういうことだ」と身をもって実践し、良き人生の模範を示さなければなりません。これは暗黙知です。このような体験が生徒を育てるのです。

どのように犬と遊んだら良いのかを教えてくれる教師がいれば、犬を怖がることはありません。遠くから犬を見るだけではなく、実際に犬に触れ、良好なパートナーシップを築くことができるでしょう。このようなティーチャーシップこそが、今まさにヒューマン・ビルデュングの文脈で求められているのです。教師自身が自分の人生を楽しんでいる楽観主義者であり、仕事に誇りを持って取り組んでいることは非常に重要な点です。

保護者たちは、教師に対して、自分たちの子供と一体になりながら多くのことを実現していくことを望みます。これは保護者達の基本となる希望です。もし教師が生徒と一体になっていないのなら、それは悪い教育がなされていると考えます。ですから、教育を変えたければ教師から変えなければなりません。

教育現場における技術の活用

教育における技術についてですが、もはや必要不可欠と言って良いでしょう。そして、早くから実験的な取り組みを行っている学校も非常に多く存在しています。生徒たちはiPadなどを活用していますが、覚えるのが非常に早く、世の中の事情をよく知っているというリスクが一つあり、そのため学校では機能しないのではないか、という懸念があります。

一方で教師たちのほうは、非常に多くの場合、新しい技術の習得に疎いということは問題です。ですから、オランダには、学校の理事会で生徒の中から1〜2人を選んで、ICTコーディネータに任命している面白い取り組みをしているところもあります。彼らは学

Staman, Jan
スターマン・コンサルタンシー・エグゼクティブ・ディレクター。元オランダ・ラーテナウ研究所所長。専門は、獣医学、法学。2015年1月に同研究所を退職し、科学・社会・政府を取り巻く破壊的技術とそれらをめぐる対立について調査・研究するコンサルティング会社を設立。

校の中で任務を果たすのですが、教師に対してもＩＣＴの使い方を教えたりします。

オランダでは、非常に顕著ですが、ＩＣＴに関しては、教師たちのほうが出来が悪いものです。生徒たちのほうがよっぽど賢くて、さまざまな使い方を実践しています。そして、ある学校の中には、生徒たちが教育用ＩＣＴのための事務室を持っているところもあります。これこそまさにオランダらしいやり方で、私は非常に誇りを持っています。

社会における教育の意味

私は教育の重要性が今後再認識されるだろうと思っています。「社会にとっての教育の意味」を問うことによって、教育の在り方が作り変えられていくでしょう。

もう一つの欠かせない視点は、情報通信技術（ＩＣＴ）が教育の中にますます浸透していくだろうということです。オンライン講座のＭＯＯＣ（Massive Open Online Course）などは大学以外の教育現場にもどんどん入り込んでいくでしょうし、すでに大学における教育自体よりも質の高い素晴らしいＭＯＯＣも存在しています。

ＭＯＯＣは教育におけるＩＣＴ活用がうまくいった一例です。今後はこのようなイノベーションがいくつも起こってくると考えられます。何か一つを変えるのではなく、考えうることは積極的にチャレンジをして、つねに変わりつづけながら教育をどんどんよくしていくことが非常に重要なのです。

また、私も経験がありますが、企業の人が大学に入り込んでいったり、大学が企業と共同研究を行ったりすることは双方にとって有益です。お互いが自分たちが演奏できる楽器を持ちより、合奏する。素晴らしいことです。

そして、私が最も重要だと考えていることですが、すなわち、生徒と教師の関係性において、教師が「いかに良く生きているか」が第三者に見えているかどうか、ということです。言葉で聞くのではなく、教師のライフスタイルの中にそれがきちんと示されているか、ということです。「なんと!先生はこういうふうにやっているのか!」ということが生徒や保護者に見えるかどうかということです。これは暗黙知です。このような体験が生徒と教師を育てるのです。

一方で教育の未来における危険性とは、教育が目標志向型となり、手段としての教育になってしまうことです。教育とは、いわば教師と生徒との大実験なのです。しかし、科学を手段として用いるようには、教育を手段として用いるべきではなく、あくまでも教育は「どう生きたいのか」を追求していくプロセスであるべきです。

TOPOS Conference 10

能に学ぶ「身体性」と生き方

安田 登
（能楽師）

能における革新の歴史

能のルーツははっきりしません。しかし、いまから650年ほど前に、幽霊や精霊や神様といった、この世のものではない存在を主人公とする「夢幻能」と呼ばれる形式を観阿弥と世阿弥が完成したことによって、現代につながる能が完成したといわれています。

長きにわたって続いてきた夢幻能ですが、現在まで同じかたちで続いてきたわけではありません。大変革を4回経ています。1回目の変革は豊臣秀吉のときでした。秀吉の命で装束が豪奢なものになり、いまの能装束に近いものが完成されました。それによっておそらく動きが制限されたのではないかと想像されます。

2回目は徳川の時代、5代将軍綱吉のころです。そのころからスピードが突然遅くなったと推測されています。それ以前はいまの能の2倍から3倍の速さで演じられていたのではないかと言われています。

3回目の変革は明治時代です。屋外で演じられてきた能が、薪能などの特殊な場合を除き、基本的には室内で演じられるようになりました。江戸時代までは、雨が降れば能面や装束、道具（楽器）が濡れてしまうので上演はできませんでしたが、この変化によって、雨の日でも能を観ていただけるようになりました。

そして、4回目の変革は戦後です。それまでの能にはパトロンがいて、観客からの入場料はお賽銭のようなものでした。しかし、戦後になって、入場料収入で興行するという考え方に変わったのです。

これらの変化は、すべて突然起きています。物事が急に変われば、戸惑う人や抗う人もいます。綱吉のときに突然ゆっくりになった能を観た人は、「こんなのは能じゃない、もっと速く演じるべきだ」と思ったことでしょう。けれども、古い考えを無視して大胆に変化を遂げる――それが能です。そしてその変化を受け入れる素地は、観阿弥・世阿弥が提唱した「初心忘るべからず」なのです。

「初心忘るべからず」の本当の意味

初心の「初」は、左側が「衣」で、右側が「刀」です。着物をつくるときは、必ず布に鋏を入れます。この瞬間が「初」です。何かに変化をするときは、過去の自分を切り捨てよと、世阿弥は言っているのです。能の大変革も、この「初心」です。

世阿弥は「老後の初心」とも言っています。世阿弥は「命には終わりあり。能には果てあるべからず」と言います。他者を観察してみると確かに、その命に終わりはある。しかし、自分はどうでしょう。たとえば電信柱にぶつかったら、ぶつかった後に気づくのです。「死」もそうではないでしょうか。能楽師として生きている限り、その変化に終わりはない。「初心」はあり続けるのです。歳をとればとるほど過去を捨てるのは怖くなるもので

Yasuda, Noboru
ワキ方下掛宝生流能楽師。米コロラド州ボールダーにあるロルフ・インスティテュート公認ロルファー（ボディワーク・ロルフィング施術者）。1956年生まれ。『論語』を学ぶ寺子屋「遊学塾」を主宰し、全国で出張寺子屋を実施。主な著書に、『ワキから見る能世界』（生活人新書、2006年）、『身体感覚で「論語」を読みなおす。』（春秋社、2010年）、『異界を旅する能』（ちくま文庫、2011年）、『身体感覚で「芭蕉」を読みなおす。』（春秋社、2012年）、『能 ― 650年続いた仕掛けとは―』（新潮新書、2017年）などがある。

すが、本当に大事なものはなくなるはずがないのだから、安心して過去を切り捨てろ、とも世阿弥は言います。

徒弟制が注目されている理由

稽古というのは、何かを学ぶことではなく、どんどん捨てていくことです。能は「心」を扱いません。心とは表層の心的機能。特徴は変化することです。そんなものを扱っていたら、650年も続きません。

能で扱うのは、変わらない「思い」、深層の心的機能です。どんなに時代が変わっても、決して変わらない「思い」がある。心をどんどん捨てていって、不変の「思い」の部分に到達しようとすることが能の稽古なのです。

しかし、どれだけ心を捨てても、師匠からOKと言われることはありません。なぜなら、それを探求する道に到達点はなく、師匠も常に変化する存在だからです。能の師匠と弟子とは、共に心を削って、共に成長していく関係にあるのです。

稽古の「稽」とは頭を地面につけるような拝礼をすること。「古」とは「固」、すなわち不変の真理です。稽古とは、不変の真理を体現しつつある師匠に稽首の礼をして、そのままそっくり師匠の芸を真似ることを言います。

しかし、ただ真似をするだけでは駄目です。真似だけの主体性のない芸を世阿弥は「無主風」と呼びました。師匠の芸を自分のものとして体得できたとき、無主風は「有主風」になり、初めて観られる芸になるのです。

「有主風」の芸を身につけるまで、最低でも10年はかかります。50年かかるかもしれない。それで良いのです。75歳で芽が出る人がいるかもしれない。だから能楽師の出演料は完全年功序列制です。もしも今世で芽が出なければ、来世でもいい。それくらい先に石を投げるように、気長に成長を見守るのです。だから、能はうまい人がすごいのではありません。長くやっている人が、いつか大化けするのがすごいのです。

能が教える身体性と生き方の関係

江戸時代の俳聖、松尾芭蕉に「おくのほそ道」があります。その旅は、夢幻能のように古人の詩魂と出会う旅でした。

私は、あるご縁から、ひきこもりの人たちとおくのほそ道を歩くようになりました。それはいわゆる「自立支援」とはちょっと違う考えで行っています。芭蕉の方法論で行っているのです。

芭蕉は自分のことを「四民の方外」と呼びました。士農工商の箱の外に存在しているという意味です。現代のひきこもりの人たちも、芭蕉と同じく「社会」という箱から出た四民の方外の人たちです。通常の自立支援では、社会という箱にもう一度戻そうという働きかけをします。

しかし、すべての人がこの箱の中で生きている必要はありません。能楽師も四民の方外で生きています。いろいろな生き方があるのです。芭蕉が四民の方外で生きたように、ひきこもっている人たちにも箱の外で生きる方法があるのではないか？　そう考えて、おくのほそ道を一緒に歩いています。

私はロルフィングというボディワークの施術をしますが、ロルフィングの基本の方法は「ゆるめる」ことです。たとえば猫背の人に「背筋を伸ばせ」と言いますが、これは意味がありません。背面が丸くなるのは、前面の筋肉群が引っ張っているからです。前面が引っ張られたまま背面を伸ばしても、すぐに戻ってしまいます。前面の筋肉群をゆるめれば、猫背は自然に治るのです。

自立支援活動のおかげでせっかく元気になっても、社会に戻ろうとすると彼らは緊張します。まず、そこをゆるめます。もう社会には戻らなくてもいいと決めてしまう。そうすることによって、さまざまな可能性が見えてきます。ただし、それを頭でやってはダメです。芭蕉とともに俳句を作りながら歩く。その過程でさまざまなことが見えてくるのです。

これは歩くときにも大切です。能のすり足は、もっとも自然で、もっとも楽な歩き方なのです。筋肉をほとんど使わないから、体力も消耗しない。だから能楽師は80～90歳まで現役を続けていられます。彼らにもその歩き方を教えておくのほそ道を歩いています。

能と現象学に通じるもの

明治以降、能は室内で演じられるようになりましたが、いまでも屋外での上演機会はたくさんあります。その場合、途中で雨が降ってきたら舞台を続けることはできません。しかし、演目の途中で能が終了すると変なので、雨が降り出しそうになると、舞台は最後の場面に飛びます。合図があることもあるのですが、何の合図もなしに飛ぶこともあります。それを可能たらしめているのは稽古によって深層の「思い」が共有され、演者同士の間身体性の領域で行われるからです。これは能が昔、武士のための芸能であることとも関係するでしょう。戦のときは、命令を聞いてから動いたのでは遅い。「受動的相互主観性」で全員が一心同体で動く。そんな伝統が、いまも能の舞台には残っています。

Introduction

TOPOS Conference

第11章

21世紀にふさわしい日本的経営を構想する

「日本的経営」を見直す

半世紀前の1968年、日本は敗戦直後の8倍強という経済成長を実現し、米国に次ぐ世界第2位の経済大国になった。ここまで劇的な発展を遂げた国はいまだ世界的に例がなく、当時は「東洋の奇跡」(ジャパニーズ・ミラクル)といわれた。この歴史的成功は、初期こそ景気や為替などマクロ経済的要因の影響が大きかったが、中期以降は、いわゆる「日本的経営」という、日本独自のマネジメント・システムの賜物にほかならない。

しかしその後、それこそ日本的経営が得意とする継続的改善は、生産現場のレベルで留まり、マネジメントの改善・進化には至らなかった。むしろ、成功の罠とバブル崩壊後の自信喪失から日本的経営を否定し、アングロサクソン流の経営手法を安易に導入してしまった。一方、欧米企業は日本企業を虚心に研究し、その長所や強みを取り込み、マネジメントの幅と深さを増していった。

21世紀にふさわしい日本的経営を構想する――。

2017年9月22日に開催された第11回トポス会議では、改めてこの挑戦をテーマに掲げ、戦後の成長とバブル後の停滞について、一貫した論理に基づいて再検証するとともに、新しい着想や萌芽的事例を紹介しながら、日本企業らしいマネジメント・イノベーションの姿について議論した。

日本企業の中に理想形を見出したピーター・ドラッカー、『ジャパン・アズ・ナンバーワン』の著者エズラ・ヴォーゲル、『ジャパニーズ・マネジメント』の著者リチャード・パスカルなど、米国の経営研究家たちはなぜ日本的経営を高く評価したのか。日本的経営のエートスは改善が主であり、イノベーションや変革は例外的だったという主張もあるが、それは本当か。日本的経営を進化させることで、日本企業はその可能性を覚醒させられるのではないか――。

世界的マネジメント・グールーの一人であるヘンリー・ミンツバーグ、『新・日本の時代』で日本の変化のパターンを示したスティーブン・K・ヴォーゲル、そしてヨーロッパ・ドラッカー・ソサイエティ理事長リチャード・ストラウブらと、野中郁次郎とともに日本的経営の実際を観察・研究してきた加護野忠男などのフロニモス(賢人)たち、そしていままさに新しい日本的経営を創造しつつあるビジネス・エグゼクティブたちとの討議を通じて、目指すべき針路について考えた。

トポス❶ 「イノベーション経営の時代の日本的経営」

トポス1を始める前に、ホンダエアクラフトの藤野道格社長から寄せられたビデオ・メッセージが上映された。藤野社長は、ジェット機の開発がホンダにとって夢だったこと、主翼の上にエンジンを配置する技術的イノベーションを成し遂げたこと、開発を成功させたのはフラットで迅速な意思決定ができる小規模なチームだったことなどを紹介した。このメッセージを受けて、過去にはホンダジェットのようなイノベーションを数多く行っていた日本企業が、いまでは日本的経営の良さを失い、人間中心的な組織的革新能力が失われているのではないか、21世紀の日本的経営の「知的機動力」をいかに再構築すればよいのか、という問題意識を提示した。

トポス1で取り上げたのは、ピーター・ドラッカーの思想と企業と社会との関係である。ドラッカーは、「日本の経営から学べるものは何か」という小論の中で、日本的経営の特徴として、①コンセンサスにもとづく意思決定、②年功序列という雇用保障と労働コストの柔軟性や生産性を調和させる協調性、③若いプロフェッショナル・マネージャーの管理・育成、という3点を上げている。そこで、トポス1では、ヨーロッパでドラッカー・ソサイエティを創設したピーター・ストラウブ氏がまず登壇し、現代におけるドラッカーの意義、ドラッカーから見た日本企業という視点でプレゼンテーションを行った。そこで指摘されたのは、イノベーションとアントレプレナーシップの重要性であり、ドラッカーも愛した日本美術の多様性に日本の強みがあるのではないかということだった。

企業と社会との関係については、日本の高度成長を支えた「ネオ・コーポラティズム」が政府と労働組合、経営者団体が協調しながら経済を引っ張っていくというモデルだったのに対して、90年代以降はそれが崩れ、その名残が足かせになっていることを指摘した。必要なのは社会やコミュニティ、ユーザーの視点からイノベーションや企業の経営を見る視点であり、そのアプローチから、官民連携で社会課題の解決を目指す「ソーシャル・インパクト・ボンド」という手法などを取り入れてイノベーションに取り組んでいる三井住友銀行の工藤禎子常務執行役員が、自社の取り組みについて説明した。自身が初の女性執行役員でもあるという立場も踏まえて、ベンチャー企業との連携や農業や医療といった新しい分野における事業化のプロジェクトが紹介された。その後、ドラッカーが提示した「アントレプレナー・ソサイエティ」の日本における可能性などについて壇上で意見交換が行われ、途中でイノベーションと創造性に関するヘンリー・ミンツバーグ教授のビデオ・メッセージが上映された。さらに、「ドラッカーが生きていれば、今の日本企業に可能性を見出すか?」というテーマで参加者同士が意見交換を行い、会場の「ムード」を測定したところ、わずかながら「いいえ」という回答が多かった。

トポス❷ 「日本的経営の根幹的価値観とシステム」

トポス1の最後のムードメーターでは現在の日本の経営に対して悲観的な回答が多かったが、トポス2では、カリフォルニア大学バークレー校のスティーブン・K・ヴォーゲル教授と評論家の中野剛志氏が登壇し、それぞれの立場から意見を披露した。『ジャパン・アズ・ナンバーワン』の著者であるエズラ・ヴォーゲル氏を父に持つヴォーゲル教授は、日本に関する豊富な研究活動の成果に基づいて、日本的経営のメリットとデメリットについて説明した。日本企業は、米国型の経営モデルを導入して改革を行うと言いつつ、実際は破壊的な改革は行っておらず、それが必ずしも悪いことではないということが指摘された。また、著書『真説・企業論』の中で、日本の開業率が伸び悩んでおり、企業の中でもイノベーションが起きない原因は米国の真似をしたからだと主張した中野氏は、「イノベーションに適した経営システム」というタイトルで持論を披露した。イノベーションを未来という不確実性に向けて資源を動員することだと定義すれば、短期的な経済合理性ではイノベーションは実現できないので、かつて長期的な視野でイノベーションに成功していた日本企業に変革を迫ったのは、じつは短期的な利益を追求する人たちで、その主張に従ってしまったために日本企業はイノベーションができなくなったのではないか、というユニークな議論が展開された。2人のプレゼンテーションの後に、ROE経営の弊害に関する加護野忠男教授のビデオ・メッセージが上映された。また、加護野教授は、メッセージの中で、1995年にドラッカーを訪問して対話した時、日本的経営について彼が「日本では最近日本的経営を捨てるべきだという議論が出てきている。たかだか50年くらいのものだから捨てられるということのようだが、50年も一緒に過ごしたパートナーは捨てるべきじゃない。捨てたら必ず苦労するぞ」と言っていたことを紹介した。また、トポス1につづいて上映されたミンツバーグ教授のビデオ・メッセージの中では、イノベーションにおける「プルーラル・セクター」の重要性が指摘された。その後の議論では、「プルーラル・セクター」の重要性はそのとおりだとしても、やはり強い民間部門としっかりした公的部門がなければ「アントレプレナー・ソサイエティ」は実現しないのであり、三つのセクターの協働が必要であることが確認された。

トポス❸ 「日本の社会の潜在力と企業」

トポス3では、悲観的な見方も多い今の日本的経営のあり方に対して、経営者あるいは社員としてイノベーションの実践に取り組んでいる4人が登壇し、自らの実践知を紹介した。まず、著書『ターゲット：ゴディバはなぜ売上2倍を5年間で達成したのか？』を上梓したゴディバ ジャパンの代表取締役社長ジェローム・シュシャン氏が、アーチェリーと弓道の違いを説明しながら、「正射必中」や「当てるより、当たる」という弓道の教えは経営にも通用することを主張した。次いで、カルビーの上級執行役員である鎌田由美子氏が、JR東日本時代に立ち上げた「エキュート」や地域活性化に関する取り組み、カルビーのダイバーシティ経営について紹介した。「エキナカ」という言葉さえなかった時代に立ち上げたエキュートは、女性ならではの視点も入れた場づくりのイノベーションであったことが説明された。次の登壇者である玉川憲氏が創設したソラコムは、トポス会議開催日の前月にＫＤＤＩに２０００億円で買収されることが発表されたばかりのテック・ベンチャーである。玉川氏は、ソラコムはＩｏＴ通信のデモクラシー（民主化）を目指していること、グローバル展開して日本のエンジニアの待遇を良くしたいことなどを説明した。最後に登壇したOne JAPAN代表の濱松誠氏は、大企業に勤める若手・中堅社員の危機意識から始まったプロジェクトが、50社くらいの企業横断的なコミュニティに育ち、ボトムアップ型でオープンではあるけれども、大企業ならではのイノベーションを目指すプロジェクトなどについて紹介した。その後の意見交換では、日本における「アントレプレナー・ソサイエティ」の実現を阻んでいる原因は、家族主義的な日本の文化や安定を求める風潮もあるのではないかという点が話題になり、会場の参加者に対しても「もし自分の家族が日本で起業しようとしたら、あなたは賛成するか」という質問でムードを測定した。会場のムードとしては「賛成」が多かったものの、玉川氏からは、「現実には大企業のエンジニアをベンチャーに誘うと、本人はやる気になっても、家族からの反対でダメになる場合が多くて、それを『嫁ブロック』と呼んでいる」という実態も紹介された。日本でドラッカーの「アントレプレナー・ソサイエティ」を実現するにはまだ課題も多いが、会場のムードは「賛成」が多かったように、日本的経営にはまだまだ希望もある。

本章では、トポス1からリチャード・ストラウブ氏、トポス2からスティーブン・K・ヴォーゲル教授、そしてトポス3からジェローム・シュシャン氏と玉川憲氏のプレゼンテーションを収録する。

TOPOS Conference 11

21世紀のための日本的経営を再考する

リチャード・ストラウブ
（ヨーロッパ・ピーター・ドラッカー・ソサイエティ 創設者兼理事長）

ドラッカーの知恵を引き継ぐ

最初に、ピーター・ドラッカーについて簡単にご紹介したいと思います。会場の皆さんの中でドラッカーの著作を読んだことのある人は、手を上げていただけませんか（半分程度の人の手が上がる）。なるほど、かなりたくさんいらっしゃいますね。もしドラッカーの故郷であるオーストリアで同じ質問をしたら、これほど手は上がらないかもしれません。

それはともかく、ドラッカーは「経営思想家」として知られています。実際、彼の言葉には含蓄の深いものが多く、いくつか紹介してみましょう。皆さんがご存知のものも多いでしょう。


「企業の目的として有効な定義はただ一つ、それは顧客の創造である。」

「コミュニケーションで最も大事なことは、言葉にされないことに耳を傾けることだ。」

「もともとしなくても良いものを効率よく行うことほど無駄なことはない。」

「効率とは物事を正しく行うことであり、効果とは正しいことを行うことである。」

これらはすべてドラッカーの知恵のかたまりであり、今日でもよく使われています。『ビジョナリー・カンパニー』の著者であるコンサルタントのジム・コリンズは、ドラッカーの後継者と呼ばれることもありますが、彼はドラッカーをドラッカーたらしめていることとして、以下のように述べています。

「ドラッカーはいつも窓の外を見ようとしていた。それは、ほかの人がまだ見たことのないものだ。ドラッカーが見ていたのは『すでにある未来』だ。彼は何かを予測しようとしたのではなく、ほかの人が見ようとしないものを見ていたのだ。」

「ドラッカーは経営思想家だったが、同時に社会についても考えていた。しかし、社会を考えるときにも彼の思考の起点は常に結果だった。何かを実現すること、ミッションを達成することをつねに考えていた。」

「彼はいつも答えから入るのではなく、問いから始めた。よい質問をすることは一種のアートであり、それができる人はそれほど多くない。」

ドラッカーは、経営には三つのレイヤーがあるといっています。〝WHAT〟は経営に関する知識で、コンセプトや理論です。皆さんもご存知のファイブ・フォース・モデルやCSV（共通価値創造）、アジャイル、リーン・スタートアップ、MBO（経営陣買収）などさまざまなコンセプトがあります。つぎに〝HOW〟はスキルで、いまでいうとビジネス・

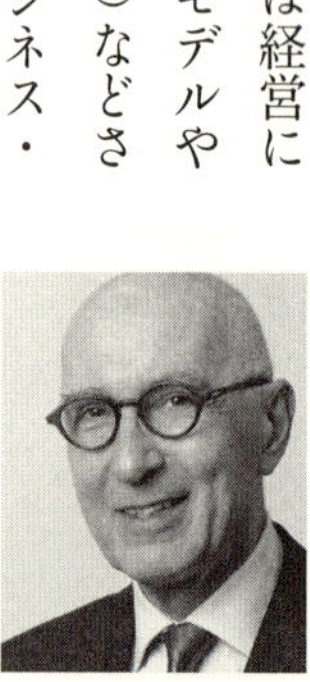

Straub, Richard
ヨーロッパ・ピーター・ドラッカー・ソサイエティ創設者兼理事長、グローバル・ピーター・ドラッカー・フォーラム理事長。IBMにてヨーロッパPC部門の部長代理、グローバルチーフラーニングオフィサーなど重要ポストを歴任。2005年にIBM退職後もグローバルな教育産業に留まり手腕を発揮。経営管理教育と能力開発の質と有効性を向上させることをミッションに掲げるEFMD（European Foundation for Management Development）のアソシエイトディレクターも務める。

モデル・キャンバスやデザイン思考、アジャイル関係のSCRUMやXPなどいろいろな手法やツールがあります。ドラッカーが最も必要だといっていたのは〝WHY〟で、これは知恵です。目的や価値、倫理といった人間や社会に関する考え方であり、ドラッカーは経営について考えるときつねに〝WHY〟から始めていました。

次にご紹介したいのは、私がヨーロッパで創設したピーター・ドラッカー・ソサイエティのことです。ドラッカーの生誕百周年の年であった2009年に第1回の会合を開いて、それ以来毎年彼の故郷であるウィーンでフォーラムを開催しています。来年、2018年は10周年になります。これまでのテーマを見ると、たとえば2015年は「ヒューマニティの主張：デジタル時代における経営」でしたし、2017年は「成長と包摂的な繁栄」といったように、経営と人間性を扱ったものが多くなっています。来年のテーマは「経営をヒューマナイズする」で、先ほど野中先生にも出席していただくことでご了解を得ることができました。ハーバード大学のクレイトン・クリステンセン教授やロンドン・ビジネス・スクールのリンダ・グラットン教授なども参加される予定ですので、素晴らしいフォーラムになると楽しみにしています。

イノベーション、企業家精神とドラッカー

ドラッカーにとって、イノベーションは重要なものでした。イノベーションを語る時、シュンペーターとともにドラッカーを外すことはできないでしょう。では、シュンペーターとドラッカーの共通点は何でしょうか。彼らは、オーストリアという同じ国の出身です。正確には、当時は君主制の時代だったので、シュンペーターが生まれたのはオーストリア＝ハンガリー帝国で、ドラッカーが生まれたのはオーストリア帝国でしたが、2人は知り合いでした。しかし、それだけではありません。シュンペーターは「資本主義のヒーローは、資本家（キャピタ

リスト）ではなく、企業家（アントレプレナー）である」と言っています。もちろん、ドラッカーはイノベーションにおける企業家の役割を重視しました。彼は、イノベーションと企業家精神との結びつきについて深く体系的に考えた最初の人と言ってもよいでしょう。

ドラッカーは、「アントレプレナー・ソサイエティ」ということも言っています。これは、企業家精神とイノベーションがごく普通のことであり、しっかり根づいており、持続的である社会のことであり、ビジネスだけではなく社会全体を意味するコンセプトです。これが重要なのは言うまでもありませんが、実現するのは容易なことではありません。20世紀の経営の考え方は、基本的には効率の追求でした。主なテーマはエクスプロイテイション（深化）であり、イノベーションに必要なエクスプロレイション（探索）の重要性が主張されてきたのは最近のことです。効率ばかりを追求することは危険でさえあります。「デジタル・トランスフォーメーション」といっても実際には効率を追求している場合が多いのですが、本当に必要なことは技術を使ってイノベーションを起こすことです。

また、産業革命後の社会は、人々が会社に雇用される社会でもありました。「エンプロイー・ソサイエティ」と言ってもいいかもしれません。これを「アントレプレナー・ソサイエティ」に変えるのは簡単ではありません。資金提供者などのエコシステム、社会的評判などの文化的規範、教育システム、企業家に厳しい規制などを変えなければ、ドラッカーが主張した「アントレプレナー・ソサイエティ」は実現できないでしょう。しかし、最近では技術系スタートアップも増えていますし、創業者を支えるエコシステムもできつつありますし、大企業から起業家を生むような仕組みもできつつあります。これらの変化に大いに期待したいと考えています。

最後に、日本のことに触れたいと思います。私自身は日本の皆さんに何かをアドバイスできるわけではありませんが、ここでもドラッカーの言葉を借りることはできます。ドラッカーは、ご存知の方もいらっしゃると思いますが、水墨画を中心とした日本美術の愛好家でもありました。彼は、ある美術展覧会のパンフレットに、このように書いています。

「西洋美術では、ヘレニズムやロマネスク、ゴシック、ルネサンス、バロックなど、特定の主流のトレンドがあると、同時代のほぼすべての作品が同じようなものになって、あまりイノベーションがない。一方、日本の江戸時代の美術は非常に多様性に富み、革新的だった。江戸時代の美術は、多様性と類似性のバランスが取れていた」。

私は、これが日本の強みなのではないかと思います。他から学び、それを受け入れながらも、人間関係や精神性といった本質的なものは失わずに、バランスを取っていく。それができれば、日本なりの「アントレプレナー・ソサイエティ」をつくることができるのではないでしょうか。

日本的経営モデルのメリットとデメリット

スティーブン・K・ヴォーゲル
（カルフォルニア大学バークレー校教授）

日本的経営モデルの特徴は長期的な関係を重視すること

日本的経営モデルの特徴は何かということを、皆さんに申し上げるまでもないことかもしれませんが、私は米国と比べて「ステークホルダー」を重視することではないかと考えています。米国では株主を重視しますが、株主よりもステークホルダーを大事にするということは長期的な協力関係を大切にするということです。メインバンクを中心とする銀行との関係、終身雇用での労働者との関係、系列を中心とする取引先との関係、これらはいずれも長期的な関係にもとづくものです。

１９９０年代以降、バブル崩壊のあと、日本政府と産業界からは株主を重視する米国型モデルにシフトしなければいけないという声が上がりました。しかし、現実には日本は米国型モデルに収束したとは言えないと思います。日本政府と企業は、言葉の上では「大胆な改革をするぞ」と言いながら、じつは、かなり冷静に考えて、これまでの日本のよいところを壊さないように、価値のある機関を傷つけることなく、少しずつ改革を進めてきたのではないでしょうか。

政府による改革としては、１９９４年に自己株式公開買付制度が、１９９７年にはストックオプション制度が導入されました。また、２００２年には米国のような委員会等設置会社制度が創設され、２００５年には会社法のかなり大胆な改正もありました。これらの改革は、理念としては、強制ではなく、日本企業の選択肢を広げるものだったと言えると思います。最近では、２０１５年にコーポレートガバナンス・コードが制定されましたが、これは、「コンプライ・オア・エクスプレイン」、つまり「遵守（コンプライ）せよ、さもなくば説明（エクスプレイン）せよ」というものでコーポレートガバナンス・コードを遵守するか、遵守しないのであれば、その理由を説明することを求めるものですから、何かを強制するものではありません。

企業の側の改革はどうかというと、やはり、リストラと言いながらも、これまでの日本の制度をすべて壊すような改革ではありませんでした。たとえば、組織を再編成して持株会社に変わるところもあったし、カンパニー制を導入するところもありました。ストックオプションを利用するとか、株式の持ち合いを削減するとか、取締役の数を減らして執行役員制度を導入し、社外取締役も増やしました。しかし、その結果、日本の企業が米国のようになったかというと、私にはとてもそうは見えません。米国では重視される有名な数値、ＲＯＥ、つまり株主資本利益率を見ると、図１のように、日本は最近は上昇してきてはいますが、米国との差はそれほど縮まっていません。

２００２年の会社法の改正で設置できるようになった委員会設置会社は、およそ70社で導入されていますが、東京証券取引所に上場している会社の２％程度にすぎません。社外取締役を選任している会社は、２０１２年には56％でしたが、２０１６年には96％と急速に増えています。とはいっても、米国と同じようになったわけではありません。数を見ると、日本では平均２人ほどですが、米国では７人ほどいます。米国では取締役の３人に２人が社外取締役ですが、日本ではまだ５人に１人程度にすぎません。ここでも米国との違いはまだ大きい。

ＣＥＯの報酬を見てみると、日本のＣＥＯの報酬は上がってはきていますが、米国とは比較になりません。Ｃ

図1

日米の株主資本利益率の比較

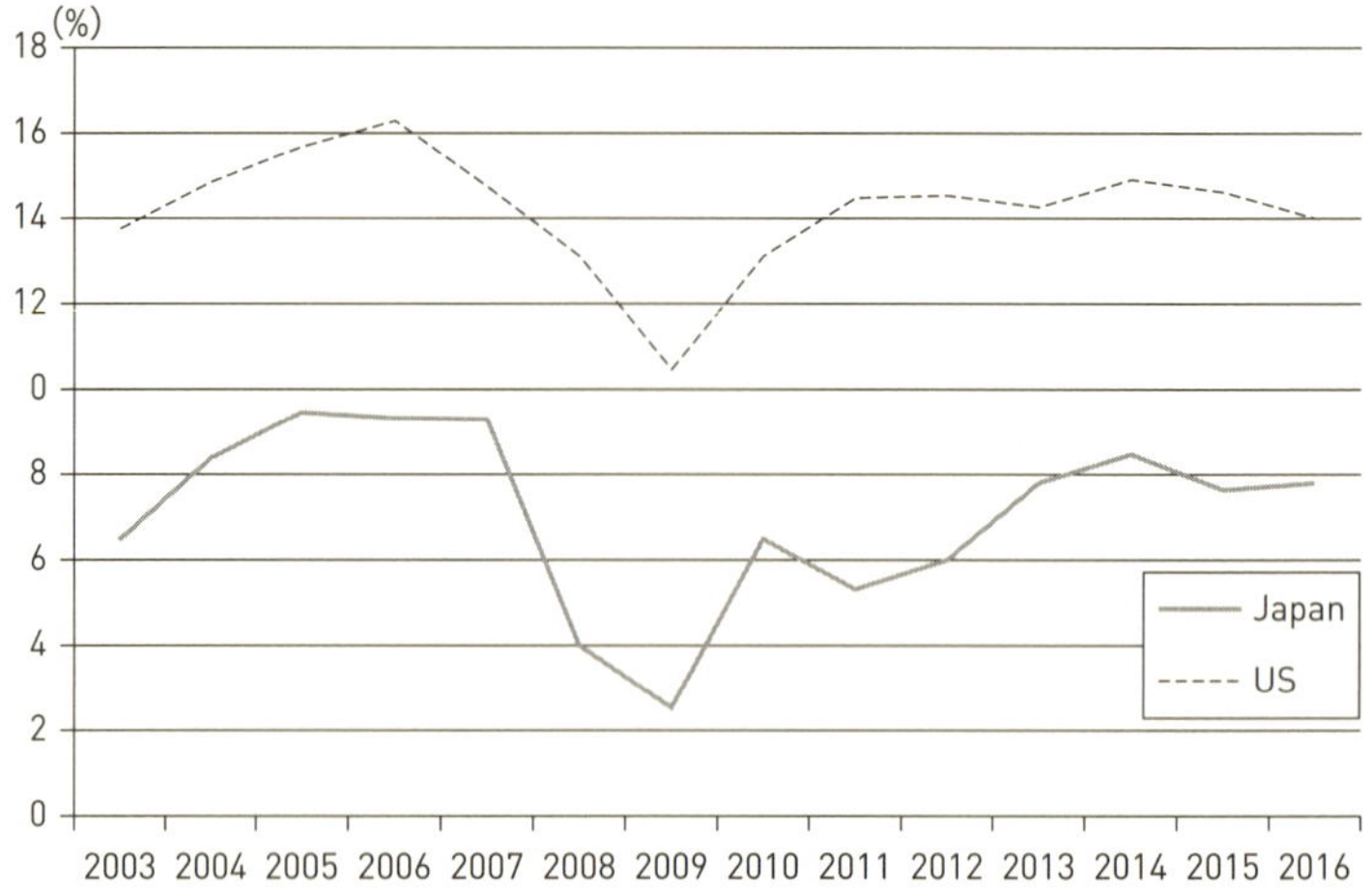

EOの報酬源を見ると、日米で基本報酬はそれほど変わりませんが、ストックオプションを含む長期的なインセンティブが、日本ではごくわずかなのに対して、米国では600万ドル以上あって、そのスケールは比較になりません。自己株式の取得も、日本では増えてはいますが、2016年で約440億ドルなのに対して米国では5360億ドルですから、これもやはりレベルが違います。M&Aも日本では増えてきていますが、やはり米国とは比較にならない。特に敵対的買収は、この15年間で米国では82ケースありますが、日本は9ケースしかなく、それも本当の敵対的買収ではないという人もいますから、まだまだ少ない。

Vogel, Steven
カリフォルニア大学バークレー校教授。専門は先進国の政治経済学、特に日本研究に従事。カリフォルニア大学アーバイン校、ハーバード大学で教鞭を取り、プリンストン大学でB.A.を取得後Ph.D.、カリフォルニア大学バークレー校でPh.D.を取得。著書に『新・日本の時代―結実した穏やかな経済革命』(日本経済新聞社、2006年)、『対立か協調か―新しい日米パートナーシップを求めて』(中央公論新社、2002年)など多数。ニューズウィーク日本版など、ジャーナリスト、評論家としても活躍。

日本企業は米国型モデルを取り入れるべきなのか

このような数字を見ると、日本の政府の改革も企業のリストラも、あまりにも中途半端であり、もっと徹底的に米国型モデルを導入すべきだというふうに聞こえるかもしれません。しかし、私が申し上げたいのはそうではなく、むしろ極端な言い方をすれば中途半端でよかったのかもしれない。もっと正確に言うと、米国型モデルを導入しても本当に企業業績が上がるのかというと、学術研究によれば必ずしもそうではないということです。米国型の、ストックオプションや社外取締役制度、自社株買戻し、M＆Aや敵対的買収が企業業績に結びついているという証拠はありません。特にストックオプションについては、実際にはうまくいっていないし、米国の金融危機の一つの原因にもなったという説もあります。

だからといって日本企業には改革の必要性がないかと言えば、これも答えはノーです。日本企業は、「新しい現実」に適応しなければなりません。「新しい現実」とは何かというと、言うまでもないことですが、少子高齢化という人口動態の変化、経済のグローバル化、モジュール化によるグローバル・サプライチェーンの確立、ものづくりからサービスへの転換、それからデジタル化による「プラットフォーム経済」の広がり、といったことです。

最後に、このような変化にどのように対応すればよいか、ということですが、人口動態の変化に対しては、女性や外国人、若い人たちなど多様な人たちを大切にする必要があります。また、日本の企業もかなり国際化してきましたが、これからはもっとその必要があると思います。経済のサービス化については、働く人々のスキルがこれまでとは異なるので、新しいスキルをどのように獲得するかが重要になるでしょう。また、デジタル化は、オープン・イノベーションを促します。日本の会社はどちらかというとクローズド・モデルでやってきましたが、それを変えて、さまざまなステークホルダーとオープンに協働していくことが求められると思います。

TOPOS Conference 11

弓道の精神をマネジメントに生かす

ジェローム・シュシャン
(ゴディバ ジャパン株式会社 代表取締役社長)

ビジネスで「正射必中」を追求する

私は25年前に弓道を学び始めました。弓道では、ご存知のとおり、もちろん「的(ターゲット)」に当たることが必要です。社会人になって、はじめて予算に対して責任ある立場になった時、ビジネスでは数字がターゲットになり、そのターゲットを実現しなければなりません。その時、私にとって弓道とビジネスはターゲットに「当たる」という意味で同じようなものになりました。以来、月曜日から金曜日はビジネス上のターゲットを目指すことに集中して、週末には日本の的というターゲットを狙う生活を送っていました。

そういう経験の中でわかってきたことは、日本の弓道と西洋のアーチェリーには大きな違いがあるということです。アーチェリーでは、的に当たったかどうか、結果がすべてです。一方、弓道では、「まずは正しい姿勢、そして当たる」ことが大切だと言われます。これは経営でも同じようなところがあり、西洋の経営では結果、すなわち数字が重要です。「数字だけ」と言ってもいいかもしれません。そこで、私は弓道から経営のインスピレーションを得ました。

弓道には、長い世代にわたって言い伝えられている「正射必中」という言葉があります。「弓を正しく射れば、必ず当たる」ということですが、正しく射ることは、「正しい射」、「正しい心」、「正しい技術」が必要です。そして、的に気を取られないように、正しい射だけに集中することが求められます。弓を正しく射れば、自然に結果はついてきます。いまでも私のオフィスには「正射必中」と書かれた掛け軸があり、私は毎日それを見ながら仕事をしています。

ゴディバ ジャパンでは、何が「正しい射」なのかをいつも考えるようにしています。それは、顧客のために何が正しいか、ということでもあります。欧米の会社では、CEOが売上120%とか130%とか野心的な数字を出して、結果として100当たればまぁいいかな、という状態が多いそうです。しかし、ゴディバ ジャパンでは、妥当な目標100%を設定して、結果は115%から120%を達成しています。5年間で売上は2倍になりましたので、毎年15%伸びたことになります。

成長目標はたったの3%か4%でしたが、正射、つまり何が最高の商品で、何が最高の顧客体験か、何が最高の店舗サービスかということに集中していました。すると、何が起こるか。スタッフが明るく意欲的になり、やる気が出ます。弓道でも同じですが、ただ当てることだけを考えれば、結果に対するプレッシャーを強く感じて暗くなってしまいます。しかし、顧客を喜ばせることだけを考えれば、価値を提供することを考えるようになります。

もちろん、それは簡単なことではありません。私は、いつも社員に、「もっといい商品を作りなさい」、「もっと良い広告を作りなさい」、「もっと良いサービスしなさい」と言います。それは、「正しい射」に集中しなさい、ということです。そうすれば結果はついてきます。もし私が数字だけを出して、「毎年15%売上が伸びるようにしましょう」と言っても、誰もついてこないと思います。「社長、勝手にやれば」ということになってしまうでしょう。特に日本では正しいことに集中すると、物事がうまく機能するようになります。私はそのことを弓道から学びました。

「当てる」のではなく「当たる」

また、私たちにとって非常に重要な言葉がもう一つあります。それは、「当てるのではなく、当たる」です。弓道では、「的を狙うな。的と一体になるべし」と言います。これは本当に難しい。

弓道には、矢を射るまでの一連の動作を八つに区切った「射法八節」という射術の基本ルールがあります。①足踏み、②胴造り、③弓構え、④打起し、⑤引分け、⑥会《かい》、⑦離れ、⑧残心（残身）の八つです。このなかの「会」という弓を目いっぱいに引いた状態では、「うまくいくのか?」、「当たるのか?」、「当てたいのか?」など多くの雑念が生まれます。しかし、心がこのような状態では、矢は的に当たりません。正しい姿勢と心に集中して、的と一体になるのです。すると、矢は的に当たります。

これは本当に興味深いと思います。なぜなら、論理を超越しているからです。私たちは、ビジネスにおいては常に論理的であることが求められます。とても合理的なやり方が重視されます。しかし、弓道ではマントラ、つまり文字や言葉を超えていくことを学びます。この「当てるではなく、当たる」をいかに経営で生かせばよいのか。いかに顧客と一体になるか。私は常に自問自答しています。そして、顧客とは的（ターゲット）であり、私たち自身が顧客になることが大切だと考えています。

Chouchan, Jérôme

ゴディバ ジャパン株式会社 代表取締役社長。日本およびアジアを中心とするグローバル・マーケットにおいて25年にわたるラグジュアリーブランドのマネージメントに従事。2010年6月より現職。在日ベルギー・ルクセンブルク商工会議所理事も兼任。日本文化に造詣が深く、弓道五段錬士の腕前を誇り、国際弓道連盟の理事も務める。著書に『ターゲット ゴディバはなぜ売上2倍を5年間で達成したのか？』（高橋書店、2016年）がある。HEC Paris（Grandes Ecoles）修了。

素晴らしいイノベーションは、創業者によって生み出されてきました。ソニーの盛田昭夫氏、アップルのスティーブ・ジョブズ氏、ネットフリックスのリード・ヘイスティングス氏もそうです。彼らは、社長として、自分が欲しかった商品の顧客にもなりました。私は、企業のトップとして、もし、社長が顧客と一体になることができれば、真の洞察が得られ、「当たる」が実現できると考えています。当てるのではなく、自然に当たる。顧客になるのは自分自身です。自分自身のことだからこそ、極めて強力であり、論理を超えているのです。

私は、何百年もの歴史を有する日本の弓道と有為転変の現代ビジネスとを思う時、昔の考え方と今のスピードとのバランスについて考えます。日本には、伝統からインスピレーションを得て、現代の経営に生かそうとする時、経済界や世界に伝えるべき多くのことがあると思います。日本人は西洋的経営を模倣しようとしますが、むしろ今、西洋的経営は日本では当たり前の価値観にさかのぼろうとしていると思います。日本の伝統は、経営だけでなく社会にも役立つとともに、イノベーションのヒントも与えてくれるでしょう。

IoT通信プラットフォームSORACOM

玉川 憲
(株式会社ソラコム 代表取締役社長)

IoT通信のデモクラシー

私は、IBMでの仕事を経て、アマゾン ウェブ サービス ジャパンに入社しました。少し前まではアマゾンのことを本屋だと思っていた人も多いかもしれませんが、じつはいまアマゾンの利益の半分以上を稼いでいるのは、クラウド・コンピューティングのサービスであるアマゾン ウェブ サービス(AWS)です。AWSは2006年に始まったのですが、私は日本事業の立ち上げを2010年から担当していました。

私がAWSをすごいと思ったのは、電気と同じことをコンピュータでやったということです。昔は、たとえばビールをつくる工場でも自分で発電所を持って自分で電気をつくっていました。でも、中央発電所ができて、ビールをつくる工場は自分たちで発電所を持つ必要はなくなり、いつでも必要なだけ電気を使えるようになりました。それと同様に、アマゾンが自分で使っていたコンピュータ資源をオープンにして時間貸しにすることで、多くの企業は自分でコンピュータを持たなくてもよくなりました。こういうサービスが出てくる前は、インターネットで何か新しいビジネスをやろうとすれば、必要なサーバーやストレージを用意するために6000万円くらいかかりました。その資金を集めているうちにあっという間に1年2年たってしまって、気が付いたら競合が出てきて、新しい事業ができないこともよくありました。しかし、AWSを使えば1時間数十円からサーバーを使うことができます。とりあえずクラウド上にサービスをつくって、スモール・スタートをすることができるようになりました。「AWSを使ってこんなサービスを作るんだ」と熱い想いを語ってくれた若者たちが作ったサービスから、後のドロップボックスやインスタグラム、ネットフリックスといった大きなサービスが生まれました。

AWSはまさにコンピュータのデモクラシーだと思いました。コンピュータの力を皆に平等にオープンに提供するというビジネス・モデルがイノベーションを広げる力になっています。その後、IoTのムーブメントが出てきます。IoTは「インターネット・オブ・シングズ」ですが、私は少し違うと思っていて、本当は「クラウド・オブ・シングズ」で、すべてのモノのデータがクラウドに集められるという点が重要だと考えています。

そうであれば、当時はデータを安全にクラウドに集めるための通信環境がないということに気づきました。有線LANは場所の制約がありますし、無線LANはセキュリティに難があります。モバイル通信がよいのですが、当時はヒト向けに設計されたものしかありませんでした。だから、クラウドがコンピュータを開放したように、通信の部分を開放したい。誰でも使える本当に安いIoT向けの通信を提供して、IoT通信のデモクラシーをやろうというのがソラコムです。

シリコンバレー型経営で優秀なエンジニアとともにプロダクトを創る

私が会社を始めたもう一つのモチベーションは、優秀なエンジニアにもっとクリエイティブに仕事をさせたいという想いです。私自身もエンジニア出身なのですが、日本では残念ながらエンジニアは十分に優遇されていません。日本のエンジニアで優秀な人は、5年目か6年目くらいに、これ以上給料を上げようとすると管理職になったほうがいいと気づきます。そして、技術を捨てて管理職になるとどん詰まりになる。世界に通用する優秀なエンジニアがプロダクトづくりをやめてしまうわけです。

日本はもともとモノづくりが上手だったのですが、日本からはＧＡＦＡ、すなわちグーグル、アップル、フェイスブック、アマゾンのような会社は一社も出てきません。これはなぜかというと、ソフトウェアがポイントだからです。「ソフトウェアが世界を食べ尽くしている」というのは著名なソフトウェア開発者であるマーク・アンドリーセンが２０１１年に言った言葉ですが、ソフトウェアが付加価値の大半をつくるようになっているときに、日本はソフトウェア・エンジニアリングの能力が圧倒的に不足しています。それは、日本人の能力が足りていないわけではなくて、環境がソフトウェア・エンジニアを十分に優遇していないからです。一方、ＧＡＦＡのような会社は、グローバルにプラットフォーム・ビジネスを行っていますから、優秀なエンジニアを囲い込むことができます。なので、私はソラコムをソフトウェア技術を強みとする会社にして、日本発の世界中で使われるような優れたグローバル・プラットフォームを、優秀なエンジニアとともに創りたいというのが私のモチベーションになっています。

ソラコムでは、日本で事業をしていますが、シリコンバレー的な経営スタイルをお手本にしています。具体的には、まずコンセプトをもとに試作し、7億円を調達して、優秀なエンジニアを集めて、会社を立ち上げました。それが２０１５年春のことです。そし

Tamagawa, Ken
株式会社ソラコム 代表取締役社長。日本IBM基礎研究所を経て、2010年にアマゾンデータサービスジャパンにエバンジェリストとして入社、AWS日本市場の立ち上げ技術統括として牽引。2015年株式会社ソラコム創業。IoT通信プラットフォーム「SORACOM」を展開。東京大学工学系大学院機械情報工学科修了。米国カーネギーメロン大学MBA（経営学修士）修了、同大学MSE（ソフトウェア工学修士）修了。『IoTプラットフォーム SORACOM入門』他、著作翻訳多数。

て、9月にモノ向けの通信プラットフォーム「ＳＯＲＡＣＯＭ」を発表しました。これは、スマートフォンでも使われているＳＩＭカードを用いて、あらゆるモノのデータをリーズナブルかつ安全に集められるサービスです。ウェブから回線管理や速度変更、利用量把握、監視が可能になっていて、サービス開始から2年で７０００以上のお客様に使っていただいています。（講演当時）

たとえば、十勝バスという帯広のバス会社では、バスの位置情報をクラウドで集めて、お客様にリアルタイムで路線バスの運行状況を伝えられるようにしています。エレベーター製造・保守のフジテックさんでは、エレベーターをセンシングし、不具合検知に役立てる取り組みを開始しました。ダイドードリンコさんは、全国に設置された5万台の自販機を「ＳＯＲＡＣＯＭ」でつないで、ＩｏＴ自販機にしています。また、おじいちゃんやおばあちゃんが、子どもが送った孫の動画や写真を自宅のテレビで見ることができるサービス「まごチャンネル」にも「ＳＯＲＡＣＯＭ」が使われています。電源を入れればすぐ使えますので、スマホが使えないおじいちゃんおばあちゃんでも離れた場所にいる家族とのコミュニケーションがとれると好評です。

当初から日本発でグローバル化したいと考えていましたので、２０１６年に30億円を集めて海外展開を始めました。いまでは、グローバル用ＳＩＭを使えば1枚で１２０カ国を超えるエリアでサービスが使えるようになっています。

ＡＷＳが出てきたおかげでたくさんのウェブサービスが使えるようになったのと同じように、「ソラコムがあったからＩｏＴでたくさんのイノベーションが起きた」と言われるようになりたいですね。先ほど紹介したテレビで孫の動画や写真を見ることができるサービスのような、誰かを幸せにする、社会の役に立つサービスを支えるプラットフォームにしていきます。「優れたテクノロジーは魔法と変わらない」という言葉もありますが、私たちはＩｏＴのテクノロジーで世の中をよくする支援をしていきたいと考えています。

TOPOS Conference

第12章 社会への満足度と幸福度を高める「オルタナティブ創造社会への挑戦」

オルタナティブが生き生きとする社会へ

一般社団法人Future Center Alliance Japan（FCAJ）が実施した調査の結果では、「日本の社会に満足していない」と回答した人が76%に上り、逆に「満足している」という人は1・7%足らずであった。

こうした「社会への不満足度」の高まりは、アラブの春、オキュパイ・ウォールストリート、ブレグジットや#MeTooなどの大衆運動として噴出するだけではない。最近では、現状を修正・改善・変革する「オルタナティブ」となって表れることが少なくない。それらは、概して自生的であり、「時代の要請」と呼ぶべきものである。

ビル・ゲイツが「既存の銀行は不要になる」と予言したように、ビットコインやブロックチェーンはまさしく世界的なオルタナティブである。このほか、政治、教育、医療、福祉、エネルギーなどの社会システムにおいて、多種多様なオルタナティブが登場している。一見、デジタル技術によって制約や限界から解放された結果のように見えるが、既存のシステムや手段への「異議申し立て」と理解すべきではないか。

オルタナティブとは、通常「既存とは異なる代替」を意味し、これまでは「アンチ」、「ポスト」、「少数派」などと表現されることが多かった。しかし現在では、敵対・対立でも脱でもなく、むしろ相互に影響を及ぼしながら修正や進化を促す「推進力」といえる。

その方向性はすでに示されている。事実、いま生まれつつあるオルタナティブの多くが、経済的繁栄よりも、民主的で共生的な社会やコミュニティを目指すものであり、それゆえにイノベーティブである。

オルタナティブが増えるほど、変革や進歩が加速され、同時に多様性や寛容性が高まる――。

第12回トポス会議では、オルタナティブが大量に創造される社会のダイナミズムについて議論を行った。

トポス❶「オルタナティブな社会」

冒頭に、ウッフェ・エルベック氏によるビデオメッセージが紹介され、我々を取り巻く社会は環境の危機・共感の危機・システムの危機という三つのクライシスに直面しており、課題を解決するためにはイデオロギーに縛られずさまざまなステークホルダーが協力し合い「ハイブリッド・ソリューション」を生み出していく必要性があるという主張がなされた。

これを手掛かりに、「既存のクライシスを乗り越えるためにはオルタナティブな解決の方法を探るべきだ」という題目で行ったムードメーターでは、会場の9割以上が「はい」を示すカードを掲げ危機感をあらわにした。

ウッフェ・エルベック氏が活動を行っているデンマークでは、若者の政治参加率が高い。社会課題のオルタナティブな解決の方法として、若者が持つアイデアへの期待が高まっている。政治的・社会的な議論の場に若者がどのように影響力を与え得るかを考えながら行動すべきだと若者を喚起する10代の栗本拓幸氏は、政策決定過程に若者が関心を示していない現状から、一層参画を促すための鍵は、相手を尊重したり価値の多様性を認め合ったりする市民としての資質である「シチズンシップ教育」にあると述べた。

つづいて、シビックハッカーであり、またスーパー・プログラマーとして知られるオードリー・タン氏からは、デジタル技術を使った「オルタナティブ」な市民参加の在り方について、部門や国家の枠を超えたパートナーシップで進めて行くことが重要であるとのプレゼンテーションがなされた。１９９６年、自身が15歳の時に、人間の知の創造がインターネット上で発生していることに興味を持った。市民社会のためのツール作成に焦点を当てた台湾の「ｇ０ｖ」（ジー・ゼロ・ヴィ）の活動に積極的に貢献し、「フォーク・ザ・ガバメント（fork the government）」を合言葉に、活気あふれるコミュニティづくりに従事しているが、そこでは共鳴・共感が要諦であるという。

しかし、市民を巻き込みながらの活動は、どんなに一所懸命に改善しようとしても、意外な反応を生むこともある。馬場靖雄氏は、そこで失敗することにイノベーションの根拠を求めることができ、「一般市民から意外な反応を受けることにこそオルタナティブな秩序のヒントがあり、失敗が成功の鍵である」と強調する。しかし、失敗を求めつつも、自分が失敗するだろうと考えてはならない。だから「失敗こそが、我々が手に入れることのできない一種の理想のようなもの」になるのである。

トポス❷ 「オルタナティブな生き方」

まず、ロンドンからアラン・ケイ氏がインターネットによるライブ参加で「オルタナティブな生き方」についてプレゼンテーションを行った。変化の大きなうねりをつくるためには、短期的にオルタナティブな案を出すだけではなく、100年くらいの長期的なスパンで考慮する「思考のオルタナティブ」が必要であると示唆した。人間性を強調したり、先端技術をより発展させたりすることによって、社会や文化の規模を拡大することができるが、一方で、問題の規模も同じ程度大きくしてしまう。思考におけるオルタナティブな方法とは、「置かれている状況を見極め、成し遂げるべきものは何かについてのより良い見解を持つよう、自分たち自身を高めること」を意味する。

次に、アイスランドでヒャットラステプナンという学校を創設したマルグレート・オルフスドッティル氏が、自身が27年前に生み出した「ヒャーリ・モデル」というラディカルな教育法について実践知を披露した。男女間格差やダイバーシティに対する問題意識から、男女がともに「人間らしさ」を持つような教育方法を追求した結果、女児には積極性や論理的思考法を、男児には愛情を育む教育方法を導入。人間は、環境や成長過程の中で人間性が形成されていくが、同じ教科書で同時に教えても、ある子どもには身につかなかったり、失われたりしていくものもある。マルグレート氏は、だからこそ、弱さを克服・補強しながら、人間として相手を尊敬しながら生きて行くことの本質を教えることが大切であると強調する。

シワを改善する日本初の薬用化粧品「リンクルショット」の開発責任者である末延則子氏は、開発に15年をかけて革新的なオルタナティブを生み出した。男女ともに美容への関心が高まる昨今、肌の二大悩みと言われているのが、美白とシワ。もし自分達が新しいことを始めるのなら、世の中にまだ存在しないシワの改善部外品開発を手掛けたいという思いから実験を重ね、辿り着いたのがニールワンという素材だった。しかし、水に溶けやすく分解しやすい特徴を持っており、お客様に届くまでに壊れてしまうという悩みがあった。途方に暮れていた時に、同僚が食べていたチョコミントアイスクリームに解決のヒントを見出した。

最後に、3・11の東日本大震災を契機にウィメン・ヘルプ・ウィメンという組織を立ち上げ、女性による起業やソーシャル・ビジネスの普及などに国際的に取り組んでいる西田治子氏は、地域・小商い・手仕事などを手助けすることを通じ、「自立共生」を実現して皆が豊かになり、お互いに使う使われる構造ではなく、自立しながら一緒に暮らすための道具やそれを使ってクリエイティブなことをするのが大事であると、シビックエコノミーの重要性を説いた。エジソンの「私は失敗したことがない。ただ上手くいかない1万とおりの方法を発見したのだ。」という言葉を引用しながら、自身も上手くいかない方法を発見し続けることへ意気込みを見せ締め括った。

トポス❸ 「オルタナティブな企業」

トポス1「オルタナティブな社会」とトポス2「オルタナティブな生き方」を受け、トポス3ではそれを前提としながら今の企業はどのような変化を遂げるべきかについて、いわゆる「日本的経営」が世界のオルタナティブになるのかどうかを議論した。

加護野忠男氏が口火を切り、中間型市場経済という日本やヨーロッパの大陸で見られるような市場経済について触れ、資本主義市場経済と社会主義市場経済の中間の特徴を持ち、市場そのものの力に任せるのではなく、売り手と買い手のある種の交渉によって取引の制御を行うシステムについて解説した。その時の鍵となるのは「節度の有る個別利益の追求」であるという。この中間型市場経済は、ミシェル・アルベールが「ライン型資本主義」と呼ぶものと同義で、株主第一主義ではなく、さまざまな利害関係者の利害を考えて企業を存続させていくモデルを持つ。この典型例は富士フイルムである。

富士フイルムにおいて、主力だったカラーフイルム事業が衰退する中、ヘルスケア事業に舵を切る「事業大転換」を後押しした戸田雄三氏は、オランダ駐在時代に再生医療に関心を持ち、細胞とカラーフイルムが似ていると感じたことが新しい研究のきっかけとなった。環境変化やお客様の満足度低下というサインは、オルタナティブの必要性を示すが、戸田氏にとってのオルタナティブが必要となる基準は「正義感」であると主張する。ゲームチェンジャーともなるオルタナティブを見つけるためには、「やれそう」、「やるべき」、「やりたい」というモットーのうち、パッションやアントレプレナーシップを含む「やりたい」を最も疎かにしないことが、失敗の無い生き方に繋がると述べた。

最後に、野中郁次郎氏は、何が企業の潜在能力となりうるのかについて、富士フイルムと京セラの事例を用い、2社の共通項として「本質は何か」、「何が善い目的か」を知的バトルを通じながら全身全霊で追求するプロセスがあり、それこそが日本的経営の強みであると解説した。共感を確立することによって一人ひとりの主観を客観にしたり、白か黒かをとる"Either or"ではなく、"Both and"として「あれもこれも」受け入れたりし、いかにして現実の変化の只中で新しい起承転結の物語を実現しながら絶えず普遍に向かって真善美に向かって組織的に持続的な努力を重ねていくことが知的機動力であると述べた。

本章では、ウッフェ・エルベック氏、馬場靖雄氏、マルグレート・オルフスドッティル氏、加護野忠男氏を取り上げる。

TOPOS Conference 12

デンマークにおけるオルタナティブな価値創造

ウッフェ・エルベック
(デンマーク・オルタナティブ党 党首)

三大危機を解決する

オルタナティブ党は、2013年に設立されました。新しい政党を作った理由、そしてデンマークにおいてこのような新しい政治運動をするに至った背景は、デンマークの社会が三つの大きな課題に直面しており、その問題は地球規模のものでもあったからです。一つ目は、「気候危機」です。気候危機は、私たちが社会をどのように理解するのか、私たち自身そして私たちが暮らす経済システムをどのように組織するのかを全面的に見直さなければならない問題です。気候危機の解決策を考え出したいのなら、生産・消費・交通などの手段や、都市をいかに組織するのかなどといったことも変えていかなければなりません。気候危機は、私たちオルタナティブ党が最も克服したかった第一の課題でした。

二つ目は、「共感危機」、すなわち共感の欠如です。相手を理解するという私たちの能力が低下してしまっています。デンマーク人の中でも、特に若い人たちが顕著です。彼らの知能、技能、相手を理解したり相手の見解を受け入れたりする力が弱まってしまっています。これは一般的な問題で、デンマークに限ったことではなく、ヨーロッパや北米などでも同じ傾向です。日本のことは分かりませんが、やはり同様なのではないだろうかと想像しています。

三つ目は、私たちが「システム危機」と名づけているものです。デンマークでは、社会が三つの柱の上に成り立っていると考えています。民間部門、公的部門、そしてNGOなどです。デンマークを含めたヨーロッパ諸国がいま直面している問題は、それぞれが個別に取り組んでも解決することができません。ですから、私たちはこれらの問題に取り組む「ハイブリッド・ソリューション」を開発する必要があるのです。気候、失業、難民などといった多くの問題がありますが、ここデンマークでは「パスポートの無い課題」と言っています。すなわち、単に部門を越えた課題というだけではなく、国家を越えて解決しなければならい課題なのです。つまり、民間部門、公的部門、NGOがお互いにどのように協力しあいながら課題解決のための「ハイブリッド・ソリューション」を生み出していくかという、そのようなシステムに対する根本的に新しい解釈をつくっていく必要があります。

気候危機・共感危機・システム危機というこれらの三大課題を解決することが、私たちが「オルタナティブ党」という新党を結成したそもそもの理由です。

イデオロギーではなく価値創造を

オルタナティブ党と他の政党の最大の違いは、まずオルタナティブ党は新しく、環境を重視する緑の党で、起業家精神に溢れた党で、そして何よりも、イデオロギーによって定義される政党ではなく、価値に基づいて判断をする政党だということです。デンマークの

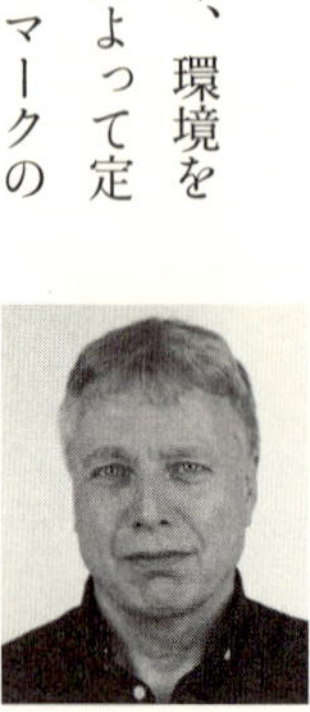

Elbæk, Uffe
政治家、デンマークオルタナティブ党党首。1954年6月15日デンマーク生まれ。ソーシャル・ワーカー、作家を経て、2011年10月3日から2012年12月まで、デンマーク文化大臣を務める。もともとは社会自由主義であったが、2013年9月に離党し、環境主義、多文化主義を標榜する緑の党の一つ「オルタナティブ党」を設立し現職。オルタナティブ党は、2015年6月18日の選挙で4.8%の支持を得て、国会で9議席を獲得した。

いろいろな所で、左派だ右派だという話がなされていますが、私たちはいつも「左派と右派はそれほどまでに遠い存在なのか」という議論をします。これは、デンマークの政治文化を理解する方法として相応しくありません。私たちが非常に大切にしていることは、伝統的なイデオロギーに左右されるのではなく、価値に基づいて判断をする政党であるということです。それは、私たちにとって重要な意味を持っています。なぜなら、数々の問題や困難な課題に取り組む際に、教義に囚われず、よりオープンな方法で挑むことができるからです。一方で、社会党や自由党には、従来から続いている観念形態があるのです。ですから、私にとっては、オルタナティブ党が掲げている六つの基本的価値観が私自身の信条となっており、行動する時にはすぐにこれらの価値に照らし合わせています。

私たちは、①「勇気」を持って行動しなければなりません、恐れずに自分の目で直に問題を直視する必要があるからです。私たちは、②「謙虚」でなければなりません。解決しなければならない複雑なタスクを理解する必要があるからです。しかし、同時に、私たちがやってきていることの土台に相手がどういうことをやってきているかという意味で謙虚でなければなりません。つまり、私たちは、多くの人たちの築き上げた仕事という肩の上に乗っているのです。私たちは、③「透明性」を担保しなければなりません。国民のみなさんが私たちの肩越しに見ることができるように。そして、なぜ私たちはこの結論を導き出したのかを理解するのです。ですから、国民のみなさんは私たちの政策決定におけるプロセスの中間を見ることが出来ます。そして、もちろん、私たちは④「寛容」でなければなりません。知りたい人がいれば、惜しみなくすべての知識を共有しなければなりません。相手に⑤「親身」になることも必要です。私たちの仕事にはいろいろな人たちが関係しており、他の政党と一緒に討論したり、交流したりしています。

最後に、⑥「ユーモア」は非常に重要な部分です。なぜなら、デンマークにおける政治生活は、そして日本でもそうだと思いますが、非常に緊張感が伴うものだからです。選出された政治家たちの中には、自分が地球上だけではなく太陽系の中で最も重要な人物だと思っている人もいます。ですから私は、より人間的なアプローチを政治や政策決定の場に持ち込むことが重要だと考えています。さもなければ、今日の我々が知っているように、多くの国民が「自分たちは政治から切り離されている」と感じることでしょう。そして、私たちは、国民が政策決定に不可欠な要素であり、意思決定プロセスに不可欠な要素であり、そして非常に重要な民主的意見を持っていると理解しなければならないのです。これが、私たちの活動です。これらが私たちの取り組みの核心で、私たちにとっては非常に意義のあることです。

プラットフォームになる

私たちが2013年にオルタナティブ党を結成した時、国家レベルと地域レベルの両方で候補者を立てる政党でなければならないと確信していました。私たちは、政治的運動の要素を持つべきだということを知っていましたので、単なる一つの政党というよりも、それ以上の存在になるべきだと考えていました。結果的に政治的運動になりました。今日、私たちは自分たちのことをさらにそれ以上だと考えています。今は、沢山のものごとが生まれる新しい「政治的プラットフォーム」であると考えています。六つの基本的価値観の上にしっかりと立ち、国民が重要な議論や政治的ダイアログに直接的に関与できる空間を創造するプラットフォームです。それだけではなく、新しい組織や機関、新しいものごとを始めることができるプラットフォームです。このプラットフォームの上に、長期的に見れば、新しい政治メディアであり、新しい教育機関であり、新しいシンクタンクなりを描いていけければと思います。もはや政党や運動ではなく、私たちはプラットフォームなのです。

TOPOS Conference 12

失敗は存在しない

馬場靖雄
（社会学者）

アンテ・フェストゥム〜変化の兆しを示す語彙を目の前にして騒ぐ私たち〜

私たちの生活が、社会が、世界が、急速に変化しつつあるのは、誰しも認めるところでしょう。ＩＴの進展と普及、グローバリゼーション、少子高齢化、地球環境問題の深刻化……それらがまもなく何らかの臨界点に達して、大いなる変革の時が訪れるのではないか――。そのような予感を表現するために用いられるのが、イノベーション、オルタナティブ、パラダイムシフト、シンギュラリティといった語彙たちです。私たちは、木村敏が統合失調症患者の精神状態を記述するために用いた表現を借用するならば、「アンテ・フェストゥム」（祭りの前）状態の真っ只中に置かれているわけです。来たるべき祭りに備えて／祭りを乗り切るために／祭りの到来を促進するために何をなすべきか。それが私たちが直面する課題であり、本会議に参加されているみなさんの多くに共通する問題意識かと思います。

アンテ・フェストゥムは未来へと開かれた、期待と不安が充満する、生じつつある変革に自分も参与しているという「選ばれてあることの恍惚と不安」を実感できる、ある意味すばらしい時間です。しかし同時に私たちは、祭りなど永遠に到来しないのではないかという密かな不安に苛まれてもいないでしょうか。世界は変化し続けている――しかし「常に変化する」というこの状態が、このまま何ら変化することなく永遠に続いていくのではないか。どんな新しいことが起ころうとも、大いなる突破口などもたらしてはくれないのではないか。私たちは、アンテ・フェストゥムの中に閉じ込められてしまっているのではないか、と。

失敗を達成しうる

私がニクラス・ルーマンの社会システム理論を手がかりに考察してみたいのは、この「開かれた隘路《あいろ》」の正体とそこからの脱出口についてです。ベルタランフィらによって切り開かれてきた一般システム理論の主要な論点の一つは、「閉鎖系から開放形へ」という発想でした。いわく、既存のシステムの閉じられ自己完結した内的秩序のみを考慮するのではなく、そのシステムを囲繞《いにょう》する、より複雑で多様性と流動性に満ちた環境にも目を向けねばなりません。企業は自身の利益のみでなく、自身が置かれた社会的状況から寄せられる倫理的・道徳的要請に応えねばならないのです（社会的責任投資などを通して）。裁判は法律専門家によってのみ営まれるのではなく、裁判所の外で暮らしている日常生活者の感覚と意見を取り入れるかたちで実施されねばなりません（裁判員制度）。政治権力は、従来の代議員制に囚われることなく、ＩＴを駆使して市民の意見を直接取り入れつつ執行されるべきである（民主主義２・０）、等々。それらが既存の社会制度に対するオルタナティブをもたらしてくれるだろう、と。

Baba, Yasuo

1957年生まれ。大東文化大学社会学部教授。1988年京都大学大学院文学研究科社会学専攻博士課程単位取得退学後、1990年より長崎大学教養部、環境科学部、大東文化大学経済学部で教鞭をとり、2018年4月から現職。著書に『ルーマンの社会理論』（勁草書房、2001年）、ニクラス・ルーマン『社会の社会』1・2（法政大学出版局、2004年）（共訳）など多数。

しかしルーマンに言わせれば、そのようなかたちで考慮される、システムの「外」に広がる環境とは、システムが内的に構成したものにすぎず、あらかじめシステム自身の論理によってフィルターを掛けられてしまっています。上記の試みはすべて当該システムの内的論理に基づくものにすぎず、「外」に目を向けていることにはなりません。「外」はそれらの試みが成功することによってではなく、失敗することによって現れてくるのです。

しかし、問題はむしろその先にあるのです。上記の試みの意義は成功することにではなく失敗することにある——しかしそのように想定された失敗が生じることも、目標達成、すなわち成功の一種ではないでしょうか。失敗こそが真のイノベーションを、オルタナティブをもたらしうる。しかし私たちはそもそも、いかにして、失敗を達成しうる(!)のでしょうか?

TOPOS Conference

12

「ヒャーリ・モデル」で真のダイバーシティ社会をデザインする

マルグレート・オルフスドッティル
（アイスランド・ヒャットラステプナン 創設者）

アイスランドの魅力

私が住むアイスランドは、人口が約35万人で人口密度は約3人／㎢の北欧の国です。小さいですが、一人当たりGDPは世界で第1位です。また、1980年にヴィグディス・フィンボガドゥティル氏が世界で初めて女性の大統領として就任したり、2013年まで首相を務めていたヨハンナ・シグルザルドッティル氏が同性愛者であることを公表したり、私たちはこのようなことを誇りに思っています。

女性の社会進出も進んでいます。男女平等の度合いを示す世界的な調査では、アイスランドは5年連続で第1位になっています。日本はわかりませんが、私は女性が男性と対等に仕事をすることは、国の経済成長に貢献すると思っています。さらに、出生率も高く、子どもたちがたくさんいることも誇りです。なぜなら、子どもは存在そのものが希望だからです。

ヒャットラステプナンの挑戦

そのような自由な国アイスランドで、私は27年前に小さな幼稚園を始めました。とても風変わりな教育方法なので、初めはなかなか理解してもらえずに苦労しましたが、今ではアイスランドの人口の8~9%の子どもたちが私の学校に通っています。技術を駆使して、保護者達が何を求めているのかを把握し、彼らが最善の意思決定ができるようなオルタナティブを提供することが出来ていると思っています。

子どもたちは、オープンエンドの素材を使って遊びます。すなわち、お店に売っているような一般的な玩具ではなく、自然の素材です。なぜなら、それが子どもたちの想像力と創造力を育むからです。

学校の中では、男児は男児のみ、女児は女児のみのグループに分けられて大半の時間を過ごします。私たちはこれを「ジェンダー・ギャップ」と呼んでいます。男児と女児を一緒のクラスで教育すると、女児はどうしても果敢に挑戦しなくなったり、男児に遊ぶ時間とスペースを奪われがちになったりしてしまいます。男児は勇ましく振舞ったり活発に動いたりできる場所を好み、そのような時に女児は一歩引いて見ています。一方で女児は、少女らしい物に囲まれて過ごし、男児はそこから一歩引いて見ています。これは、性別による「らしさ」の独占状態で、私にとって受け入れがたいことでした。

もちろん、性別による違いは存在します。そこは否定しません。私たちは同じではないのです。しかし、女児が男児らしくなることを恐れたり、男児が女児らしくなることを恐れたりすること自体が恐怖です。私は、どちらか一方の性別に偏るのではなく、中庸があるはずだと考えました。女性らしさでも男性らしさでもなく、「人間らしさ」です。相手に共感したり、愛情を育んだり、自信を持って行動したり、チームを率いたりするのに性別は関係ありません。だからこそ、別々に教育することによって、足りない部分を補う教育をするのです。同時に、男児が男児らしく振舞うことも、女児が女児らしく振舞うことも許しています。

実践的経験が出来るよう手助けする

子どもは、大人の教育者です。大人が子どもを教えるのでは決してありません。その逆です。私は、「教育の世界」を「実践の世界」に置き換えていく活動を行っています。お互いに尊敬し合いながら、学び合うのです。

私たち大人は、子どもたちが「自分らしく」ある経験が出来るために、手助けをするのです。素晴らしい経験が、人間の強さを引き出してくれます。高いところからジャンプすることができない女児には、手を握って意義のあることだと言って励ます。爪磨きをしたりピンクのシャツを着たりしたいという男児には、とても綺麗だねと言ってあげる。

そう、共感し合う経験が非常に大切なのです。子どもたちは、それぞれ異なるやり方で成長し、共感し合います。男女を別々のグループに分けて教育していると言いましたが、一緒に過ごす時間も、もちろんあります。互いに触れ合い、同じ時間を過ごして繋がりを感じ合います。これもまた素晴らしい実践経験なのです。

私は、互いにポジティブ思考でお互いを尊敬し合うことが、どれだけ子どもたちを成長させるかを知っています。既存の型にはめるのではなく、いろいろな個性が混ざり合ったミックス社会をつくっていくべきです。

Margrét Pála Ólafsdóttir

ヒャットラステプナン創設者・CEO。アイスランドの教育者。新しい教育法の発明家でありパイオニア。男女格差に対する問題意識から、27年前に幼稚園・小学校向けの「ヒャーリ・モデル」という独自のラディカルな教育理論を編み出す。教育者としてだけでなく学校運営も学び、教授法と教育学の分野で修士号、経営管理学でMBAを取得。「教育におけるイノベーション」が評価され、2006年にアイスランド大統領より勲章（The Knight's Cross of the Icelandic Order of the Falcon）を授与される。

TOPOS Conference 12

これからの市場経済と企業経営

加護野忠男
（神戸大学名誉教授）

社会主義市場経済の中国と資本主義市場経済の米国

「企業経営のオルタナティブ」と言った場合、これまでの日本の経営は、世界的なオルタナティブになり得るのでしょうか？　市場経済の観点から考察してみたいと思います。

中国は、社会主義市場経済という独特の呼び方をしています。これが果たしてきっちりとしたモデルなのかどうか私は分かりませんが、もう少し注意深くこの国の経済の有り様を我々は見たほうがよいのではないかというふうに思います。何故かといいますと、１９９５年に東南アジアに進出した日本の企業の調査をして本を書いた時、マクロデータを見ておりましたら、中国の国全体のＧＤＰは当時日本の15％でした。これは、日本経済の中の関西経済の比重とだいたい同じ程度です。それが、日本をはるかに凌駕するところまで成長してきています。中国が豊かになり、中国からの訪日観光客の購買力が日本の百貨店を支える時代が来るなんて、その当時は誰も考えなかったと思いますが、経済的に見る限り、今の中国は極めて大きな成功を収めていると言わざるを得ません。

それに比べると、資本主義市場経済の米国は、必死になって足掻いている姿が見えてきますので、やはり経済は悪い方向に向かっているのではないかと思います。いっとき、米国の自動車産業が復活したと騒がれていましたが、再び高い関税をヨーロッパとか日本に課せない米国自動車産業が生き残れないというところまできているのかなということを考えれば、資本主義市場経済が本当に上手く行っているのかどうかについてもよく考える必要があると思います。

資本主義市場経済の特徴は、市場競争による取引の制御です。それに対して、社会主義市場経済というのは、国家による取引の制御と市場競争の両方によって市場を制御していくのが特徴です。しかし、ここで国家が非常に大きな役割を果たしています。最近の例で言うと、自動運転のための大きな都市を作るなど、個別の企業の力では到底できないことですが、ここに国が関与して大きなイノベーションのインフラストラクチャを作ります。しかも企業のガバナンスを株主に任せるのではなく、国家が企業のガバナンスを行うというモデルです。

個別の企業の利益よりも共同利益を優先するのは、中国式の社会主義市場経済の特徴です。しかし社会主義市場経済が全部成功しているわけではなくて、社会主義の国で市場経済の要素を導入しようと思ったところで失敗もかなり沢山あります。一番の失敗はロシアだろうと思いますが、ではその成功と失敗の違いはどの辺にあるのかということについて、まだおそらく多くの人々の研究というのは途上にあると考えた方がいいと思います。

Kagono, Tadao
神戸大学名誉教授。甲南大学特任教授。神戸大学大学院経営学研究科博士課程単位取得退学後、助手、助教授を経て、1988年に経営学部教授。同大学経営学部長、同大学大学院経営学研究科長を歴任し、2011年に退官。主な著書に『経営組織の環境適応』(白桃書房、1980年)、『組織認識論』(千倉書房、1988年)が、また共著書に『経営戦略論』(有斐閣、1996年)、『ゼミナール経営学入門』(日本経済新聞社、1989年)、『コーポレート・ガバナンスの経営学』(有斐閣、2010年)、『スウェーデン流グローバル成長戦略』(中央経済社、2014年)など多数。

中間型市場経済の日欧

この二つのまったく異なる市場経済の中間にあるのが、中間型市場経済という日本とヨーロッパ大陸で見られるような中間型の市場経済です。市場そのものの力に任せるのではなく、売り手と買い手のある種の交渉によって取引の制御をしていこうというモデルです。その時の鍵となるのは、節度の有る個別利益の追求です。

たとえば、ヨーロッパの自動車産業を見ますと、Boschという部品メーカーが、部品を卸している先の自動車会社に対して、彼らの車がより高い値段で売れるようなテクノロジーを開発して提案する。そして、部品を開発して、それを売っていくことによって、自分達の利益を得る。自分たちの利益は、自動車会社よりもずっと高い利益を上げるということでバランスが取れているわけです。

日本の場合は、自動車メーカーがイニシアティブをとってイノベーションをする。それに合わせて部品メーカーやサプライヤーがイノベーションをする。そして、そのイノベーションによって得られたベネフィットを自動車メーカーとサプライヤーが半々に分けるという仕組みがあります。共同利益を追求して、イノベーションの成果は半分ずつに分けるというようなルールがあります。この場合、市場による調整と、供給者と買い手との間の共同的な調整が行われます。

ミシェル・アルベールは、中間型市場経済をライン型資本主義と呼んでいます。その特徴は、株主第一主義ではなくて、さまざまな利害関係者の利害を考えて企業を存続させていく点にあります。

このような企業の典型は富士フイルムです。大西社長の時代に、大変利益が出ているのにもかかわらず、株主に対してほとんど配当をせずに、それを企業の中に貯め込んでいたのです。しかし、その貯め込んだお金があったからこそ、その後に化粧品や医薬品などいろいろな分野で事業を多角化するということができたのです。

これは米国流のROE経営からすると、極めて誤った経営です。米国の短期投資家は、企業は多角化する必要はないと考えています。多角化するためのお金があるなら、それは株主に返しなさいと言うのです。そして自己資本を減らしても株主に配当するというやり方を貫きます。

そのROE経営の模範例といわれたのが富士フイルムのライバルのコダックという会社です。コダックは、得た利益をどんどん株主に分配していきました。それによってリターン、エクイティが上がっていってROEは高くなっていきましたが、残念なことに、いよいよ多角化するという時に、その為のお金がなかったので失敗してしまいます。

株主とりわけ短期の投資家はそれでよいでしょう。ポートフォリオで持っていますから、その内の1社くらい潰れても他の会社が頑張ってくれればそれでいいと考えます。

たとえば、富士フイルムで働いている人は、ポートフォリオで働くということができませんので、この会社が潰れてしまうと職を失ってしまいます。だから必死になって新事業を開発するために頑張ります。ですから、トップダウンの影響力もありますが、その中間として、やはり現場の人の努力があってこそです。それが理解できない機関投資家は、働く人にもっとお金を向けるインセンティブシステムを作れ、と主張します。

このように、ボトムやミドルの人々、野中さん流に言うと、ミドルアップダウンが重要になるのです。ミドルの人々が一所懸命に走ってくれるというのが日本の経営の素晴らしさだと思います。

機関投資家は本当に分かっていません、日本の企業の良さというものを。トップをコントロールしようと企んでいますが、日本の企業でトップなんかをコントロールしても何も出てきません。本当に頑張らせないと駄目なのはミドルです。こういう人々の頑張りによって支えられているということがあるのです。

中間型市場経済の中から生まれた日本の経営スタイル

このような中間型市場経済の中で、日本の企業はどのような経営スタイルを生み出してきたのでしょうか。ボトムアップの活用にヒントがあると思います。TQM (Total Quality Management) は、トヨタ自動車の現場の知恵を活用するというクオリティマネジメントですし、京セラのアメーバー経営も典型的な成功の手段だと思います。

かつて初めて野中さんと2人で稲盛さんのところへ話を聞きに行った時、我々は学者らしく「京セラのコアコンピタンスは何ですか？」と質問しました。コアコンピタンスという言葉を使って、京セラの強みはどこにあるのか聞いたのです。そしたら、稲盛さんからはこのような答えが返ってきました。この話を聞いていただいたら京セラの強みが分かるでしょう。

京セラは米国のセラミックパッケージの会社と競争しながら成長してきました。そして勝ちました。勝ったからその競争相手の会社を買収しました。競争相手の会社の社長に、買収後もその会社の社長として仕事を続けてもらうため、京セラ流の仕事のやり方を勉強しに来てもらい、日本の工場をつぶさに見てもらいました。

この社長は極めて正直な人で、日本の工場を見た後に稲盛さんのところへ行き、「私はショックだった」と言ったのです。「あなたの工場のどこを見ても何ら特別な技術はない。みんなが知っている技術しかあなたの会社は持っていないじゃないか。なぜ私はあなたに負けたんだろう」と悩みました。

すると稲盛さんは、「だから負けたんだよ」と。「もしわが社が特別な技術を持っていたとすると、それを超える技術を開発すればあなたは勝てる。わが社は何ら特別なものを持ってない。極めて平凡な技術、その平凡な技術から非凡な結果をだすというのは、京セラの強みなんだ」——。

このようなエピソードを聞かせていただきましたが、これも日本の企業の一つの強みだと思います。

国木田独歩の『非凡なる凡人』を読みました。平凡なことを徹底していくと非凡になります。そういうところが日本の経営の中にあるのだと思います。何か特別なことをやっているわけではないのです。企業の目的ということに関しても、私益と公益のバランスを取る。投資家は、会社は株主のものだから株主の利益を追求しなさいと愚かなことを言うでしょうが、そのようなことをしたら会社は損をします。

松下幸之助についていろいろな方々からお話を伺うと、ご自身の利益をものすごく大切にされた方だったとみなさんおっしゃいます。私はそれを聞いて、「本当に利己的な人は、他の人から〝あの人は利己的だ〟と思われるような行動は取らない」と思いました。なぜかというと、利己的だと思われてしまったら、その段階で損をするからです。ですから、周辺の人が言うには、幸之助さんは「かまどの灰まで俺のものだ」というような考え方をされていたそうですが、絶対にそのことは大きな声では言わなかったのです。そのかわりに「この会社は皆の会社です。みんなの会社だから大切にしてください」ということを言い続けたそうです。

やはり、公益をきっちりと追及しているということは、刺激にもつながるという典型的な例だろうと思います。公益を上手に追及していてもあまり儲からないという企業は、公益を上手に追及できていないからだと考えた方がよいのではないかというふうに思います。

おわりに

イノベーションは場〈トポス〉から始まる

紺野 登
（多摩大学大学院教授）

我々のコラボレーションは、『デザインマインドカンパニー』（ダイヤモンド社）の翻訳に始まる。1988年のことである。以来、「知識創造」という壮大なテーマと格闘し続けている。

我々の知識創造理論では、「場」は極めて重要な要素である。場とは、人と人との対話や議論、交流、共感、協業を綜合し、新たな知識やイノベーションを生み出す環境である。物理的空間だけを意味するものではなく、仮想空間はもとより、日々暮らしているコミュニティ、毎日通う職場、オフビジネスでの集まりなどにも、場は存在しうる。知識はそもそも身体的で場所的な構造を持っている。

トポス会議もそうした場の一つである。発端は、ある国の政府機関が日本を含むアジアにおける、科学技術や創造的分野、哲学などを含めた今後の知的機会と脅威を調査していたのを知ったことだった。果たして日本は経済的成功の終わった後に、いかなるプレゼンスを発揮できるか、という問いが我々に生まれた。そこでグローバルな知の対話の場を日本発でつくることが決まった。

こうして生まれたトポス会議の目的は、世界の賢慮たちとの対話を通じて、巷間に流布するジャーゴン、だれしもが持っている偏見（ドクサ）やステレオタイプに流されることなく、本質に迫る議論とソーシャルキャピタル（人間関係資本）の拡充を通じて、明るい未来を構想する「知のエコシスム」を整えることである。2019年4

月現在、この試みは12回行われ、手前味噌ながら当初想定していた以上の成果が得られたのではないかと自負するところである。

また、場である以上、社会の変革に資する実践的知識、イノベーションのシーズ、共感と共創が生まれてくることも、我々がトポス会議に託したもう一つの目的である。これについては、我々のみならず、登壇者、来場者、あるいは企画運営者一人ひとりの活動の中で明らかになることだろう。じつのところ、すでに成功を収めているケースが現れていると仄聞している。

第1回トポス会議が開催されたのは2012年だが、まるで足並みを揃えたかのように、世界では“Place-based Innovation”、すなわち「場のイノベーション」が広がっている。場・地域、それにかかわるソーシャル・キャピタルなどがイノベーションの源泉とみなされているのだ。

ようやく日本でも、オープンイノベーションが一般化しつつある。しかし、世界を見回すと、企業が自社の技術や有形無形のリソースの一部を提供し、他社と協業するオープンイノベーション1・0から、産・学・官、そして生活者としての市民が一丸となって社会課題の解決向けた場における共創としての2・0のフェーズへと進化している。特にヨーロッパでは、所属組織の異なる多種多様なメンバーが集まり、社会課題の解決に取り組む場として、「フューチャーセンター」や「リビングラボ」、あるいはイノベーションセンター」が各国で展開されている。

こうしたムーブメントについて、カナダのマギル大学教授のヘンリー・ミンツバーグは「プルーラルセクター」（多元的な人々が協業する部門）と表現しており、まさしく場のイノベーションを体現してきたシリコンバレーも同じ方向にシフトしつつある。

このような場は「イノベーション加速支援環境」として認識・利活用されており、それが都市空間にもかかわるかたちで世界的な広がりを見せている。

場が健全に機能するには、だれもが自分の考えや主張を自由に発言できなければならない。デザイン思考ワークショップなどでも安全な場を確保しつつ、真摯な対話を行うルールが共有されている。さまざまな分野の賢人たちを招聘しているトポス会議も、原則同じ姿勢を貫いている。

建設的対立という考え方を否定するわけではないが、発言者の意見の是非は、発言者以外の人たちの中で判断してもらい、できうるならば、白か黒かの二元論を超えて、たとえば弁証法的に正・反・合のプロセスで昇華させる、あるいは白も黒も尊重する二項同体で受け止めてもらえれば、場の力はより増幅されるに違いない。

本書の第2章「ソーシャル・イノベーションと21世紀の資本主義」、第7章「賢慮資本主義宣言」、第11章「21世紀にふさわしい日本的経営を構想する」、第12章「社会への満足度と幸福度を高める『オルタナティブ創造社会への挑戦』」で言及しているように、トポス会議では、21世紀における企業のあり方、資本主義のあり方について議論してきたが、日本的経営か、アングロサクソン型か、はたまたノルディック型かといった類型化や文化ステレオタイプを超えて、「新たな普遍の経営とは何か」というビッグクエスチョンが生まれ、議論はその方向に発展していった。

資本主義についても同様である。学派の違いやイデオロギー論争といった隘路《あいろ》に迷い込むことなく、「人間の幸福」という視点から議論を始めた。こうした大きな命題の下では、各発言者の主張や意見は、時に脱線し時にすれ違うこともあったが、次第に同じベクトルに収れんされていく。

トポス会議は、そもそも一つの結論を導き出すことを目的としていない。現象学に「相互主観性」(間主観性とも言う)という考え方があるが、他者との対話や協業を通じて、私という一人称の主観が確認される一方で、「私たちという二人称の主観」が新たに築き上がられる。すなわち、立場や考えを異にする者同士であっても、袖触れ合うことで何らかの共通性や類似性の存在が明らかになる。そして、そこから新たな知が生まれてくるかもしれない。

振り返ってみると、すべてのトポス会議には「共通善」(common good)が通底している。その解釈については昔からさまざまな見解が提示されてきたが、ありていにいえば「個人や組織の利益を超えて社会全体の利益にかなう行為」である。

こうした揺るぎない価値観の下での議論は、先ほど申し上げたように、各人が無意識のうちに思考を微調整していくため脱線が少ない。それだけでなく、否定的で狭隘な議論に陥ることなく、むしろ明るい未来に向けた革新的な意見が飛び出てくる。

人工知能(AI)について議論される時、ほぼ例外なく「AI脅威論」が登場する。スティーヴン・ホーキング博士などの世界的な知性たちに加えて、ビル・ゲイツやイーロン・マスクといった有名経営者などが危機感を露にしており、しかも彼らへの反論は説得力に乏しい。その一方で、「AI万能論」を信じる人たちもいる。しかし、技術というものは、使う人と使い方次第で善にも悪にもなる。AIも例外ではない。

いくら性善説を唱えようと悪用する人は現れるだろうが、温かい社会、より安全で安心できる社会という共通善に向けた議論はもっとなされるべきであり、トポス会議はそういう場を目指しており、今後もそれは変わらない。

以上のように、回を重ねるたびにトポス会議という場の力を認識し、さらなる強化に努めてきた。ただし、それもこれもたくさんの人たちとの共感と協力があったからこそである。

最後に、ご登壇いただいた方々をはじめ、トポス会議を支えてくれたすべての方々に、この場を借りて感謝と御礼を申し上げたい。とりわけ、トポス会議の主旨に賛同して下さった株式会社TKC、富国生命保険相互会社、株式会社構造計画研究所、フューチャー・センター・アライアンス・ジャパン、日本たばこ産業株式会社、一般社団法人Japan Innovation Network(JIN)、一般社団法人野中インスティテュート・オブ・ナレッジ、後援して下さった在日フランス大使館、アンスティチュ・フランセ日本には心よりお礼申し上げます。

それから、富士通株式会社取締役会長の山本正已氏、代表取締役社長の田中達也氏は、このトポス会議の意義に賛同し、心底からの理解をもってサポーターになってくれた。そして、富士通総研のみなさんには、あらゆる場面でご助力とご支援をいただいた。代表取締役社長の香川進吾氏、執行役員専務の長堀泉氏、執行役員常務の高須恵一氏、経済研究所研究主幹の浜屋敏氏、業務主幹の森部泰昭氏、主任研究員の吉田倫子氏、研究員のニック・オゴネック氏、実践知研究員の畑中裕子氏、中山元子氏、久保エルケ氏、富士通総研を卒業された佐藤正春氏、本庄滋明氏、徳丸嘉彦氏、図師敬子氏、眞野美香氏、大屋智浩氏、タミール・スタールバーグ氏への感謝は、およそ言葉に表しがたい。また、司会を務めてくれたプライムコーポレーション代表の武部恭枝氏、草野仁事務所の草野裕氏、都築沙矢香氏と羽田未蘭野氏、スキットを披露してくれたオスカープロモーションの山川紗弥氏と俳優の松尾優作氏、さまざまな関係者との調整役となってくれた一橋大学大学院国際企業戦略研究科野中研究室の川田弓子氏にも同じく感謝を伝えたい。そして、政策研究大学院大学副学長の横道清孝氏、一般社団法人ウイメンヘルプウイメン代表の西田治子氏、『ダイヤモンドクォータリー』編集長の岩崎卓也氏には、企画面で有益なアドバイスを頂戴した。このほかにも、株式会社ポラリス・セクレタリーズ・オフィス、株式会社インザグルーヴなどさまざまな方々の善意と協力に支えられてきた。

トポス会議は、まだ五合目にも至っておらず、まだ黎明期にある。議論しなければならないテーマは尽きないが、今後も知識創造の場として、その役割を果たしていきたい。みなさんのさらなるご支援をいま一度お願いしたい。

2019年4月

編者

This book compiles dialogues from the twelve TOPOS Conferences held up to this date.

Ba are critical elements in our theory of knowledge creation and refer to the environments that bring people together in the form of dialogues, discussions, exchanges, shared emotion, and collaboration to create new knowledge and spark innovation.

Ba are not only physical spaces. They can exist virtually, in the communities all of us live in, the places we work, and at off-business gatherings. Knowledge itself is based on this physical and local structure.

We express our heartfelt thanks to all the speakers and participants who helped create the TOPOS Conference as one of these *ba*.

April 2019
Ikujiro Nonaka
Noboru Konno

第12回 トポス会議

社会への満足度と幸福度を高める
オルタナティブ創造社会への挑戦

- 馬場靖雄（大東文化大学社会学部教授）
- 加護野忠男（神戸大学名誉教授）
- 栗本拓幸（一般社団法人 生徒会活動支援協会常任理事）
- 西田治子（一般社団法人Women Help Women 代表理事）
- マルグレート・オルフスドッテル（アイスランド ヒャットラステプナン 創設者）
- 末延則子（株式会社ポーラ・オルビスホールディングズ 執行役員）
- オードリー・タン（台湾デジタル担当大臣）
- 戸田雄三（富士フイルム株式会社取締役 副社長・CTO）
- ウッフエ・エルベック（デンマーク オルタナティブ党党首）
- アラン・ケイ（コンピューター・サイエンティスト）
- ヘンリー・ミンツバーグ（カナダ マギル大学教授）

第10回 トポス会議

人類世の“ヒューマン・ビルディング”
「次世代を拓く人間」をいかに創造するか

- 秋山利輝（秋山木工グループ代表｜一般社団法人秋山学校代表理事）
- ホセ・ラモン・カプデヴィラ（レアルマドリード・フットボール部門総務代表）
- 本田由紀（東京大学大学院教育学研究科教授）
- ハンク・クーネ（エデュコア創設者兼取締役｜フューチャー・センター・アライアンス創設者兼ディレクター）
- 前川正雄（前川製作所顧問｜公益財団法人和敬塾理事長）
- ヤン・スターマン（元蘭ラーテナウ研究所所長）
- 田中達也（富士通代表取締役社長）
- 山口一郎（東洋大学名誉教授）
- 安田 登（ワキ方下掛宝生流能楽師）

第11回 トポス会議

21世紀にふさわしい日本的経営を構想する

- 中野剛志（評論家）
- 玉川憲（ソラコム代表取締役社長）
- 工藤禎子（三井住友銀行常務執行役員）
- 鎌田由美子（カルビー上級執行役員）
- 濱松誠（One JAPAN共同発起人・代表）
- リチャード・ストラウブ（ヨーロッパ・ピーター・ドラッカー・ソサイエティ創設者兼会長）
- ジェローム・シュシャン（ゴディバジャパン代表取締役社長）
- スティーブン・K. ヴォーゲル（カルフォルニア大学バークレー校教授）
- ヘンリー・ミンツバーグ（マギル大学教授）
- 藤野道格（ホンダ エアクラフト カンパニー社長兼CEO）
- 加護野忠男（神戸大学名誉教授）

第8回 トポス会議

「産業・社会・環境」革命の衝撃
100年後の世界と日本のランドスケープを構想する

- 熊谷昭彦（日本GE代表取締役社長兼CEO）
- 松永 明（経済産業省経済産業政策局審議官）
- 橋本典子（青山学院女子短期大学教授）
- 加藤百合子（エムスクエアラボ代表）
- 佐相秀幸（富士通研究所代表取締役社長）
- ハリー・ストラッサー（デジタル・コンバージェンス・アンド・イノベーション エグゼクティブ・ディレクター）
- グルプラサッド・シュリニヴァサムルティ（SAPシニア・バイス・プレジデント）
- 田川欣哉（takram design engineering代表）
- ポール・サフォー（未来学者｜スタフォード大学特任教授）

第9回 トポス会議

都市のイノベーション
21世紀における都市の賢さを求めて

- 福田紀彦（第12代川崎市市長）
- ジョエル・ガロー（アリゾナ州立大学法学部リンカーン記念講座教授）
- デヴィッド・ハーヴェイ（ニューヨーク市立大学大学院名誉教授）
- 細尾真生（細尾代表取締役社長）
- 中分 毅（日建設計取締役副社長執行役員）
- 野本弘文（東京急行電鉄取締役社長兼社長執行役員）
- ブロール・サルメリン（欧州委員会通信ネットワーク・コンテンツ・技術総局イノベーション担当アドバイザー）
- サスキア・サッセン（コロンビア大学ロバート・S・リンド記念講座教授）

第6回 トポス会議

「エイジング3.0」
2050年に向けた賢慮なる生き方、働き方、知のあり方

- 野村万作（狂言師｜重要無形文化財各個指定保持者〔人間国宝〕）
- 養老孟司（解剖学者｜東京大学名誉教授）
- ナターシャ・ヴィタモア（先端技術大学教授｜ヒューマニティ・プラス理事長）
- 長門裕介（慶應義塾大学大学院文学研究科博士課程）
- グレッチェン・アッディ（IDEOシニア・パートナー）
- ジョン・ハラムカ（ハーバード大学医学部教授｜ベス・イスラエル・ディーコネス病院CIO〔最高IT責任者〕）
- 武藤真祐（医療法人社団鉄祐会理事長｜一般社団法人高齢先進国モデル構想会議理事長）
- ジェローム・アルノー（イルドパリ・シルバーバレー理事長）
- 橋本大也（データセクション取締役会長｜デジタルハリウッド大学教授）

第7回 トポス会議

「賢慮資本主義宣言」
日本発の「資本主義」を構想する

- 吉川 洋（東京大学大学院経済学研究科教授）
- 太子堂正称（東洋大学経済学部准教授）
- ヘンリー・ミンツバーグ（マギル大学教授）
- ジェームス・K・ガルブレイス（テキサス大学オースティン校教授）
- 西部 邁（評論家｜元東京大学教授）
- 藤井 聡（京都大学大学院工学研究科教授｜内閣官房参与）
- 三村浩一（スリーエムジャパン代表取締役社長）
- 田中弥生（大学評価・学位授与機構教授｜日本NPO学会理事長）
- 舩橋晴雄（シリウス・インスティテュート代表取締役）
- 中沢孝夫（福山大学経済学部教授）
- 加護野忠男（神戸大学名誉教授）

◆ 西山淳一（三菱重工業航空宇宙事業本部コンサルタント）
◆ 辻廣道（パナソニックエクセルインターナショナル執行役員）

第4回 トポス会議

イノベーティング・イノベーション
「日本のイノベーション」のパラダイム・シフト

◆ 國井秀子（芝浦工業大学学長補佐・同大学大学院工学マネジメント研究科教授｜元リコー常務執行役員）
◆ 安藤国威（ソニー生命保険名誉会長｜第7代ソニー社長）
◆ 伊藤正裕（ヤッパ代表取締役会長）
◆ 住田孝之（経済産業省資源エネルギー庁資源・燃料部長）
◆ キショール・マブバニ（シンガポール国立大学リー・クアンユー公共政策大学院院長）
◆ マーク・ハッチ（テックショップCEO）
◆ ヤン・スターマン（ラーテナウ研究所所長）
◆ 穆 栄平（中国科学院科学技術管理科学研究所所長）
◆ ポール・ローマー（ニューヨーク大学レナード・N・スターン・スクール教授）
◆ ミッコ・コソネン（フィンランド・イノベーション基金総裁）
◆ 西口尚宏（産業革新機構執行役員）
◆ アラン・ケイ（ビューポインツ・リサーチ・インスティテュート理事長）

第5回 トポス会議

日本のソーシャル・ランドスケープを構想する
ポスト・アベノミクスの実践知リーダーシップ

◆ エマニュエル・トッド（フランス国立人口統計学研究所｜歴史人口学者）
◆ 船橋洋一（一般財団法人日本再建イニシアティブ理事長｜慶應義塾大学特別招聘教授）
◆ 藤田昌久（独立行政法人経済産業研究所所長｜京都大学名誉教授）
◆ イェスパー・コール（JPモルガン証券マネジングディレクター兼株式調査部長）
◆ 藻谷浩介（日本総合研究所調査部主席研究員）
◆ 石川幹子（中央大学理工学部人間総合理工学科教授｜東京大学名誉教授）
◆ 新浪剛史（ローソン代表取締役CEO）
◆ 根岸正広（ヤクルト本社取締役専務執行役員）

第2回 トポス会議

ソーシャル・イノベーションと21世紀の資本主義

コミュニティ・デザインが企業と社会の未来を拓く

- 岩井克人（東京大学名誉教授｜国際基督教大学客員教授）
- ウォルフガング・ムナール（ビル・アンド・メリンダ・ゲイツ財団シニア・プログラム・オフィサー）
- 福原賢一（ベネッセホールディングス代表取締役副社長兼CFO）
- ムハマド・ユヌス（グラミン銀行創設者／2006年ノーベル平和賞受賞者）
- モム・ラーチャウォン・ディッサナッダー・デッサクン（タイ王室メー・ファー・ルアン財団事務総長｜ドイトン・プロジェクト代表）
- 内藤晴夫（エーザイ代表執行役社長兼CEO）
- 西田治子（一般社団法人IMPACT Foundation Japan理事兼事務局長）
- アシル・アーメッド（九州大学准教授）
- アンドリュー・モーソン（ブロムリー・バイ・ボウ・センター創設者）
- ファザル・ハサン・アベド（BRAC〔バングラデシュ農村向上委員会〕創設者兼会長）
- エデュアルド・ベルトラン・デ・ナンクラレス（モンドラゴン協同組合企業イノベーション兼テクノロジー担当ディレクター）
- グラツィア・プラテッラ（イタリア時間銀行協会副会長｜ミラノ時間銀行協会会長）
- バリー・ケイツ（スタンフォード大学デザイン学部コンサルティング教授｜IDEOフェロー）
- イーヘ・テン・カーテ（オランダ水利管理局フューチャーセンター事業開発部長）
- 黒川 清（東京大学名誉教授｜一般社団法人IMPACT Foundation Japan代表理事）
- 石田秀輝（東北大学大学院環境科学研究科教授）
- ユーシ・パユネン（フィンランド・ウーシマー県ヘルシンキ市長）
- 山本正已（富士通代表取締役社長）

第3回 トポス会議

日本の安全保障とグローバル・ビジネス

ビジネス・リーダーの「外交」実践知を考える

- マイケル・クラーク（英国王立防衛安全保障研究所所長）
- 森本 敏（第11代防衛大臣｜拓殖大学特任教授）
- マーチン・ファン・クレフェルト（ヘブライ大学名誉教授）
- マイケル・J・グリーン（米国戦略国際問題研究所上級副所長兼ジャパン・チェア）
- 大越 修（オオコシセキュリティコンサルタンツ代表取締役社長）
- 筆口秀一郎（三井物産人事総務部安全対策室長）

「トポス会議」テーマ＆講演者一覧

【代表発起人】

野中郁次郎（Nonaka, Ikujiro）

一橋大学名誉教授。富士通総研経済研究所前理事長、ならびに前実践知研究センター長。クレアモント大学大学院ドラッカー・スクール名誉スカラー。早稲田大学政治経済学部卒業。カリフォルニア大学経営大学院（バークレー校）にて博士号（Ph.D.）を取得。2008年5月、『ウォール・ストリート・ジャーナル』紙で「最も影響力のあるビジネス思想家トップ20」に選ばれる。

【発起人】

紺野 登（Konno, Noboru）

多摩大学大学院教授。一般社団法人ジャパン・イノベーション・ネットワーク代表理事。そのほか、KIRO代表。目的工学研究所所長、東京大学i.schoolエグゼクティブ・フェロー、慶應義塾大学大学院システムデザイン・マネジメント研究科特別招聘教授、日建設計顧問などを兼ねる。ナレッジ・エコロジー（知の生態学）をテーマに、知識経営、ワークプレース戦略、デザイン戦略プロジェクトの研究・実務に関わる。

第1回 トポス会議

人間の知性とコンピュータ科学の未来

2040年、コンピュータは人間を超えてしまうのか

- 米長邦雄（日本将棋連盟会長｜永世棋聖）
- ニール・ジェイコブスティン（シンギュラリティ大学人工知能・ロボット工学部門共同議長）
- 山口高平（慶應義塾大学理工学部管理工学科教授｜人工知能学会会長）
- エリザベス・チャーチル（Yahoo!リサーチ プリンシパル・リサーチ・サイエンティスト）
- ウィリアム・ダットン（オックスフォード大学オックスフォード・インターネット研究所教授）
- 前野隆司（慶應義塾大学大学院システムデザイン・マネジメント研究科教授）
- 飯田弘之（北陸先端科学技術大学院大学教授）
- ポール・サフォー（デサーン マネージング・ディレクター｜未来学者）
- アラン・ケイ（ビューポインツ・リサーチ・インスティテュート理事長）
- 伊藤穰一（マサチューセッツ工科大学メディアラボ所長）
- カトリーヌ・マラブー（キングストン大学人文社会学部教授）

編著者紹介

野中郁次郎（のなか・いくじろう）

一橋大学名誉教授。富士通総研経済研究所前理事長、ならびに前実践知研究センター長。クレアモント大学大学院ドラッカー・スクール名誉スカラー。早稲田大学政治経済学部卒業。カリフォルニア大学経営大学院（バークレー校）にて博士号（Ph.D.）を取得。２００８年5月、『ウォール・ストリート・ジャーナル』紙で「最も影響力のあるビジネス思想家トップ20」に選ばれる。

紺野登（こんの・のぼる）

多摩大学大学院教授。知識経営変革、ナレッジマネジメント、デザイン経営戦略やリーダーシップ・プログラム等、実務に即した知識経営研究と実践を行う。著書に「知力経営」（１９９５年、ベストグローバルビジネスブック賞）、「知識創造の方法論」（２００３年）、「知識創造経営のプリンシプル」（２０１２年）、「構想力の方法論」（２０１８年）（以上野中郁次郎氏との共著）、「利益や売上げばかり考える人は、なぜ失敗してしまうのか」（２０１３年）などがある。

賢者たちのダイアローグ
「トポス会議」の実践知

二〇一九年五月一二日　初版第一刷発行

編著者　野中郁次郎・紺野登
発行者　千倉成示
発行所　株式会社 千倉書房
〒一〇四-〇〇三一　東京都中央区京橋二-四-一二
電話　〇三-三二七三-三九三一(代表)
https://www.chikura.co.jp/

印刷・製本　精文堂印刷株式会社
造本装丁　米谷豪

ISBN 978-4-8051-1172-7 C3034